Treating Bulimia in Adolescents: A Family-Based Approach

青少年贪食症治疗手册
基于家庭的疗法

[美] 丹尼尔·勒格兰奇 Daniel Le Grange ｜ 著
[美] 詹姆斯·洛克 James Lock

陈 珏 古 练 张 磊 陈诗蔚 朱睿臻 李沚芊 ｜ 译

上海科学技术出版社

图书在版编目（CIP）数据

青少年贪食症治疗手册：基于家庭的疗法 /（美）丹尼尔·勒格兰奇（Daniel Le Grange），（美）詹姆斯·洛克（James Lock）著；陈珏等译. -- 上海：上海科学技术出版社，2025. 9. -- ISBN 978-7-5478-7324-3

Ⅰ. R749.920.5-62

中国国家版本馆CIP数据核字第2025GF3947号

First published in English under the title
Treating Bulimia in Adolescents: A Family-Based Approach
by Daniel Le Grange and James Lock
Copyright © 2007 The Guilford Press
A Division of Guilford Publications, Inc.
Published by arrangement with The Guilford Press

上海市版权局著作权合同登记号 图字：09-2024-0722号

青少年贪食症治疗手册：基于家庭的疗法

著：［美］丹尼尔·勒格兰奇 Daniel Le Grange
　　［美］詹姆斯·洛克 James Lock
译：陈　珏　古　练　张　磊　陈诗蔚　朱睿臻　李沚芊

上海世纪出版（集团）有限公司
上海科学技术出版社　出版、发行
（上海市闵行区号景路159弄A座9F-10F）
邮政编码201101　　www.sstp.cn
徐州绪权印刷有限公司印刷
开本 890×1240　1/32　印张 9.75
字数 200千字
2025年9月第1版　2025年9月第1次印刷
ISBN 978-7-5478-7324-3/R·3352
定价：88.00元

本书如有缺页、错装或坏损等严重质量问题，请向印刷厂联系调换

LIMITED PHOTOCOPY LICENSE

These materials are intended for use only by qualified mental health professionals.

The Publisher grants to individual purchasers of this book nonassignable permission to reproduce all materials for which photocopying permission is specifically granted in a footnote. This license is limited to you, the individual purchaser, for use with your own clients and patients. It does not extend to additional clinicians or practice settings, nor does purchase by an institution constitute a site license. This license does not grant the right to reproduce these materials for resale, redistribution, or any other purposes (including but not limited to books, pamphlets, articles, video- or audiotapes, and handouts or slides for lectures or workshops). Permission to reproduce these materials for these and any other purposes must be obtained in writing from the Permissions Department of Guilford Publications.

有限复印授权声明

本书的资料仅限具备专业资质的精神卫生领域从业者使用。

针对本书的个体购买者，出版方特授予一项专属且不可转让的复印许可：您可复印资料脚注中明确标注允许复制的部分，但此权限严格限定于个人执业场景，即仅供您本人为直属来访者或患者提供服务时使用。复印权限不可延伸至与其他医师的协作，亦不因机构采购而自动覆盖整个诊所或单位。此外，本许可明确禁止将复印内容用于商业转售、公开分发，或改编为其他载体（如图书、宣传册、论文、音视频制品、培训课件等）进行传播。若您有上述或其他特殊用途的复印需求，必须提前向吉尔福德出版社（The Guilford Press）版权部提交书面申请，获得正式授权后方可进行。

推 荐 语

《青少年贪食症治疗手册：基于家庭的疗法》基于两位作者三十多年的临床实践与实证研究，结构清晰、实践性强，内容涵盖从初期评估到康复巩固的治疗全过程，在指导家庭协助青少年患者应对贪食症方面，为临床工作者提供了结构化框架。翻译团队深耕进食障碍诊疗与研究，其深厚的专业背景确保了译文的准确性。本书是进食障碍相关从业人员重要的学术参考与实践指南。

况利
重庆医科大学附属第一医院精神医学中心主任
中华医学会心身医学分会副主任委员
中华医学会精神医学分会儿童学组组长

本书是《神经性厌食治疗手册：基于家庭的疗法》的姊妹篇，适用的群体是青少年贪食症患者。本书从循证依据到实操步骤，并穿插详尽的案例解说，这样的体例即便是初学者也可以很容易上手。贪食症具有患病率高于厌食症、以门诊治疗为主、青少年患者仍在很大程度上依靠父母和家庭的支持几个特点，这决定了本书具有非常好的适用性。衷心希望本书的问世，能促使我国青少年贪食症患者和家庭尽早接受该疗法的帮助。

李雪霓
北京大学第六医院心身医学病房主任、进食障碍诊疗中心副主任
中华医学会心身医学分会进食障碍协作学组副组长

基于家庭的疗法（FBT）是近年来用于进食障碍治疗的最新、有效证据最多的循证方法，其核心理念是将父母作为一种资源。家庭、父母的直接参与治疗对于疗效起着关键作用。厌食症和贪食症是进食障碍谱系中两种重要的疾病，这两种疾病的症状、青少年性格和家庭的不同，使得 FBT 的过程和细节都有所不同。继《神经性厌食治疗手册：基于家庭的疗法》之后，《青少年贪食症治疗手册：基于家庭的疗法》也翻译出版了。本书既为治疗青少年贪食症的临床医生提供了工作手册，更填补了该知识领域的空白。

孟馥
中国心理卫生协会婚姻家庭心理健康促进专业委员会主任委员

丹尼尔·勒格兰奇博士和詹姆斯·洛克博士是进食障碍领域成就卓越的专家，他们基于多年的临床实践和研究，提出了针对青少年贪食症的基于家庭的疗法。这种方法的核心特色就是将父母及家庭作为资源来协助青少年贪食症患者恢复健康。贪食症患者的家庭常常面临混乱和矛盾的状态，家长很容易被专业人员批评，他们自己也有很强的羞耻感。基于家庭的疗法不仅不追究家庭的任何责任，相反，它非常强调将父母视为资源，确认家庭所做的一切努力都是为了解决病痛。这为家庭努力去应对这种疾病的复杂性和不确定性提供了极大的支持。该方法非常适合我国专业工作者和家庭用来帮助青少年应对贪食症。

刘丹
亚洲家庭治疗学院（AAFT）院士
德中心理治疗研究院（DCAP）副主席

内容提要

神经性贪食症，简称"贪食症"，是一种主要发生于青少年和年轻女性的难治性进食障碍，以反复发作的暴食和暴食后的补偿性行为（如催吐、导泻、过度运动、禁食）为主要特征，严重损害个体心身健康，影响家庭和谐幸福。

本书是由国际著名进食障碍专家为青少年贪食症专业工作者编写的治疗手册，提供基于家庭的疗法（family based treatment, FBT）的详尽指导。本书回顾了青少年贪食症的病因、临床表现、治疗方法及预后，并提出FBT的理论假设和循证依据。书中重点介绍了FBT的三个阶段——重建健康饮食、帮助青少年独立进食、解决青少年发展问题，并强调将家庭作为青少年贪食症治疗的资源，而非其发生原因。

本书非常实用，包含评估工具、案例说明、标注详尽的会谈记录及常见问题答疑，不仅是儿童和青少年心理学家、精神科医生、家庭治疗师、社会工作者及其他进食障碍治疗专业人士不可或缺的资源，也可供青少年患者及其家庭阅读、参考，帮助他们建立正向、积极的治疗观念。

译　　者

陈　珏　古　练　张　磊　陈诗蔚　朱睿臻　李沚芊

作者简介

丹尼尔·勒格兰奇和詹姆斯·洛克治疗青少年进食障碍已有 30 年之久。他们致力于帮助患有进食障碍的孩子和他们的父母从这类具有挑战性的疾病中康复。在过去 5 年多的时间里，他们投入了大量时间，尤其专注于学习更多关于青少年神经性贪食症的知识，以及如何更好地支持家庭来努力应对这种疾病的复杂性和不确定性。他们是本书的共同作者，并且在 W. 斯图尔特·阿格拉斯（W. Stewart Agras）和克里斯托弗·戴尔（Christopher Dare）的指导下，也是唯一一本基于实证的神经性厌食症治疗手册——《神经性厌食治疗手册：基于家庭的疗法》（*Treatment Manual for Anorexia Nervosa: A Family-Based Approach*）的共同作者。本书的两位作者还为家长编写了一本自助图书，即《帮助孩子战胜进食障碍》。

丹尼尔·勒格兰奇（Daniel Le Grange）：哲学博士，进食障碍协会成员，美国加利福尼亚大学旧金山分校精神病学系和威尔神经科学研究所儿童健康教授兼进食障碍项目主任。他也是芝加哥大学的荣誉教授，2014 年以前担任该校进食障碍项目主任。勒格兰奇博士是伦敦莫兹利医院神经性厌食症基于家庭的疗法的开发团队成员。在职业生涯中，他治疗过无数与进食障碍抗争的青少年和家庭。他曾获得进食障碍学院的研究领导奖、美国国家心理健康研究所的早期职业发展奖，发表了 500 多部作品，涵盖文章、图书和学术摘要。勒格兰奇博士与詹姆斯·洛克博士合作，为专业人士和家长出版了几本图书，包括《帮助孩子战胜进食障碍》。

詹姆斯·洛克（James Lock）：医学博士，哲学博士，美国斯坦福大学医学院精神病学和行为科学系儿童精神病学、儿科学教授。他也是斯坦福大学儿童和青少年进食障碍项目主任，并出版了众多关于青少年进食障碍的专业内容。洛克博士是美国精神病学协会与美国儿童和青少年精神病学学会的杰出研究员，是多个奖项的获得者，包括美国精神病学协会颁发的儿童和青少年精神病学杰出职业成就奖，美国国家进食障碍协会颁发的普莱斯家庭基金会杰出研究奖，美国进食障碍学会颁发的研究领导奖，美国国家心理健康研究所颁发的早期和中期职业发展奖。

译者前言

在我从事进食障碍临床工作的 20 多年里，遇到过无数进食障碍患者的父母：他们有的抱怨孩子总是失控地反反复复暴食、催吐；有的表现出对孩子问题的无力、无助、焦虑及痛苦；有的会对孩子生气、暴怒、责怪、打骂孩子，等等。作为医生、治疗师和研究者，我们不断在寻找新型的治疗方式，一种既能关注孩子的问题，也能关注照料者们需求的新疗法。

正是在这样的探索中，我与我的团队将目光投向了国际上已被广泛验证、成熟应用的基于家庭的疗法（family-based treatment, FBT）。这种方法最早源自 20 世纪 80 年代英国伦敦莫兹利医院的家庭治疗传统，随后由斯坦福大学的詹姆斯·洛克教授和芝加哥大学的丹尼尔·勒格兰奇教授（现任职于加利福尼亚大学旧金山分校）共同发展，逐步建立起一套循证、结构化、操作性强的治疗流程。其显著疗效已通过多项随机对照试验得到验证，尤其在青少年神经性厌食症和神经性贪食症的治疗中表现突出。目前，FBT 已被多个国家列为临床治疗指南中青少年进食障碍的首选疗法。

我最早接触 FBT 是 2016 年在斯坦福大学儿童和青少年进食障碍项目组访学期间。那时，我有幸参加了詹姆斯·洛克教授主讲的 FBT 培训，并现场观摩了他团队的 FBT 治疗师们的实际工作。那种将家庭深度纳入治疗过程的模式让我耳目一新，也让我意识到或许我们可以为患者及其家庭带来一种新的可能。

2017年，我们率先在上海市精神卫生中心正式成立了进食障碍诊治中心，整合住院、门诊等治疗资源，力图建立一套更为系统和规范的治疗体系。在治疗实践中，我们愈发意识到家庭参与患者康复的重要性和迫切性——如果仅仅依靠医护和心理治疗师的努力，而忽略了孩子每天所生活的家庭环境，我们将难以收获良好的治疗效果，或者将无法实现治疗效果的维持。基于这种体会，我们逐步建立起了以FBT理念为基础的进食障碍治疗新模式——基于家庭合作的多学科全程干预模式，这项创新性的工作后来获得了上海市卫生系统的"创新医疗服务品牌"。

随着本土实践的不断深入，我们团队于2019年引进并翻译了詹姆斯·洛克与丹尼尔·勒格兰奇合著的《帮助孩子战胜进食障碍》一书。这是一本面向家长的指导手册，基于FBT理念，帮助父母了解进食障碍、理解孩子的感受并参与治疗，帮助孩子在每日生活中逐步恢复饮食秩序。出版以来，这本书一直深受进食障碍患者父母们的喜爱。

同年10月，我邀请詹姆斯·洛克教授首次来华访问，并举办了为期三天的FBT工作坊，正式引进FBT这项心理疗法。来自全国各地的60多名进食障碍领域同行齐聚一堂，全神贯注听讲，积极参与互动。很多参与者反馈，这种方法对他们的临床实践工作很有启发，特别是在如何更系统地引导家长参与治疗上帮助他们有了更清晰的思路。大家在学习过程中的积极、正向反馈，让我们更坚定了要将FBT介绍给国内更多同行的信念。

2021年，北京大学第六医院的李雪霓、孔庆梅主任和我们共同翻译了詹姆斯·洛克与丹尼尔·勒格兰奇合著的《神经性厌食治疗手册：基于家庭的疗法》一书。这本书不仅深受进食障碍专业人员的喜爱，进食障碍照料者们在参考本书帮助孩子时也获益匪浅。

今天，你手中的这本《青少年贪食症治疗手册：基于家庭的疗法》是《神经性厌食治疗手册：基于家庭的疗法》的姊妹篇，它聚焦于贪食症，同样是一本进食障碍专业工作者的"工具书"。无论是精神科医生、心理治疗师还是督导师，都能在其中找到详尽的治疗结构、语言指引、治疗阶段目标与常见疑难问题的应对策略。当然，本书也适合青少年进食障碍照料者们，尤其是有暴食和清除行为患者的照料者们。

FBT 这套体系不仅在国外广受认可，我们在本土的探索也取得了初步成果。2020 年，我们团队启动了基于 FBT 理念的"慧学"父母整合式多家庭网络支持项目，尝试将 FBT 的结构性引导与多家庭小组的互助资源结合，同时融合了 CBT 与 DBT 中的实用技术，帮助家庭在支持孩子的过程中获得更多信心与切实可行的方法。截至目前，该项目已连续开展 11 期，服务超过 150 个家庭。许多家长在项目结束后告诉我们："我们不再那么焦虑了""我终于知道该怎么跟孩子说话了""我们开始重新理解她的痛苦，也理解我们自己"，等等。

翻译本书的初衷，是希望它能为青少年贪食症的临床工作者提供一个清晰、实用的参考框架，也为正在陪伴孩子走过康复之路的家庭，提供更多理解与支持的视角。希望本书能帮助大家在实践中找到可行的方向，也让家庭和专业人员之间的沟通更加顺畅、更有力量。

我一直认为，翻译一本书不仅是知识的转译，更是文化和临床智慧的对话。中文版凝聚了我们团队的共同努力。我们是一支由精神科医生、心理治疗师与研究人员组成的翻译团队，既有对专业语言的敏感，又有来自临床第一线的理解。我们尽力在忠实原文的同时，也对一些表达方式和术语进行了贴近中文语境的调整，希望读者读来既顺畅，又能感受到作者原有的节奏与逻辑。

  感谢翻译团队所有成员在繁忙的临床、研究工作之余抽空翻译本书。感谢上海科学技术出版社大力支持本书的翻译和出版。感谢中华医学会心身医学分会进食障碍协作学组、中华医学会精神医学分会进食障碍研究协作组对本书的出版、推广所给予的大力支持。

  愿本书带来的，不只是方法，更是理解与希望。

陈珏
医学博士，主任医师，博士生导师
上海市精神卫生中心临床心理科主任、进食障碍诊治中心负责人
中华医学会心身医学分会进食障碍协作学组组长

2025年7月28日于上海

英文版前言

我们为治疗青少年神经性贪食症的临床工作者编写了这本手册。本手册源自我们对青少年神经性厌食症的研究（Lock et al., 2001），该研究方法运用的是基于家庭的疗法（family-based treatment, FBT）。我们首先在英国伦敦莫兹利医院进行了对照试验，然后编制了手册，并在美国斯坦福大学、芝加哥大学进行了更大规模的对照和非对照试验。

到目前为止，我们对青少年神经性贪食症治疗的理解一直受到限制，因为学界一直缺乏针对该年龄组的循证治疗指南。本手册旨在填补这一知识领域的空白，并就如何更好地为神经性贪食症进行FBT提供临床指导。更具体地说，它直接源于最近在美国芝加哥大学完成的第一个对照试验中，对青少年神经性贪食症患者进行FBT实践的临床经验。

总体治疗策略与我们之前在《神经性厌食治疗手册：基于家庭的疗法》（Lock et al., 2001）中所概述的治疗策略相似。然而，由于症状、青少年性格和家庭的不同，使得针对神经性贪食症的FBT过程和细节与针对神经性厌食症的有所不同。因此，本手册为相关的临床人群提供了FBT的新应用。这里所描述的家庭治疗形式将父母作为一种资源来帮助青少年从神经性贪食症中康复。与针对青少年神经性厌食症的 FBT 相比，一个关键区别在于：神经性贪食症的治疗更强调青少年的主动参与，与父母密切合作，共同促进康复。相比之下，在青少年神经性厌食症的 FBT 中，我们会要求父母主导孩子的体重恢复工作，在体重和饮食恢复正常之前并不指望孩子会合作。对于患有神经性贪食症的青少年，我们可能采用更为合作式的干预方法，部分原因是大多数青少年的贪食症状具有自我失调的本质（即贪食症状与其自我认知相冲突）。而这一点与同龄的神经性厌食症患者形成显著差异，因为神经性厌食症患者的症状是自我协调的（即厌食症状与其自我认知相一致）。此外，帮助家庭消除青少年暴食所带来的羞耻感，往往是促进青少年和家庭成员在 FBT 中加强合作的途径。

正如我们为神经性厌食症青少年编制手册一样，我们编制这本神经性贪食症治疗手册，主要是希望让 FBT 以手册的形式得到推广，从而帮助更多患有这种疾病的青少年，让他们有机会尽早缓解症状，从疾病中康复，并重新投入不受进食障碍影响的青春期生活。

在过去的十多年里，我们始终投身于医疗和学术领域，身兼临床诊疗与科学研究的双重职责。虽然我们身处于世界上的不同地方，但对治疗青少年进食障碍的共同兴趣使我们在思考如何更好地开展各自的日常工作时走到了一起。这种关系促成了大量富有成效的合作，截至目前，它已维持了近十年。我们从 1998 年就开始合作，共同编写了第一本书——《神经性厌食治疗手册：基于家庭的疗法》（Lock et al., 2001），随后又为家长写了一本关于进食障碍的自助图书——《帮助孩子战胜进食障碍》（Lock & Le Grange, 2005；陈珏、蒋文晖、王兰兰、彭毅华主译，2019），现在我们又编写了这本《青少年贪食症治疗手册：基于家庭的疗法》。

献给我已故的姐姐莉泽特。

——丹尼尔·勒格兰奇

献给我的家人，没有他们的爱和支持，这项工作就不可能完成。

——詹姆斯·洛克

致谢

我们想要感谢许多临床同事在本手册编制过程中所做的贡献。感谢本内特·利文撒尔（Bennett Leventhal；芝加哥大学）、蒂莫西·沃尔什（Timothy Walsh；哥伦比亚大学）、斯图尔特·阿格拉斯（Stewart Agras；斯坦福大学）、迈克尔·斯特罗布（Michael Strober；加利福尼亚大学洛杉矶分校）、汉斯·斯坦纳（Hans Steiner；斯坦福大学）、乔尔·耶格尔（Joel Yager；新墨西哥大学）及海伦娜·克雷默（Helena Kraemer；斯坦福大学）提供的指导。我们在芝加哥大学医院的同事，他们的工作对于本手册的初步编制、试点和最终的实证研究至关重要；其中包括：罗斯林·宾福德（Roslyn Binford）、莫林·迪梅克（Maureen Dymek）、凯塔姆·达乌德（Khytam Dawood）、马拉·恩格尔伯格（Marla Engelberg）、勒妮·霍斯特（Renee Hoste）及克里斯·瑟斯通（Chris Thurstone）。我们尤其要感谢那些参与手册编制过程的家庭，他们如此慷慨地允许我们在本书中使用他们的案例。除此之外，勒格兰奇和洛克博士分别获得了美国国家心理健康研究所的职业发展奖（K23 MH01923）与中期职业发展奖（K24 MH074467）的支持。最后，我们要一如既往地感谢我们的家人对于这项工作的支持。

目 录

第 1 章	神经性贪食症：背景介绍	1
第 2 章	青少年神经性贪食症：基于家庭的疗法	19
第 3 章	第 1 阶段：初始评估	33
第 4 章	首次治疗：与家庭的第一次面对面会谈	46
第 5 章	首次治疗行动	67
第 6 章	第 2 次治疗：家庭聚餐	95
第 7 章	第 2 次治疗行动	109
第 8 章	第 1 阶段剩余部分（第 3～10 次治疗）	135
第 9 章	第 1 阶段剩余部分的治疗行动	161
第 10 章	第 2 阶段：帮助青少年独立进食（第 11～16 次治疗）	192
第 11 章	第 2 阶段的治疗行动	208
第 12 章	第 3 阶段：青少年发展问题（第 17～20 次治疗）	228
第 13 章	第 3 阶段的治疗行动	243
第 14 章	一个已完成案例的总结	268
参考文献		275

第 1 章

神经性贪食症：背景介绍

手册目的

  青少年神经性贪食症（bulimia nervosa, BN）[①]患者的家庭治疗通常在临床情境中提供，但这种治疗缺少系统的实证支持，治疗师也缺乏方针来指导他们如何更好地实施干预。BN 多始发于青春期中后期，似乎也与青春期发展相关的困难存在一定关系。因此，在治疗中纳入能够应对青春期发展问题的方法，可能更有助于提升疗效。与 BN 治疗相比，帮助青少年神经性厌食症（anorexia nervosa, AN）患者的家庭治疗是比较先进的。本手册旨在填补这一空白，为 BN 的家庭治疗提供临床指导。本手册所述的家庭治疗形式，具体表现在将父母及家庭作为资源，以协助青少年 BN 患者。青少年 BN 患者的家庭治疗起源于青少年 AN 患者的基于家庭的疗法（family-based treatment, FBT）。FBT 最初由伦敦莫兹利（Maudsley）医院开发，之后被编制成手册进行传播。因此，本手册的一般干预措施在许多情况下是相同的，与使用 FBT 治疗青少年 AN 患者的方法相似。然而，

[①] 神经性贪食症简称贪食症，本手册并未对疾病表述进行统一，而是交替使用相关术语，以加深读者对疾病诊断的认识。——译者注

由于青少年 BN 患者和青少年 AN 患者在症状、人格、家庭等方面存在不同，所以两者的 FBT 实施过程和细节也大不相同。因此，尽管本手册由青少年 AN 患者的 FBT 手册衍生而来，但它是针对不同人群的新型应用方法，并且提供了关于具体会谈和治疗阶段的详细方案。

本手册改编自已出版的青少年 AN 患者的基于家庭的疗法（Lock et al., 2001）。这种治疗方法源于多个 AN 家庭治疗相关的对照研究（Dare, 1985; Eisler et al., 1997, 2000; Le Grange et al., 1992; Russell et al., 1987），并随后在斯坦福大学（Lock et al., 2005）和芝加哥大学（Le Grange, Binford, & Loeb, 2005）进行了深入研究。

这种治疗方法的总体观点是，将父母和其他家庭成员视为帮助青少年 BN 患者的资源。特别是父母，他们在 FBT 的三个阶段中起着关键作用。长期以来，人们一直主张，在治疗患有进食障碍的孩子时应将父母考虑在内（Lasègue, 1873）。事实上，对于大多数躯体疾病和许多精神疾病，父母与家庭通常被视为一种有利资源。然而，出于各种各样的原因，在没有充分证据的情况下，青少年进食障碍患者的家庭却经常受到指责。（第 2 章涵盖了 FBT 的全部原理。）

在治疗的第 1 阶段，父母被要求挑战和破坏患者功能失调的饮食行为，具体包括暴食、清除和过度节食。要完成这些父母干预的任务，通常需要重新激活与控制和管理这些饮食行为相关的父母角色。赋予父母承担这些角色的能力是这一阶段的主要治疗目标。此外，治疗的重点是为破坏功能失调的饮食行为提供支持，暂不关注其他的心理或发展问题。治疗师们经常发现，父母在解决孩子的贪食问题方面未能达成一致意见，因此父母（当有两名家长时）有必要就如何进行干预达成共识。不过，治疗师会避免向家庭成员指明具体的解决方案，而是鼓励他们自己找出对抗贪食行为的最佳方法。

第 2 阶段的治疗重点是，让青少年重新掌控自己的饮食和体重。

只有在父母确信孩子的不良行为已经减少后，才能开始第 2 阶段的治疗。实际上，这意味着孩子的饮食习惯已经恢复正常，体重保持稳定，暴食和清除行为也已经停止。在这个时间点，治疗有可能会转向其他家庭问题，只要这些问题会影响青少年的体形顾虑、体重顾虑和进食行为。只有在治疗的第 3 阶段，当青少年她[①]自己表现出对贪食症状的控制时，更广泛、更普遍的青少年和家庭问题才会在治疗中显现出来。通常，该阶段包括支持青少年和家庭来使得青少年在她自己的发展中有成效地前进。具体来说，该阶段需要努力增加青少年的个人自主权，设定更适当的家庭界限，并且随着青春期的孩子变得更加独立，父母也需要重新安排他们自己的生活。

本手册共 14 章。第 1 章是对青少年 BN 的介绍和概述。第 2 章介绍了青少年 BN 患者的 FBT，并概述了治疗方法的细节，具体治疗内容会在其余章节详述。第 3～13 章详细说明了如何对 BN 患者实施 FBT；特别需要重视最初的 3 次治疗，因为这 3 次治疗奠定了整个治疗过程的基调和风格。在这些章节中，我们描述了治疗师采取的治疗策略，包括这些策略的基本原理和对应示例。

在本导论章中，我们提供了 BN 的一般背景材料，包括相关的研究文献、青少年疾病表现的概况、与青少年 AN 的区别，以及治疗方案和预后。

青少年神经性贪食症研究综述

进食障碍是一类高度流行的疾病，对青少年及其家庭成员的生

---

① 在本手册中使用女性代词是因为大多数（但不是所有的）神经性贪食症患者都是女性。不过，本手册中的治疗方法同样适用于青少年男性神经性贪食症患者。

活有着深远影响。BN 是一种导致身心功能严重受损的进食障碍，影响着多达 2% 的年轻女性。BN 通常出现在青春期，一般 12 岁首发，18 岁为发病高峰（Mitchell et al., 1987）。主要特征是暴食并伴随失控、内疚和自责。与 AN 患者一样，BN 患者害怕肥胖，反复尝试通过节食和（或）补偿性清除行为（例如，自我诱导呕吐、滥用泻药或利尿剂）来减肥（American Psychiatric Association, 1994; Russell, 1979）。

BN 是精神障碍的重要发病类型之一，并会对多个功能领域造成损害。常见的共病精神疾病包括：高发的抑郁和焦虑、人格障碍、社会功能紊乱、滥用酒精和药物，以及自杀企图。青少年 BN 患者的自尊水平明显低于没有进食障碍的青少年（Crowther et al., 1985, 1986）；此外，青少年 BN 患者报告的自杀意念和自杀企图也明显多于其他青少年（Franko et al., 2004; Hoberman & Garfinkel, 1990）。在青少年中，性虐待和身体虐待与暴食和清除行为之间可能存在关联（Ackard et al., 2001; Waller, 1991），但是这个问题在年轻患者中还没有得到充分探讨。除了精神疾病以外，对食物和体重的过度关注还会损害社会功能、学习功能和工作功能。

虽然 BN 是一种精神疾病，但它也与严重的并发症、高发病率和高死亡率相关（Palla & Litt, 1988）。多达四分之一的患者可能因医疗原因需要住院治疗（Palmer & Guay, 1985; Fisher et al., 1995）。此外，由于反复发作的暴食和呕吐带来的生理影响，BN 有时可能危及生命。低钾血症是常见的并发症，其他还包括低钙血症、低镁血症、低磷血症、食管刺激和出血、贲门黏膜撕裂综合征、胃破裂、大肠异常等（Schebendach & Nussbaum, 1992）。使用催吐剂诱导呕吐会引起吐根碱心肌病、肝毒性或周围肌病（Society for Adolescent Medicine, 1995）。虽然 BN 患者的体重通常在正常范围内，但常有龋齿、牙周病和月经紊乱（25%的患者有继发性闭经，33%有月经不规律）。BN患者有潜在的医疗不稳定性，再加上大多数患者倾向于否认其病情的严重程度，从而导致死亡风险加剧。

在青春期早期，成长是一个动态过程，如果没有健康的和预期的体重增加，就会出现严重营养不良（Schebendach & Nussbaum, 1992）。在社区样本中，关于节食和暴食行为的早期研究表明，10%～50%的青春期女孩和男孩经常有暴食行为（Johnson et al., 2002; Jones et al., 2001; Stice et al., 1998, 1999; Whitaker et al., 1990）。也有证据表明，男性进食问题可能与女性中观察到的情况类似（Walsh & Wilson, 1997）。非西方和少数族裔女性中的BN可能与白种人青少年一样普遍（French et al., 1997; Stevens et al., 2003; Story et al., 1995）。BN在青少年和青春期前儿童中的发生频率越来越高。研究发现，在接受调查的青春期女孩中，有2%～5%符合严格的BN诊断标准（Walsh & Wilson, 1997）。一些研究报告描述了数量惊人的青少年BN患者（Mitchell & Hatsukami, 1987; Stein, Chalhoub, & Hodes, 1998; Kent, Lacey, & McClusky, 1992; Russell et al., 1987）。青春期前BN的相对发生频率尤其令人不安（Maddocks et al., 1992）。有明确证据表明，在青少年AN中，早发性病例比晚发性病例有更好的预后（Steiner & Lock, 1998），但BN却不是这样。与晚发性病例相比，在发病年龄为15岁或15岁以下的32名BN病例中，故意自伤更为普遍。与典型晚发性病例相比，早发性病例在患病前超重的人数方面几乎是晚发性病例的两倍。此外，早发性病例中存在的父母忽视的情况几乎是典型晚发性病例的两倍（Mitchell et al., 1991）。

显然，BN是一个非常普遍和严重的健康问题，它对不同性别和不同种族背景的青少年群体均有影响。然而，专门针对青少年BN的治疗方法有限，我们在这里回顾了成人BN的可用治疗方法。

神经性厌食症和神经性贪食症的临床差异

尽管青少年 AN 和 BN 患者有许多临床相似之处（Le Grange et al., 2004），但在考虑对 BN 进行 FBT 时，有时需要顾及这两种疾病之间的巨大差异。对于一些特定的诊断问题，治疗师应为 BN 制定不同于 AN 的独特策略。

共病。也许 AN 和 BN 在临床表现上最显著的潜在差异是精神疾病共病的存在。可以准确地说，与 AN 相比，BN 在青少年中具有了更多样的症状。因此，青少年 BN 的管理可能更具挑战性，因为可以想象的是，共病可能会使治疗师偏离手头的主要任务。在 AN 中，除了急性自杀以外，没有其他共病能战胜自我饥饿，这使得治疗师在尝试与进食障碍"待在一起"时更加直接。

重点症状。AN 表面上是为了"健康"而减肥，而 BN 更多的是对体形的高估。此外，《精神障碍诊断与统计手册》（*Diagnostic and Statistical Manual of Mental Disorders*, DSM）明确区分 AN 和 BN；AN 的重点显然是显著的体重减轻，而 BN 的重点是暴食和不适当的补偿性行为，如自我诱发呕吐、滥用泻药。

家庭风格。BN 患者的家庭在关系风格上也被认为与 AN 患者的家庭有所不同。AN 患者的家庭往往更倾向于避免冲突，渴望保持礼貌的印象，而 BN 患者的家庭往往比较混乱和矛盾，他们会邀请治疗师来建立一些家庭秩序。

自豪和羞耻。BN 与相当大的羞耻感有关，患者不愿意透露他们的症状。另一方面，对 AN 来说，羞耻感与进食有关，患者往往对自己的症状感到相当自豪。这种差异可能使 BN 更容易改变；尽管患者对症状有所隐瞒，但与这些症状相关的羞耻感可能会成为患者改变的动力。

治疗师还应该针对 BN 不同于 AN 的一些特定心理方面或特征制定独特策略。

父母的动机。 年轻的进食障碍患者很少有治疗动机，但 AN 患者有明显的饥饿症状，这可能使得父母更容易将疾病与患者自身分开，并且有动力来帮助患者恢复体重。然而，在 BN 中，动机更加复杂，治疗师可能需要更加努力地告知父母 BN 的隐匿性，以便他们能够找到一种方法来帮助其看似健康的青春期子女。

独立性。 与普通的 AN 患者相比，年轻的 BN 患者往往给人留下的印象是，他们已经建立了更高程度的独立性，尽管这种独立性通常是相当矛盾的。AN 患者的独立性通常源于自身强烈的意志或自我施加的管控，而 BN 患者的独立性则更多是对他人影响或外界压力的一种反应。归根结底，无论是 AN 患者还是 BN 患者，他们都未能实现真正的独立。表现出更大的独立性会对治疗产生明显影响，因为父母可能已经接受了女儿已经建立的独立程度，以至于很难重新调整他们想要对女儿的饮食和其他自由施加更多控制的立场。同样，患有 BN 的青少年可能不像许多患有 AN 的年轻患者那样容易接受父母干涉其自由。父母的工作是帮助青少年减少焦虑，回到青春期的"轨道上"。换句话说，父母是在"修复"他们的孩子；患有 BN 的青少年可能仍然会退行，尽管不像患有 AN 的青少年那样严重。

心理洞察力。 有些患者能洞察到自己的困境，而另一些患者则没有意识到他们存在问题。如果患者坚决拒绝接受自己患有严重疾病的说法，那么治疗师将在说服父母需要帮助孩子与 BN 作斗争方面，面临更大的挑战。然而，在我们的经验中，大多数患有 BN 的青少年知道自己不舒服，并且至少有一定的动力去克服饮食方面的困难（BN 经历着更多的自我失调；见第 3 章）。然而，患有 AN 的青少年大多数不愿意接受他们患有严重疾病的想法，这使得临床医生在帮助这些患者改变他们的行为时遇到了特殊的困境。

青春期经历。 患有 BN 的青少年比患有 AN 的同龄人更有可能经历过更广泛的青少年问题（如早恋、药物滥用）。这不仅可能使治疗师让家庭集中精力重建青少年健康饮食习惯的努力变得更加复杂，而且，如果家长觉得他们有一个相对独立、有着许多不同经历的青少年，他们可能会更难以干预到治疗师所希望的程度；有些家长可能认为他们已经无法对这个青少年进行指导或引导。

同辈压力。 与前两个问题一致，患有 BN 的青少年与其同龄人群体的联系更紧密，为了符合该群体的期望，他们可能会感到更大的压力。此外，这可能会使治疗师和父母的任务复杂化，因为他们（父母）需要找到一种方法，以便在同龄人对于"完美身材"的期望等的影响下，能对青少年的进食障碍产生重大影响。然而，患有 AN 的青少年与同龄人的联系通常更少，社交上也更孤立，这一事实使得治疗同样具有挑战性，尽管原因不同。

青少年神经性贪食症的治疗方法

尽管有大量针对成人 BN 患者的治疗研究，但没有一个研究专门囊括或调查了 18 岁或以下的青少年 BN 患者。虽然 AN 和 BN 是不同的疾病，但它们在症状学上存在相当多的重叠。因此，已被证明对青少年 AN 患者有效的治疗，可能也对青少年 BN 患者有益。另一方面，如前所述，有 AN 子女的家庭可能与有 BN 子女的家庭不同，这些差异可能会对家庭成员参与治疗产生影响。据报道，患有 BN 的女性比患有 AN 的女性有着更糟糕的童年经历（Webster & Palmer, 2000）。我们自己的研究表明，与青少年 AN 患者的家庭相比，青少年 BN 患者的家庭更有可能发生冲突或批评（Dare et al., 1994），但现在就讨论"典型的 AN 家庭"和"典型的 BN 家庭"为时尚早。尽管如此，与因饥饿导致的青少年更为明显的脆弱状态相比，贪食行为的隐匿性和让青少年参与治疗的普遍困难都表明，家庭干预在这两种疾病中均有重要作用。从发展的角度来看，可以认为青少年 BN 或 AN 患者面临相似的挑战，如个体独立性建构、亲子分离和性心理发展。因此，从临床上来看，仍然与原生家庭一起生活的青少年 BN 患者可能会受益于 FBT，尽管这种治疗需要考虑到青少年 AN 和 BN 之间的差异。

如果不对 AN 家庭治疗的莫兹利方法进行简要参考，那么对 BN 家庭治疗的讨论就是不完整的。

莫兹利方法与本手册演变

多年来，AN 的治疗一直是家庭治疗师的研究领域（Dare & Eisler, 1997; Minuchin et al., 1975; Selvini Palazzoli, 1974; Wynne, 1980）。长期以来，家庭问题一直被认为是进食障碍表现的一部分（Bliss & Branch, 1960; Bruch, 1973; Gull, 1874; Morgan & Russell, 1975）。事实上，根据戴尔（Dare）和艾斯勒（Eisler）所言，AN 可以被视为家庭治疗的典范，就像癔症被视为精神分析的典范、恐惧症被视为行为治疗的典范一样（Dare & Eisler, 1997）。米纽庆（Minuchin）及其在费城儿童指导诊所（Philadelphia Child Guidance Clinic）的同事（Minuchin et al., 1975）和米兰中心的塞尔维尼·帕拉佐利（Selvini Palazzoli, 1974）观察到，有 AN 子女的家庭具有特定的特征。他们强调了这些家庭存在关系过于亲密、代际界限模糊和回避公开冲突的倾向。在米纽庆提出的治疗模式中，患者被认为是各种因素（如家庭、遗传、生理、社会文化）相互作用而出现问题。在该模型中，家庭干预试图改变家庭内部的问题，或者在必要时将孩子从家庭中带离（Harper, 1983）。相比之下，莫兹利的家庭治疗方法并不追究家庭的任何责任；相反，此方法在很大程度上强调将父母视为资源，所做的一切努力都是为了解决进食障碍。用于治疗青少年 AN 患者的莫兹利方法，使用了许多早期家庭治疗学派（如结构式家庭治疗、米兰家庭治疗、策略式家庭治疗、叙事性家庭治疗）的见解和技术。

虽然这些家庭治疗有各种各样的病例研究，但只有莫兹利方法是经过对照研究试验的。这些试验证明了家庭治疗对病程少于 3 年的青少年患者（即 18 岁及以下）的相对益处（Eisler et al., 1997, 2000; Le Grange et al., 1992; Lock et al., 2005; Russell et al., 1987）。莫兹利研究小组自 20 世纪 80 年代中期以来一直在进行家庭治疗的对照研究。其中，最突出的是罗素（Russell）等人的研究，他们比较了 AN 和 BN 的治疗效果（Russell et al., 1987）。研究表明，与年龄较大的患者相比，年轻的 AN 患者通过家庭治疗所取得的改善要优于个体治疗。对原始队列的 5 年随访研究证实，接受家庭治疗的年轻患者预后良好（Eisler et al., 1997）。在一项初步对照研究中，该小组着手探索这种家庭治疗的有益成分，以及证明家庭治疗作为门诊治疗的可行性（Le Grange et al., 1992）。在一项更大规模的随访研究中，他们证实了 AN 家庭治疗是住院治疗的一种可行替代方案，并且家庭组织和治疗依从性与治疗效果之间存在关联（Eisler et al., 2000）。

罗宾（Robin）及其团队在底特律进行的对照研究也证明家庭治疗是有效的。他们比较了与莫兹利方法非常相似的家庭治疗和个体治疗在 22 名青少年 AN 患者中的疗效差异，16 个月后发现，家庭治疗使患者身体质量指数（body mass index, BMI）产生了更大变化，而在其他测量（进食态度、体形顾虑、与进食相关的家庭冲突）方面，两组治疗显示了相似的结果（Robin et al., 1994）。该队列的 1 年随访再次证明，与个体治疗相比，家庭治疗在更多的体重增加和更高的月经恢复率方面具有优势。虽然个体治疗也被证明有效，但家庭治疗能更快地使患者恢复健康（Robin et al., 1999）。从这些对照研究中可以清楚地看出，家庭治疗似乎对青少年 AN 患者特别有帮助。

从这些早期的研究开始，青少年 AN 家庭治疗的莫兹利方法已经被手册化（Lock et al., 2001），并被成功应用于一项大型随机对照试验（Lock et al., 2005）。本手册虽然与 AN 治疗手册密切相关，但已针对性地做出了精心调整，以满足青少年 BN 患者的特殊需求。

神经性贪食症的家庭治疗

与青少年 AN 患者相比，对于 BN 患者的家庭治疗很少有系统的报道。不过，有关于成人 BN 家庭治疗的个案报告（Madanes, 1981; Roberto, 1986; Root, Fallon, & Friedrich, 1986; Wynne, 1980），以及三项关于家庭治疗的研究，明确阐述了这种治疗方法（Russell et al., 1987; Schwartz, Barrett, & Saba, 1985）。但这些研究的结果是不确定的。在第一个成人 BN 家庭治疗的随机对照试验中，罗素及其在莫兹利医院的同事们发现，家庭治疗和个体治疗都没有效果。另一方面，斯沃茨（Swartz）及其同事们发现，经过为期 9 个月的 33 次结构式家庭治疗后，30 名 BN 患者中有 66% 得到改善。这两项研究都没有专门调查青少年 BN 患者。来自莫兹利小组初步报告的早期证据表明，心理治疗可能对患有 BN 的青少年群体有效。这项对青少年 BN 家庭治疗的调查显示了令人鼓舞的结果。一个由 8 名青少年 BN 患者组成的小型队列研究发现，家庭治疗对患者及其家人都是有帮助的（Dodge et al., 1995）。将疾病的教育原则纳入其中，并让父母参与帮助阻止"暴食-清除"循环似乎是成功的。从治疗开始到1年后随访时，大多数患者都有积极的治疗反应，贪食症状也有显著变化。然而，这些结果仍应谨慎看待，因为这个研究样本量小、随访时间短，且不包括对照组。

与本手册编制最相关的是我们自己的案例研究（Le Grange, Lock, & Dymek, 2003），以及已完成的两项针对青少年 BN 患者的 FBT 大型对照试验（Le Grange & Schmidt, 2005），研究结果均支持在青少年 BN 患者中实施基于家庭的疗法（见第 2 章）。此外，艾斯勒等人（Eisler et al., 2000）和我们自己的研究（Lock & Le Grange, 2001）均表明，让父母参与帮助减少暴食症状的尝试，在患有暴食/清除亚型的青少年家庭中反应良好。

与许多青少年治疗范例一样，有充分的理论和临床证据支持家庭参与对治疗青少年 BN 的重要性。除了任何相关的家庭问题外，父母强烈的羞耻感、内疚感和责备感可能会加剧青少年的症状性行为。在家庭治疗中，可以与父母和青少年分享有关疾病的信息，并解决进食问题及 BN 对家庭关系的影响等问题。虽然 BN 患者有时不像 AN 患者那么严重，但是患有 BN 的青少年往往表现出对其贪食症状的严重性的否认和最小化，使他们无法意识到自己疾病的严重性。这种否认和最小化使得父母必须确保青少年得到恰当的治疗。如果按照罗宾等人对青少年 AN 的定义——"失控""无法自我照顾"（Robin et al., 1999），来定义 BN 青少年，那么提供这种控制和照顾的责任就必须落在父母身上。应该指导青少年 BN 患者的父母作为一个团队来研究如何让他们的子女恢复健康饮食。因此，对于患有 BN 的青少年，FBT 具有相当大的潜力，应该进行更系统的研究。更传统的方法认为，在青少年建立自主权的阶段，父母参与治疗是不可取和不适当的。尽管在父母存在重大心理疾病或对自己的青少年持敌意的情况下，个体治疗更可取，但让他们参与子女的治疗几乎总是有利的。

神经性贪食症患者的预后

许多研究对 BN 患者进行了相对长期的随访。几乎所有这些研究都追踪了那些接受过某种治疗的患者，而且都集中在成人 BN 患者身上。总体而言，大约只有一半的患者被认为已经从 BN 中康复（Fairburn et al., 2000; Fairburn & Cooper, 2003; Jager et al., 2004; Keel et al., 2000）。有证据表明，BN 患者共病精神疾病的风险增加，尤其是抑郁和物质滥用（Fichter & Quadflieg, 2004）。虽然 BN 在一般人群中总的死亡风险不高于预期，但已知死亡事件时有发生（Fichter & Quadflieg, 2004; Herzog et al., 2000, Patton, 1988）。此外，几项研究发现，约三分之一的患者出现 BN 复发（Fairburn et al., 2000; Fairburn & Cooper, 2003; Herzog et al., 1999）。另外，研究结果表明，自杀的想法和行为很常见，约四分之一的成年 BN 患者报告有自杀企图。自杀风险增加的一个重要预测因素是 BN 发病年龄较低（Franko et al., 2004）。在这些研究中，现有研究对 BN 青少年的预后关注不足，但我们有理由认为，青少年 BN 可能会因早期发病和持续时间较长而积累风险。

治疗方法介绍

本手册中，我们提出了一种针对青少年 BN 的具体治疗方法，它以青少年 AN 手册（Lock et al., 2001）、芝加哥大学已完成的青少年 BN 试验（Le Grange et al., 2006），以及我们在过去 5 年左右的临床经验为基础。通过将这种治疗方法编制成手册，我们希望应用这种方法的从业者能够发现其在临床上的适用性。我们认识到，没有一种治疗方法对所有情况下的每位患者或每个家庭都有效。因此，我们认为，除了在研究中需要有严格的协议以外，也需要临床医生的个别判断。这种治疗对临床判断的需求并不比任何其他治疗方法少。因此，尽管我们在前述讨论中努力做到尽可能的精确和具体，但我们认识到并且很期待临床医生能根据实际情况，对这种治疗的某些方面进行调整。不过，我们相信一些治疗原则在任何情况下都是适用的。这些原则包括：

- 对疾病原因持不可知论观点，从治疗的角度认为家庭是无辜的。
- 承诺将父母视为重建青少年健康饮食的称职代理人。
- 认为整个家庭都是患者恢复的重要资源。
- 尊重青少年在体重和食物以外的控制权和自主权需求。

我们也认为，治疗的节奏应遵循治疗阶段的总体方针。也就是说，治疗初期的重点必须是在父母的指导下重新建立健康的饮食习惯和体重控制策略；直到这些问题得到解决，才建议继续讨论更普遍的家庭动力学问题或青少年问题。我们对每个治疗阶段的治疗干预措施进行了概述（见第 2 章及表 2.1）。我们希望这个大纲可以帮助使用手册的治疗师们追踪他们在治疗过程中所处的位置，并按照大纲的步骤进行治疗。

莫兹利方法的理论解释或总体哲学观是，青少年是家庭环境的一部分，父母参与治疗对治疗的最终成功至关重要。对于 AN，以及在较小程度上对 BN 而言，青少年被认为是退行的。因此，父母应该在理解与尊重子女的观点和经历的同时，参与子女的治疗。这种治疗密切关注青少年的发展，旨在指导父母协助青少年完成发展任务。要做到这一点，对家庭的其他冲突或分歧的基础性工作必须推迟到进食障碍行为被消除之后。BN 被认为会影响青少年的正常发育；当然，不同的患者程度不同。父母暂时带头帮助青少年寻找方法，以减少这种障碍对其生活的控制。一旦成功完成这项任务，父母将饮食控制权还给青少年，并帮助其完成可预测的青春期发展任务。

莫兹利方法在几个关键方面不同于其他青少年治疗方法。第一，如上所述，青少年被认为不能控制自己的行为；相反，进食障碍被视为控制青少年的因素。在没有共病其他精神疾病的情况下，青少年被视为尚未以最理想的方式运作，因此可能会从父母的帮助中获益。第二，治疗旨在通过允许父母更积极地介入他们孩子的饮食来纠正这种状态。通常情况下，父母认为以这种方式控制青少年的生活是不合适的，而且他们认为自己应该为孩子的进食障碍负责，或者这些症状已经让他们害怕到不敢果断行动。第三，莫兹利方法强烈主张治疗师应该把注意力主要集中在解决进食障碍症状的任务上，特别是在治疗的早期阶段。与米纽庆的方法相反，莫兹利方法倾向于在更长时间内专注于进食障碍；也就是说，治疗师对中心治疗任务保持警惕，这是为了让父母专注于重建青少年的健康饮食，使其从进食障碍的控制中解放出来。当然，共病精神问题的存在可能会使治疗师和家庭脱离正轨，因为在有严重情绪障碍的情况下，优先考虑进食障碍可能会带来问题。（参见第 2 章关于共病的更详细讨论。）

为什么要使用手册

有时，治疗师在与患者或家庭凭直觉建立起来的治疗关系和手册中所描述的特定治疗结构之间会存在张力。这种张力在很大程度上是有益的。一方面，每位患者及其家庭的详细情况提供了关于当前具体临床状况的重要信息；另一方面，结构化的手册提供了一张带有可预测路标的通用地图，与许多（可能不是全部）患者及其家庭相关。

一些人认为，手册是缺乏想象力的治疗师"食谱"。这些批判者认为，患者在所有方面都是独一无二的，因此患者的临床需求无法通过手册来预测。此外，他们认为，结构化治疗迫使治疗师和患者进入预制的理论结构和互动模式，从而剥夺了治疗情境的灵魂。

与之相对，手册化治疗的捍卫者认为，疾病有共同的特征、扭曲思维的模式，以及被强化的破坏性行为。从该意义上说，一个患有这种疾病的人与其他任何患有这种疾病的人都是相似的。当一种疾病被诊断出来时，患有这种疾病的人就会加入同样受该病影响的人群之列。对于这些从业者，他们更希望采用一种通过提供通用路径和具体的进展标志，能够预期疾病康复过程的方法。按照这一辩论线索，可以公平地说，使用基于手册的治疗对治疗师和来访者都有好处。首先，灵活的治疗结构，确保治疗方法以最佳方式排序，并充分覆盖治疗的所有组成部分。其次，使用手册可以让治疗师和来访者都保持在正确的轨道上；缺乏手册的治疗结构，很容易使得青少年 BN 的治疗从中心问题偏离到非中心问题。

通过编制这本手册，我们对手册有效性的看法是明确的。然而，几乎没有人会认为，使用手册的最佳方式是逐字逐句照搬。尽管如此，除了直接督导外，手册是唯一一种能以有意义的方式向治疗师提供治疗信息的方法。那些仅局限于少数研发机构或专科中心的有效治疗方法，其价值有限，因为这些限制严重制约了治疗的可获得性。尽管手册不能预测所有的治疗问题，也不能替代治疗师与患者和家庭之间形成的独特关系，但它有助于以聚焦的方式利用这种关系，专门设计来解决手头的问题。

也许，在治疗青少年进食障碍方面，个体需求与结构化、针对性干预措施所带来的好处之间的张力，可能比其他情况更加明显。就

BN 而言，每位青少年患者的发展需求都根植于其独特的家庭环境，但疾病表现出的典型症状特征又使其与其他 BN 患者紧密关联，形成了个体发展与典型症状之间的张力。在本手册中，我们尽量不忽视这种张力，而是尊重这种张力。治疗师在使用手册时，会发现它适用于青少年 BN 患者的一般临床情况，但他们也会发现需要将自己作为治疗发展的手段。任何手册都不能也不应该取代治疗关系中隐含的基本尊重、兴趣和承诺。与此同时，伴随 BN 出现严重思维和行为扭曲的患者，也很难仅依靠治疗关系得到康复。最后，手册只是治疗师的工具，而非治疗本身。

小　结

在本章中，我们回顾了 BN 的病因、临床表现、治疗及预后。我们回顾这些问题的部分目的是为读者提供基本的背景信息。不过，我们也希望强调 BN 及其治疗的几个重要方面，这些方面与本手册中使用的方法有关。首先，BN 是一种主要始于青春期中后期的疾病，似乎与青春期发展相关的困难有关。因此，考虑纳入能够应对青春期相关发展问题的治疗方法，是最有可能获得成功的。此外，虽然尚未有研究探讨青少年 BN 的治疗方法，但我们已经留意到，对于青少年 AN 患者，基于家庭的疗法可能优于个体治疗。而有限的数据表明，同样的方法可能有助于青少年 BN 患者的治疗。

对一些临床医生来说，强调基于家庭的治疗方法似乎是违反直觉的，这些医生优先考虑青少年对自主权和自我控制的需求，而这确实是青少年发展的一个预期部分。与之相反，我们的治疗方法强调，由于与进食障碍相关的想法和行为的强迫特性，患有 BN 的青少年失去了控制，所以需要父母的帮助来"回到正轨"，以便可以在没有贪食症状的情况下恢复青少年个体发展的正常工作。因此，家庭被视为青少年与疾病斗争并最终康复过程中的重要资源。对于大多数躯体疾病和许多精神疾病，这种将父母和家庭视为资源的观点是常见的；但是由于各种原因，在几乎没有证据的情况下，进食障碍青少年的家庭却一直遭受诋毁。

以下章节描述的手册化治疗考虑了这些观察结果。也就是说，它是专门针对父母帮助青少年重新建立健康饮食行为的需求设计的，且旨在支持在家庭环境中成长的青少年。

综上所述，尽管目前还缺乏针对青少年 BN 的具体治疗方法的系统证据，但下文所述的手册化治疗是一种合理的方法。这种方法也适用于存在暴食和清除行为的青少年 AN 患者，但我们为适应两种疾病之间的差异进行了修改。如本手册所述，青少年 BN 的治疗包含以下的关键组成部分：① 通过父母帮助青少年重新建立健康的饮食习惯；② 持续关注进食障碍症状直到患者的进食恢复正常。也就是说，一般的青少年问题和家庭问题需要推迟到进食障碍行为得到很好控制以后再进行处理。这种方法的优点及其更详尽的讨论将在第 2 章中进行阐述。

第 2 章

青少年神经性贪食症：基于家庭的疗法

如本手册所述，BN 的 FBT 通常在 6 个月内经过三个明确的治疗阶段。第 1 阶段通常持续 2～3 个月，一般每周安排一次治疗。治疗间隔应根据患者的临床进展情况而定。在第 2 阶段，治疗师可能每 2～3 周安排一次治疗。第 3 阶段建议每月进行一次治疗，用来结束整个治疗。每次治疗持续时间为 50～60 分钟。在本手册中，我们首先描述每个阶段的主要目标，然后介绍为了实现这些目标而应该采取的具体步骤。

治疗的三个阶段具体如下。

第 1 阶段：重建健康饮食（第 1～10 次治疗）

第 1 阶段的治疗几乎完全集中在帮助父母和青少年找到一种方法，共同制定有效的策略来应对 BN 症状及其对青少年的破坏性影响。一开始，治疗师鼓励父母采取联合行动，挑战并破坏病理性进食和清除行为。鼓励父母寻求与青少年的合作，共同努力对抗 BN。这种合作立场是 BN 的 FBT 与 AN 的区别之一；这在患有 BN 的青少年中比在患有 AN 的青少年中更可行，部分原因在于，相对而言 BN 存在自我失调，而 AN 存在高度自我协调。在我们的经验中，大多数患有 BN 的青少年认为他们的症状是不可取的，尽管他们无法抑制自己的暴食和清除行为，但许多人表达了想摆脱症状的愿望。许多患有 BN 的青少年仍对自身症状所带来的"益处"抱有强烈的矛盾心理，但大多数患有 AN 的青少年会更倾向于认为其症状是可取的，并且会竭尽所能阻止他人改变现状。为了支持父母采取行动，帮助他们的孩子打破习惯性的暴食-清除循环（习惯性的暴食-清除循环是 BN 的特征），治疗师强调，现有证据几乎不支持青少年的 BN 是由父母引起的。这一信息减少了父母的内疚感和责任感，使他们能够采取行动。这也使治疗师能够对父母和患者的困境表示同情。治疗师以这样一种方式引导讨论，一方面用来建立和强化父母在努力加强子女健康饮食方面的联盟，另一方面也使患者与其兄弟姐妹子系统保持一致。通过患者与父母的共同努力来帮助其恢复健康的进食模式，贪食症状的自我失调效应得以展现，从而完成治疗图景。

一般来说，治疗师的立场是始终如一、坚定、积极地看待家庭，通过尽可能多地赞扬他们养育子女的有益方面，来寻找正面强化和支持的机会。不过，治疗师对青少年的发展状况表示尊重也是很重要的。在 BN 的案例中，这几乎总是意味着帮助减轻与暴食和清除行为有关的羞耻感，并对这种疾病给青少年造成的困境保持同情。一方面，治疗师坚决地面对问题行为；另一方面，承认 BN 带来的痛苦和使人衰弱的影响。此外，治疗师要承认，鼓励父母如此深度介入女儿的进食和体重行为，与常规的青少年教养方式不一致。治疗师需明确表示，父母这种程度的介入是暂时的，目的是在治疗开始时帮助改变 BN 的进程即可。这种态度可以通过以下方式来表达：

"在座的各位都看到,尽管你深受神经性贪食症的困扰,但你在生活中的其他方面都表现得非常出色。我们相信,如果你能和父母合作,共同找到恢复健康饮食的方法,这将是对抗疾病最好的方式。"

第 1 阶段的治疗通常每周进行一次,以确保早期的学习能很快得到强化。

第2阶段:帮助青少年独立进食(第11~16次治疗)

一旦父母在女儿的参与下,设法使女儿的进食模式正常化(即没有过度节食、暴食或清除),家庭通常会有明显的情绪变化(即在控制进食障碍后感到放松),家庭也已经准备好进入第 2 阶段的治疗。这个阶段的目的是,在父母的监督下,让青少年重新掌控有问题的进食行为和体重相关行为。目标是让青少年在父母的支持下掌控这些领域。这种掌控在第 2 阶段成为可能,是因为在第 1 阶段中父母和青少年共同工作,并且成功地打破了过度的体重顾虑、不适当的节食策略、暴食和清除对青少年的控制。在这种情况下,家庭与体重、节食和食物态度相关的问题,可以与 BN 及其在家庭中的出现联系起来。在这种方法中,家庭冲突本身,不一定被视为导致 BN 的原因。例如,如果青少年陷入了父母婚姻冲突的泥淖,治疗师应该处理并尝试解决这个问题,无论它出现在治疗的第 1 阶段、第 2 阶段或第 3 阶段。但是,这种治疗并不是婚姻治疗的尝试,有需要的话,治疗师应该进行适当的转介。

第 2 阶段的治疗通常每两周进行一次,以鼓励家庭逐渐减少对治疗师的咨询依赖,增加独立性。

第3阶段：青少年发展问题和结束治疗（第17~20次治疗）

当患者的暴食/清除症状完全缓解时可以启动第3阶段的治疗。这一阶段的中心主题是让青少年或青年与其父母建立健康的关系，在这种关系中，疾病不作为互动的基础。这个目标包括：努力增加青少年的个人自主权、设定更适当的家庭界限，以及孩子在未来离开家的时候，父母需要重新安排他们自己的生活。第3阶段的治疗一般每月进行一次。

考虑到大多数青少年BN患者在家庭组成、共病和发育状态等方面的异质性，可以想象的是，每个阶段的治疗过程会因患者而异，这在青少年BN患者中可能比在青少年AN患者及其家庭中更常见。因此，治疗师应该在不牺牲协议完整性的情况下，准备以适当的灵活性来实施本手册。在治疗的第1阶段，如果患者除进食障碍以外，还出现了需要立即关注的共病（如严重物质滥用、严重抑郁），则特别需要灵活性。在这些情况下，治疗师必须平衡对进食障碍的关注和解决共病问题的必要性（例如，将60%的精力放在BN上，40%的精力放在共病问题上）。在任何一种情况下（即无论有没有共病），治疗师都应该努力让父母在治疗开始时负责管理进食障碍。

治疗的合适人选

最适合这种类型治疗的患者是19岁及以下、被诊断为BN并与家人同住的青少年。我们的这一建议是基于有限的针对AN的FBT系统证据和BN的FBT临床试验。对家庭的定义可能存在争议，但对FBT而言，有一个非常实用的定义，即与患有BN的青少年同住的家庭成员。这可能意味着，家庭治疗应包括非生物学亲属的家庭成员或（外）祖父母（如果他们和青少年 BN 患者住在一起），而不包括那些未参与青少年 BN 患者日常照护的家长。我们推荐这一定义是因为，父母和家庭成员需要在应对 BN 症状方面有实际帮助，并且要能随时待命，特别是在患者的用餐时间。我们稍后讨论单亲家庭和离异家庭的问题，而这里需要注意的是，这些家庭结构可以接受 FBT，但通常需要特殊安排，以增加良好结果的可能性。

不管具体的家庭成员是谁，FBT 都需要父母和兄弟姐妹做出切实的承诺来参加治疗。父母有时必须把工作停下，就像他们为任何其他严重疾病预约看病一样；兄弟姐妹们也可能需要缺席学校或其他活动。适合这种治疗的家庭必须准备好做出这些牺牲，尽管我们会尽一切努力让治疗尽可能方便和简短。如果家庭无法在治疗开始时每月至少参加 3 次治疗，那么就不应该进行 FBT。当一个家庭未能按计划赴约时，应该给予支持。重要的是，不要过早放弃，因为家庭是帮助青少年 BN 患者的关键资源。

谁不适合使用本手册

我们应该简要地指出，FBT 可能对青少年其他非典型进食相关障碍没有帮助。尽管其中一些障碍可能有心理和行为基础（如转换障碍、食物恐惧症、精神病性妄想、强迫症），但没有证据表明 FBT 有助于解决这些问题。此外，FBT 对成年 BN 患者可能没有帮助。因为到了成年期，父母的影响力和权威会明显减弱，所以父母和其他家庭成员用来帮助挑战不良进食行为的影响力是非常有限的。因此，这里概述的方法最适合那些在心理上和物质上仍然依赖着父母的患者。对于仍住在家里的年轻人（成人）来说，这种方法可能需要做一些修改，但目前缺乏对这种应用的系统探索，所以不建议将这里概述的 FBT 用于成年 BN 患者。事实上，当罗素等人第一次研究该方法时，患有 BN 的成年人对 FBT 的治疗反应并不好，反而个体治疗似乎效果更好（Russell et al., 1987）。然而，大学生通常被认为是进食障碍高危人群，如果他们仍然与家人生活在一起，或者他们的家人可以合理地纳入治疗，那么他们也可能会从 FBT 中获益。不过，在对其可行性进行更正式的探索之前，这一尝试仍然是高度试验性的。

谁应该使用本手册

本手册供那些在评估和治疗青少年进食障碍方面有经验的认证治疗师使用。在有经验的临床医生指导下，正在接受培训的治疗师也可以使用本手册。本手册描述的治疗应该在儿科医学专家、营养学专家、儿童精神病学专家的适当咨询和参与下进行。本手册不是为青少年或其父母准备的自助手册。对父母和他们的青少年来说，更合适的帮助资源是《帮助孩子战胜进食障碍》。

额外的专业介入

与大多数儿童和青少年的治疗一样，其他专业人员经常会直接或间接地参与对青少年 BN 患者的治疗中。在 AN 治疗中，高度的医学监测往往需要儿科专业知识。同样，如前所述，患有 BN 的青少年也可能存在医疗难题。当然，治疗师需要同僚支持（如治疗团队）和技术支持（如治疗的视频录像）的程度一般取决于其与患者家庭相处的经验，特别是和进食障碍患者、青少年 BN 患者相处的经验。这种专业支持的可获得性和易用性，也取决于临床工作者的实操环境。

然而，不建议治疗师在完全没有任何支持结构的情况下工作，因为这种治疗涉及复杂的治疗任务，而且治疗师也相对容易陷入家庭动态中。

治疗师应该与咨询团队成员协调，保持定期联系。这些团队联系的形式可以是每周一次的面对面会议、电话会议，或者通过电子邮件或传真联系。最重要的是，家庭治疗师应该明确主导治疗理念，同时考虑现有的临床数据。同样，团队成员应该熟悉家庭治疗师的理念，并允许其指导他们与患者的接触。

在治疗师第一次与患者家属见面之前，患者应当接受过体格检查。在与家人见面之前，治疗师可以获得这次检查的结果，以及暴食/清除日志（在本章末尾和第4章中介绍）和体重图表。治疗师会在随后的治疗中给患者称体重，并在预测到患者的生长情况时测量身高。治疗应提供监测体重、身高、血液化学成分、心脏和内分泌状况的设施，或者安排例行体检和相关的实验室检查。根据患者的身体状况，有多种方法可以完成这些安排；例如，建议定期进行直立性体位检查，以及对经常有清除行为的患者进行电解质筛查。

许多治疗师可能缺乏机构层面的支持。因此，在私人执业环境中发展出的多种替代方案同样适用于青少年BN患者的FBT实施。例如，尤其在初学阶段，与同事共同开展治疗是一种有效的支持方式。结对工作有利于产生相互的治疗见解和支持。此外，因为一些家庭过程可能会让治疗师以一种无效的方式参与进来，与同事密切合作可以帮助治疗师避免迷失自己的工作，避免在无意中降低了治疗效果。另一种替代方法是记录治疗过程，由经验丰富的同事定期回顾，这在与治疗师一起工作后可能会很有用。如果无法让同事参与治疗过程，可以建立与同行的每周督导或咨询机制，他们可以审查病例并提供所需的支持和见解。还有另一种选择是对治疗过程录像或录音，然后与同事一起审查。

为了防止治疗师和其他临床医生在治疗程序上的任何误解，最好只与一两名儿科医生建立治疗关系，他们可以熟悉如何在评估患者时更好地支持 FBT。不过，由于产生误解的机会仍然普遍存在，建议进行定期会面，尤其是当治疗师与其他临床医生共同治疗几位患者时。对于美国的临床医生，安排正规的儿科医生来支持他们的工作可能会因为保险公司的"患者-治疗师"购买协议而变得复杂，该协议通常不允许合并治疗。在这些情况下，特别重要的是向儿科医生提供关于 FBT 的良好描述，并不断教授其有关方法。虽然这种联系需要大量的工作，但它通常会在治疗的整体清晰度和一致性方面有所改善；简言之，患者及其家人不会被一连串混杂的信息搞糊涂。

治疗师应该负责组织每周的团队会议或电话会议。此外，主治疗师应确保参与家庭治疗的每个人共享所有相关的患者图表。

治 疗 概 览

在表 2.1 中，我们列出了治疗第 1～3 阶段干预措施的大纲。该表格的目的是帮助治疗师了解整体治疗的模式，并且可以作为工具帮助治疗师追踪病例的进展。

小 结

在本手册中，我们提出了一个具体的方法来治疗青少年 BN 患者。这种治疗方法有实证和临床支持，主要基于我们自己在芝加哥大学和斯坦福大学的工作。通过手册形式提供这种治疗，我们希望其他临床医生或研究人员可以遵循这里概述的技术和干预措施。

表2.1	治疗目标和干预措施概述

第1阶段：重建健康饮食（每周一次治疗，第1～10次治疗）

第1次治疗：第一次面对面会谈

　　第1次治疗有三个主要目标：
- 让患者的家人参与治疗
- 了解神经性贪食症的病史及其对家庭的影响
- 获得关于家庭功能的初步信息（即联盟、权威结构、冲突）

　　为了实现这些主要目标，治疗师应采取以下干预措施：
- 与患者见面，开始使用暴食/清除日志，并给患者称体重
- 以真诚和温暖的方式与家庭其他成员见面
- 从每个家庭成员对病史的描述中了解他/她是如何受到进食障碍的影响
- 区分疾病与患者
- 精心编排一个紧张的场景来传达疾病的严重性和康复的困难
- 结束本次治疗

第2次治疗：家庭聚餐

　　第2次治疗有四个主要目标：
- 继续评估家庭结构及其对父母成功重建女儿健康饮食能力的可能影响
- 为父母提供一个机会，让他们成功帮助女儿重建健康饮食，减少暴食和清除行为
- 让青少年有机会向父母表达她在吃"禁忌"食物时所面临的内心冲突
- 评估家庭在进食方面的进程

　　为了实现这些主要目标，治疗师应采取以下干预措施：
- 检查暴食/清除日志并给患者称体重
- 采集病史，并观察关于食物准备、食物供应和家庭饮食探讨的家庭模式，尤其是与患者相关的内容
- 寻求青少年在康复过程中的合作
- 帮助父母协助女儿吃健康分量的食物，包括"禁忌"食物，或帮助父母与女儿一起研究如何最好地重建健康饮食

（续表）

- 促进患者与兄弟姐妹之间的支持性联盟
- 为家庭准备下一次治疗的用餐并结束治疗
- 治疗回顾并结束本次治疗

第 3～10 次治疗：第 1 阶段剩余部分

第 3～10 次治疗有四个主要目标：
- 将治疗重点放在进食障碍上，并单独处理共病
- 帮助父母负责重建健康的饮食习惯
- 指导父母采取减少暴食和清除行为的策略
- 动员兄弟姐妹支持患者

为了实现这些主要目标，在第 1 阶段剩余部分的治疗里，治疗师可以考虑以下干预措施：
- 收集患者的暴食/清除日志，并在每次治疗开始前称重
- 对食物和饮食行为及其管理进行直接、定向、集中的治疗性讨论，直至饮食和称重行为正常化
- 处理一个急性问题（如一个共病问题），然后重新关注神经性贪食症
- 讨论并支持父母在重建健康饮食方面的努力
- 讨论、支持并帮助家庭成员评估兄弟姐妹为支持患者所做的努力
- 继续修正父母和兄弟姐妹的批判
- 继续区分患者和神经性贪食症的利益
- 通过回顾进展来结束第 1 阶段治疗

第 2 阶段：帮助青少年独立进食（每两周一次治疗，第 11～16 次治疗）

第 2 阶段可以看作由两部分组成：第一部分涉及将对饮食的控制权转移给青少年，第二部分是确定可能与神经性贪食症相关的行为和一般青少年发展问题

治疗第 2 阶段有三个主要目标：
- 维持父母对进食障碍症状的管理，直到患者有证据表明其能够以健康的方式独立进食
- 恢复青少年对食物和体重的控制
- 探讨青少年发展问题与神经性贪食症之间的关系

为了实现这些主要目标，治疗师应采取以下干预措施：

（续表）

- 在每次治疗开始时给患者称重，并收集暴食/清除日志
- 继续支持和帮助父母管理进食障碍症状，直到青少年能够很好地自主进食，不再有暴食和清除行为
- 协助父母和青少年协商，将饮食控制权交还给青少年
- 鼓励家庭成员检视青少年发展问题与青少年神经性贪食症发展之间的关系
- 继续修正父母和兄弟姐妹对患者的批判，特别是与将饮食控制权交还给患者的任务有关的批判
- 继续协助兄弟姐妹支持患病的同胞
- 继续强调青少年自身的想法和需求与神经性贪食症相关的想法和需求之间的差异
- 以积极的支持态度来结束第2阶段治疗

虽然第2阶段的所有治疗目标都是相同的，但随着治疗接近该阶段的结束，每次会谈的重点都会发生变化；例如，第2阶段的治疗一开始可能与第1阶段非常相似，都以健康饮食为主要目标，但随着患者从第2阶段过渡到第3阶段，重点将转向青少年发展问题

第3阶段：青少年发展问题（每月一次治疗，第17～20次治疗）

根据恢复健康饮食行为的速度，治疗师可能会发现在第3阶段可以涵盖更多内容并花费更多时间；也就是说，早在第17次治疗以前就可能会过渡到青少年发展问题

治疗第3阶段有三个主要目标：
- 确定青少年与父母的关系不再由贪食症状来定义
- 与家庭一起回顾青少年的发展任务
- 结束治疗

为了实现这些主要目标，治疗师应采取以下干预措施：
- 与家庭一起回顾青少年问题，并示范如何解决这些问题
- 让家庭参与回顾青少年问题
- 界定并探讨青少年主题
- 请父母思考，作为夫妻而非父母，有多少专属于两人的时间
- 为未来可能出现的挑战和问题做好准备
- 结束治疗

没有一种治疗方法对所有情况下的每位患者或每个家庭都有效。因此，在实施本手册中描述的治疗时，也需要临床医生自己的判断。尽管我们试图在讨论这种方法时尽可能做到精确和具体，但我们认识到并且很期待临床医生能对这种治疗的某些方面进行调整，以适应特定病例可能出现的独特问题和（或）他们所处的实践环境。

在第 3 章中，我们概述了必要的步骤，包括初始评估和治疗开始前的准备，并将在第 4 章中详细介绍初始治疗的过程。

患者暴食 / 清除日志[①]		
日　期	暴　食	清　除
1.		
2.		
3.		
4.		
5.		
6.		
7.		

[①] 引自丹尼尔·勒格兰奇（Daniel Le Grange）和詹姆斯·洛克（James Lock）著，陈珏等译的《青少年贪食症治疗手册：基于家庭的疗法》。英文版版权所有 © 2007 The Guilford Press；简体中文翻译版权所有 © 上海科学技术出版社有限公司。本附件的影印件仅供购书者个人使用（详情请见"有限复印授权声明"）。

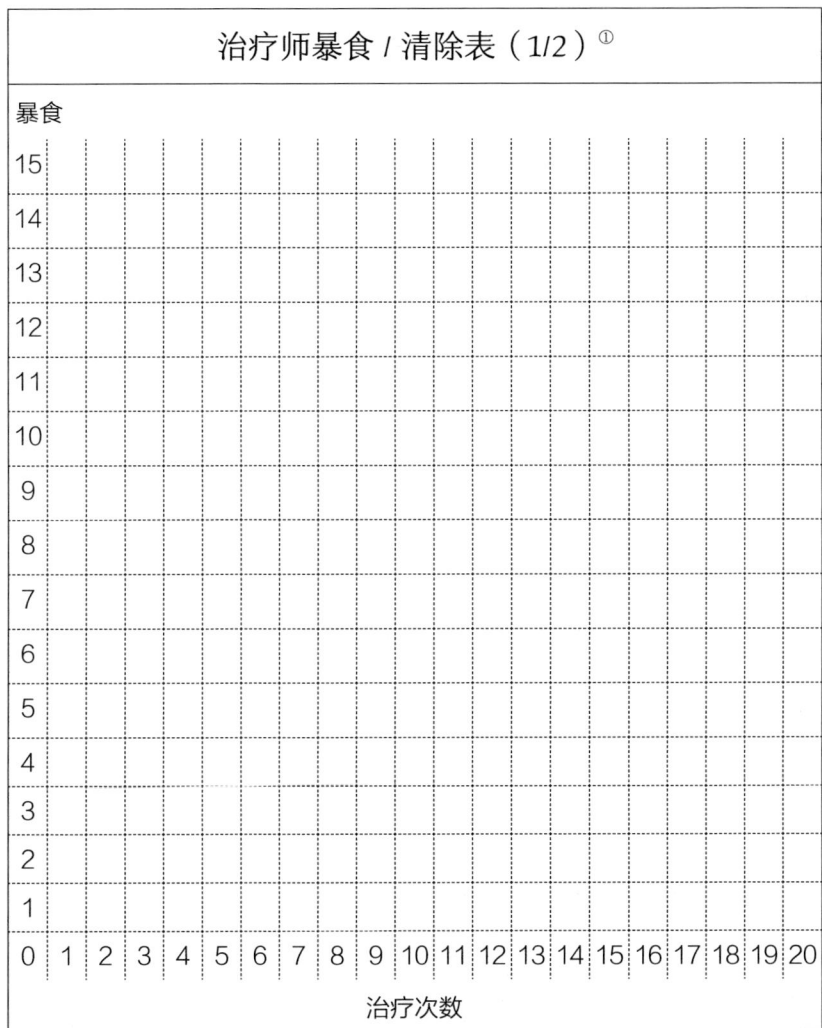

治疗师暴食/清除表（1/2）①

---

① 引自丹尼尔·勒格兰奇（Daniel Le Grange）和詹姆斯·洛克（James Lock）著，陈珏等译的《青少年贪食症治疗手册：基于家庭的疗法》。英文版版权所有 © 2007 The Guilford Press；简体中文翻译版版权所有 © 上海科学技术出版社有限公司。本附件的影印件仅供购书者个人使用（详情见"有限复印授权声明"）。

治疗师暴食 / 清除表（2/2）

清除

| 25 |
| 24 |
| 23 |
| 22 |
| 21 |
| 20 |
| 19 |
| 18 |
| 17 |
| 16 |
| 15 |
| 14 |
| 13 |
| 12 |
| 11 |
| 10 |
| 9 |
| 8 |
| 7 |
| 6 |
| 5 |
| 4 |
| 3 |
| 2 |
| 1 |
| 0 | 1 | 2 | 3 | 4 | 5 | 6 | 7 | 8 | 9 | 10 | 11 | 12 | 13 | 14 | 15 | 16 | 17 | 18 | 19 | 20 |

治疗次数

第 3 章

第 1 阶段：初始评估

在本章中，我们简要回顾了对青少年 BN 患者进行评估的过程。初始评估，与对该年龄段的许多精神疾病评估一样，最好是分别与青少年和父母进行单独面谈，随后进行医学评估，医学评估中可能会使用标准化评估工具。接下来，我们描述实际面对面治疗之前的过程。该过程是 BN 的 FBT 的一个关键部分，因为它强调了需要立即沟通，以关心患者和家属所面临的 BN 困境。该过程包括建立治疗团队和与家庭的沟通（电话或书面），详细说明帮助青少年康复需要高度重视和关注，以及采取行动的必要性。

青少年神经性贪食症的评估和测量

大多数情况下，患有 BN 的青少年是通过相关儿科医生、家长或学校辅导员的转介而引起心理健康专业人员的注意。在极少数情况下，青少年本人可能会联系专业人员安排评估和治疗。有时，家庭成员可能会拒绝承认他们的孩子有情绪问题，或者低估了进食障碍对青少年的影响。这两种立场都助长了人们对心理健康专业人员的回避。由于节食和体重问题通常是西方文化（尤其是对青春期的年轻女性来说）的核心部分，区分这些典型的和可预测的问题与那些严重到需要干预的问题是很重要的。诊断 BN 的标准阈值在 DSM-IV 中有描述（American Psychiatric Association, 1994）。总结这些标准，当一个人出现暴食（即摄入了大多数人认为比正常情况多的食物，特征是在这种情况下对进食失控），并伴随不适当的补偿性行为或清除行为（最常见的是自我诱发呕吐）时，就可以将其诊断为 BN。要作出诊断，患者需满足在连续 3 个月内每周至少发生两次暴食和清除行为。BN 有两种亚型：清除型和非清除型。清除型包括自我诱导呕吐或者过度使用泻药、利尿剂或灌肠。非清除型通过其他不适当的行为来补偿暴食，如禁食或过度运动。

虽然一些青少年 BN 患者倾向于最小化其症状，但在我们的经验中，大多数患者似乎认为 BN 是自我失调的；也就是说，她们为自己的症状感到羞耻。因此，我们发现大多数患者都能坦诚表达她们对自己暴食和清除行为的担忧。事实上，作为一个群体，患有 BN 的青少年比大多数患有 AN 的青少年更愿意透露她们的进食障碍症状。这种开放性反映在使用标准化测量工具报告患有 AN 和 BN 的青少年症状的差异上。此外，与所有规范的青少年心理健康实践一样，临床医生也必须与父母或其他可能掌握有关青少年进食障碍症状重要信息的人见面。父母应该与孩子分开面谈，因为可以通过这种方式获得很多父母不愿在孩子面前吐露的信息。

青少年访谈

在与患有 BN 的青少年进行评估访谈时，重要的是传递支持和温暖，同时避免过度亲近。虽然患有 AN 的青少年可能会否认进食障碍的存在，但患者的瘦弱状态通常是非常明显的。然而，在 BN 中，大多数青少年体重正常，并不一定看起来不健康。这种良性的表现，加上患者对症状的内疚和羞耻，以及 BN 的隐匿性，可能会给治疗师在努力揭示青少年进食障碍全貌方面带来重大挑战。为了获得青少年的信任，访谈可以从一般的方面开始，即从家庭、学业、兴趣和活动等开放式问题开始。渐渐地，访谈的重点应该放在进食行为和进食问题上。治疗师应该寻找进食困难的初始触发因素，其性质可能各不相同。通常，这些触发因素包括对体重的评价（要么是超重，要么是别人赞美自己看起来瘦了）、月经来潮、约会、家庭冲突、在学校取得成就的压力增加、各种各样的体育运动，以及与同龄人的竞争加剧。此外，治疗师应该仔细询问体重问题，以及随之而来的暴食和清除行为是如何开始的。细致的病史问询往往会发现存在一系列的限制活动，首先是限制饮食中的脂肪和糖，然后是限制蛋白质和肉类，最后是限制摄入量。治疗师应该询问这种限制饮食的方法是如何导致暴食的，并仔细区分真正的暴食（在有限的时间内吃得比一般人多很多）和"主观"暴食（患者感觉自己失去了控制，即使只吃了大多数人认为正常量的食物）。此外，治疗师还应询问青少年对这些暴食事件的反应，即是否通过不适当的补偿性行为来应对，如自我诱导呕吐、强迫运动、使用泻药、使用利尿剂或极端限制进食。虽然 BN 患者中出现月经失调的情况并不如 AN 患者中常见，但治疗师仍应询问青少年的月经状况。在实践中，我们的项目里有多达 50% 的青少年 BN 患者确实存在月经异常。因为 BN 患者经常被抑郁障碍、边缘型人格障碍、强迫症、焦虑障碍所困扰，访谈者也应该对这些情况进行筛查。在整个访谈过程中，治疗师应该采取直接的提问方式，并清楚地表明其兴趣和担忧。

父母访谈

最好让父母双方都出席父母评估面谈，特别是当双方都参与照顾青少年的时候。这一步骤不仅使父母双方都能尽早地参与女儿的治疗中，而且还提供了有关患者及其家庭的重要信息，否则可能无法获得这些信息。有时，父母中的一方与患者的关系更加密切，看事情可能不如另一方那样看得那么清楚。如果父母中的一方过于疏远，访谈可以作为一种"拉她/他进来"的方式来帮助孩子解决问题。父母也应该被问及他们如何看待孩子 BN 的发生和发展。他们第一次发现问题是什么时候？他们试图做些什么来帮助孩子？他们是否看到了其他类型的问题，比如抑郁或焦虑，或孩子行为上的其他变化？询问他们对孩子当前饮食模式的看法是很重要的，这不仅是为了评估目的，也是为了开始对父母（和患者）进行心理教育的过程；考虑到 BN 的隐匿性，父母很可能并不了解他们青少年的疾病全貌。父母还应该提供孩子情绪和身体发展的大致情况，作为了解孩子气质、家庭问题、家庭体重和体形关注等问题的线索。

初始评估的其他方面

> 医疗及营养的评估与治疗

除了患者和家属评估外，进行医疗和营养评估也很重要。重要的原因是，这些评估有助于确认诊断，并且治疗师需要知道青少年的医疗状况（如低钾血症），以及如果症状持续下去，其医疗状况会如何。治疗师应该仔细确认所有 BN 患者都有足够的医疗随访。一般来说，治疗师不应该负责评估或治疗这一方面；不过，他们应该了解儿科医生或青少年医学专家可能进行的评估类型。青少年 BN 患者的基本医疗检查包括：全面体检以检查是否存在营养不良的迹象（如脱水和牙齿酸蚀），以及肝、肾和甲状腺功能的检查。这些检查有助于评估疾病的程度和慢性化情况，以及排除其他可能导致体重下降的器质性原因，包括糖尿病、甲状腺疾病或癌症（见表 3.1）。对治疗师来说，了解贪食症状可能对患者营养状况的影响是有帮助的，在这方面咨询专门从事进食障碍的营养师可能会有所帮助。这些训练有素的专业人员还可以帮助临床医生确定患者当前理想体重的百分比，尽管这个问题在 BN 中很少像在 AN 中那样常被提及。

表 3.1	医疗评估

全身体检	
检查下列证据：	
• 脱水	• 清除的体征 [如手背侧皮肤侵蚀（罗素氏征）]
• 静态平衡位	
• 低钾血症	• 食管反流
• 心动过缓	• 牙齿酸蚀
• 体温过低	• 体重和身高

实验室检查	
• 全血细胞计数	• 肌酐
• 心电图（EKG）	• 甲状腺功能
• 电解质	• 尿比重
• 血尿素氮（BUN）	

有时，正在进行评估的临床医生可能会对青少年当前的身体健康感到担忧。事实上，在评估或治疗的任何时候，都可能出现需要紧急住院治疗的情况。青少年医学协会出版的医疗指南可能会使青少年进食障碍患者的急性住院模式更加一致（Society for Adolescent Medicine, 1995）。虽然很少有青少年 BN 患者因进食障碍需要紧急住院治疗，但本手册中用于确保患者安全的医疗指南是基于这些指南提出的，如表 3.2 所示。

表 3.2	青少年神经性贪食症急性住院标准

- 尿比重＞1.030 g/mL 或＜1.010 g/mL
- 脉搏率＜50次/分钟
- 直立脉搏变化：收缩期血容量＞10 mmHg 或脉搏变化血容量＞35次/分钟
- 脉搏不规则，QTc＞0.43秒
- 惊厥
- 体温＜36.3℃
- 电解质异常
- 体格检查与脱水符合
- 不能抑制严重的暴食和清除行为

注：数据来源于洛克等人（Lock et al., 2001）。

> **标准化工具**

除了通常的临床访谈外，还有一些标准化的访谈和问卷可以用于评估患有进食障碍的儿童。进食障碍检查量表（Eating Disorder Examination, EDE）是一种结构化访谈，有分别适用于成年人（Cooper & Fairburn, 1987）和儿童（Lask & Bryant-Waugh, 1992）的版本。EDE 的标准形式似乎对大多数患有 BN 的青少年有帮助，而对于 12 岁以下的儿童，EDE 的儿童版可能是更好的结构化访谈（Bryant-Waugh et al., 1996）。临床自我报告也是可用的；比如，进食障碍调查量表（Eating Disorder Inventory, EDI）拥有低至 14 岁的常模数据（Shore & Porter, 1990）。此外，还开发了一个儿童版本的进食态度自评问卷（Child Version of the Eating Attitudes Test, Ch-EAT）（Maloney, McGuire, & Daniels, 1988），以及针对中学生的儿童进食障碍调查（Kids Eating Disorders Survey, KEDS）（Childress et al., 1993）。临床医生可以利用这些结构化的访谈来说明治疗进展，并强调需要进一步工作的领域。这些访谈大多数需要 15 分钟至 1 个小时才能完成。同时，这些结构化的访谈可能对治疗师了解每位患者的坦诚度、动机和特定症状很有帮助。根据我们的经验，令人惊讶的是，一些患有 BN 的青少年似乎非常愿意坦白他们的暴食和清除行为。如前所述，这种坦白倾向的部分原因可能是 BN 症状更具自我失调性。有几位患者告诉我们，他们为自己的这些疾病行为感到羞耻，希望有一种方法可以抑制或停止暴食和清除的冲动。在第 4 章中，我们更全面地讨论了保密在 BN 中的作用，尽管在某些情况下需要相对坦诚，并引入治疗师的暴食/清除日志，用以跟踪这些行为。

个案概念化

在评估结束时，治疗师应确定患者已被诊断为 BN，并应确定任何可能影响 FBT 结构的相关家庭问题。就像青少年 AN 患者的情况一样，家庭可能在无意中强化了 BN 的症状。这并不是说家庭导致了疾病的发展，而是某些家庭过程可以干扰这些症状的解决。例如，有些家庭只有孩子及其父母。在 BN 的 FBT 中，当 BN 患者的父母下定决心要破坏患者的暴食和清除时，借助兄弟姐妹的力量来支持 BN 患者是有用的。当 FBT 应用于独生子女家庭时，患者可能会感觉得不到支持。在这些情况下，治疗师必须承担双重责任：一方面必须鼓励父母控制孩子的症状，另一方面也必须对青春期的孩子保持敏感和支持。这种双重责任在治疗开始时尤其具有挑战性，因为青少年和治疗师之间的治疗关系并不融洽。此外，在没有兄弟姐妹的小家庭中，家人有更多的机会关注患病青少年，因为兄弟姐妹的需求有时会分散父母和治疗师的注意力。在这些小家庭中，治疗师必须在父母和孩子之间保持适当的平衡，以确保每个人都感到被支持。

在单亲家庭中，治疗师也必须实现类似的平衡。在这些家庭中，父母的资源只有通常的一半，所以父母可能会把治疗师视为一个特别重要的资源。当然，治疗师必须小心，不要承担合作伙伴的角色。通常情况下，如果合适且有条件，可以建议父母另找一个成年盟友，如（外）祖父母、姑姑、叔叔。尽管如此，治疗师应该准备面对这样一个现实，即单亲家庭比双亲家庭更需要治疗师。单亲家长在面对 BN 患儿的问题行为时面临相当大的挑战。在这种情况下，治疗师可能会预料到，和双亲家长相比，单亲家长需要更长的时间来负责和管理这些问题行为。但与此同时，治疗师应注意不要让患者的兄弟姐妹扮演准父母的角色，因为这样做会干扰他们支持 BN 同胞的能力。单亲家庭的一个优势是，父母之间不会就如何进行治疗而产生分歧。

并非所有双亲家庭的父母实际上都分担养育子女的责任；事实上，许多双亲家庭是很像单亲家庭的，至少在一开始是这样的。在这种情况下，治疗师面临的挑战是找到一种方法让原本不参与子女照料的父母也能参与治疗。父母不参与家庭的原因有很多。父母中的一方可能对患者感到愤怒和沮丧，或者专注于事业上的自我发展。有时，出于实际原因或文化原因，养育子女的角色被委托给父母中的一方，而这一方通常是母亲。此外，一些离开的父母可能觉得自己无能为力或不确定如何帮助他们的孩子。这种情况有时发生在父亲身上，他们错误地认为 BN 是一种只影响女孩和妇女的疾病。为了让较少参与或不参与的父母成为一种资源，治疗师有必要去了解家人与患者之间存在距离的原因。旨在鼓励父母双方共同努力的治疗策略不会改变，但需要采取具体的策略来解决阻碍存在距离的父母参与家庭的任何因素。治疗策略可以从简单的"对父母进行疾病教育"到"发现个体严重的精神病理性症状或者婚姻不和时进行的个体治疗或伴侣治疗"。在涉及离婚父母和共同监护权的案例中，因为父母相处得不好，所以青少年需要在双亲家庭间分配生活时间，这也给治疗带来了独特的挑战。治疗师必须在个案的基础上评估特殊的需求和挑战，并帮助那些在支持青少年重新建立健康饮食方面更有能力的父母。第 4 章会对此进行充分讨论。

值得注意的是，有时兄弟姐妹可能会介入并扮演准父母的角色，特别是当父母中的一方不愿意照顾患有 BN 的孩子时。在 FBT 中，兄弟姐妹承担父母的角色是有问题的，因为父母应该承担作为父母的责任。此外，如前所述，这也使得兄弟姐妹无法对受影响的同胞提供支持。在这种情况下，治疗师需要识别并直接面对这个问题，鼓励兄弟姐妹承担更适合自己年龄的角色。

也许，最棘手的情况（尽管并不罕见）是，当患有 BN 的青少年自己在"管理"家庭——例如，在父母都外出赚钱的家庭中，青少年承担照顾弟弟妹妹的责任，或者当父母（或其中一方）自身存在问题，如物质滥用时，这些情况会造成亲子角色互换。通常情况下，如果是后一种情况，父母会尽量避免直面青少年的行为，因为他们担心这会使事情变得更糟；然而，这种回避往往适得其反，它削弱了父母的权力，最终加剧了疾病对整个家庭的影响。在这种情况下，可以说是由 BN，而非青少年本人，在"管理"家庭。FBT 旨在解决父母的不满、回避和不作为的模式，但当这些行为根深蒂固时，治疗师需要花费更大的努力来激励父母采取行动。

父母养育子女的方式各不相同，有的很松散，有的则专制许多。在非等级结构的家庭中，有时即使在危急时刻，似乎也没有人愿意或能够承担起父母的角色。如果父母没有行使他们权威的经验，他们可能会被 BN 的问题行为所淹没。这些家庭中的父母通常扮演"朋友"或"合作者"角色，而非权威人物。有时，患有 BN 的孩子在童年早期就能做出大部分个人决定。对于这些家庭，FBT 的任务是一项异常艰巨的任务，因为它要求父母在面对严重困境时，发展出一种与他们过去模式相反的新养育方式，并且预计会出现比平常更多的冲突和困难。

治疗师对家庭的感受

对于所有这些不同的家庭类型，治疗师自己也会经历一系列的反应。为了简单起见，我们将重点讨论两个可能出现问题的基本反应：对一个家庭太喜欢或者不够喜欢。在第 1 阶段的早期，太喜欢一个家庭可能会导致治疗师试图减少那些激发动机所必需的焦虑感受。这可能会使治疗师难以陈述 BN 给家庭带来的直接和严重的问题。从这个意义上来说，太喜欢这个家庭，治疗师会卷入该忽视疾病且不予抵抗的系统。另一方面，不喜欢一个家庭也会引发问题。在这种情况下，治疗师的不喜欢会干扰信任的建立，阻碍治疗师和家庭之间合作关系的发展，而信任和合作恰恰是 FBT 的关键。强烈的反感使得治疗师可能会试图避开家庭、传递距离感，这反过来又会让家庭感到被抛弃和不被支持。此外，当治疗师不喜欢一个家庭时，干预措施更有可能显得严厉和挑剔。而当家庭感受到专家评判和批评时，他们与 BN 斗争的能力就会因由此产生的不足感而严重受损。

尽管有些人可能会使用"反移情"这个词来描述治疗师对某些家庭的强烈喜恶感（在某些情况下这可能是正确的），但我们希望强调治疗师对患者及其家庭感受的重要性。这种立场是共情的、加入的和不评判的。同时我们也应认识到，面对 BN，家庭确实需要做出改变。如果治疗师注意到自己在维持这种立场时存在问题，就需要仔细地自我评估并采取纠正措施。综上所述，通过团队合作和与他人协商，来追踪并了解对家庭不利态度的根源，是很有帮助的。

共 病

除了家庭动力因素外，还有一些青少年 BN 患者的内在因素会使 FBT 的使用复杂化。许多青少年 BN 患者还存在其他的精神问题，特别是焦虑障碍、心境障碍和初期人格障碍，这些都加重了 BN 的问题，使 FBT 更具挑战性。值得注意的是，许多焦虑、抑郁和强迫症状完全发生在 BN 的背景下。对体重和暴食的焦虑，对节食失败或减肥不足的抑郁，以及对这些问题的强迫性思考，在 BN 患者中很常见。重要的是，治疗师要清楚地区分那些与 BN 一致的症状和那些提示存在单独共病的症状。这不是一项容易的任务，因为即使有可识别的共病，也仍有相当多的重叠。与身材和体重无关的、早于贪食症状出现的焦虑相关症状表明，存在潜在的焦虑障碍。类似地，如果抑郁的强度和持续时间都很显著，并且与体重、体形或饮食无关，这支持了其独立于与 BN 相关的抑郁情绪的心境障碍诊断。当这些共病确定时，除了 BN 以外，治疗师还必须解决这些问题。在严重的情况下，如伴有自杀念头的严重抑郁，其他疾病的治疗可能需要暂时优先于 BN 治疗。另一方面，BN 引起的许多焦虑和抑郁症状通常能够在 FBT 中得到有效治疗，所以不需要独立的治疗方案。因此，治疗师期望通过帮助父母掌握 BN 青少年重建健康饮食的任务，也可以为他们提供处理或控制患者的一些伴随精神病理（进食障碍的副产物）的方法，以树立权威和提升能力。不过，当 BN 解决后，患者仍存在显著的抑郁或焦虑症状时，治疗师应考虑对这些症状进行额外的治疗，包括药物干预。

严格意义上来说，儿童和青少年并不能被诊断为人格障碍，但到了青春期后期，可能会出现与某种人格障碍一致的人际交往模式。在成年人中，人格因素能够预测疾病康复情况，这会使治疗复杂化，包括 FBT（Casper, Hedeker, & McClough, 1992）。虽然人格障碍的管理超出了本手册的范围，但治疗师需要考虑接受 BN 治疗的青少年患者的各种人格类型。有些人可能是回避型和焦虑型的，有些人可能是表演型和边缘型的，少数人甚至可能有反社会的特征。治疗师有必要根据患者的个性差异来调整 FBT。

表演型和边缘型人格特征在青春期 BN 患者中较为常见。这些青少年可能会不断地试探界限，表现出焦虑、自毁和情绪不稳定的症状。毋庸置疑，这些类型的行为本就具有挑战性，但与 BN 的医疗问题和心理困扰结合在一起时，还存在额外的风险，即这些问题可能会破坏 BN 治疗。事实上，为了坚持 FBT，有时可能有必要简单地解决这些人格问题。不幸的是，这些患者的家庭往往缺乏组织性或支持性不足，这可能会使家庭治疗更具挑战性。

除了这些人格问题以外，一些患者还可能是回避型或过度焦虑型。虽然不像表演型人格特征和边缘型人格特征那么常见，但这两种类型也足以构成一个可预测的青少年 BN 亚群。特别值得注意的是社交焦虑问题，这会使一些青少年 BN 患者的问题复杂化。在这些案例中，BN 的发展似乎在一定程度上是对承担社会角色感觉不足的反应。过分强调外在吸引力指标，以及在这些方面过度评价，表明患者有潜在的不安全感和自尊缺乏。社交焦虑源于希望避免可能的被拒绝或被羞辱的经历。在治疗的后期阶段，FBT 通过家庭系统来支持患者对社会角色及其可接受性的测试，但有时这些干预措施是不够的。在这些情况下，可能有必要在 FBT 之外提供额外的治疗，以解决青少年与外表无关的社会焦虑。

小　结

治疗师有必要进行全面的评估，包括与青少年及其父母的单独访谈，以确定 BN 诊断，并确定影响 FBT 的家庭因素。此外，这种评估还确定了其他精神问题，特别是焦虑和抑郁障碍，并确定了它们相对独立于 BN 的程度。当存在单独的精神障碍，并且其严重程度超出 FBT 的治疗范围时，治疗师需要针对这种精神障碍额外安排治疗。通常，BN 伴随许多焦虑和抑郁症状，这些症状可以预测患者对 FBT 的治疗反应。在接下来的章节中，我们将详细介绍首次与家庭进行面谈的设置和具体程序。

第 4 章

首次治疗：与家庭的第一次面对面会谈

与家庭的第一次会面是至关重要的，因为它常常为随后的治疗定下基调。在安排首次治疗会谈时，治疗师会努力向父母传达与同住的每个人见面的重要性，以及强调每个人在理解疾病和帮助患者康复方面都发挥着作用。之后，是对治疗目标和治疗策略的详细描述，这对成功进行与家庭的第一次会谈至关重要。在治疗步骤之后，有一个处理常见问题的疑难解答部分。第 5 章介绍了第一次会谈的实际情况，并附有真实治疗案例的文字记录。

安排首次治疗

在与家庭面对面会谈之前，治疗师必须开始激励所有家庭成员，让他们把自己视为对抗 BN 的资源。要完成这一初始任务，治疗师必须做一些前期工作。特别提及最初的电话联系可能看起来很不寻常。然而，由于这种模式是有时间限制的治疗，成功在很大程度上取决于治疗师与家庭建立强有力联结的能力，鉴于目前的艰巨任务，这些最初的电话联系在促进这一进程取得成功方面起着至关重要的作用。因此，治疗师（而不是助理）在收到转诊后亲自联系家庭来安排第一次面对面会谈是非常有必要的。

从治疗开始，即从最初的电话联系开始，治疗师采用一种严肃而关切的语气，向家人传达疾病的严重性。由于特定原因，治疗师在这种治疗中沟通的语气和质量是非常重要的（Haley, 1973; Madanes, 1981）。治疗师以一种温暖且带预兆的方式向家人传达女儿疾病的严重性，以引发家人的焦虑和担忧，使他们能够承担治疗师即将分配的困难任务。即使在这个早期阶段，治疗师认识到，父母意志消沉，从而对他们做任何事情的能力持怀疑态度，但这种认识可能也是有用的。确保整个家庭都参与家庭治疗是他们改变这些感觉的第一步。通过安排初次家庭会谈，治疗师应通过电话联系来实现两个目标：

- 确定家庭中目前存在危机，并开始定义和加强父母在危机管理方面的权威。
- 解释治疗的背景（即治疗团队和医疗监测）。

治疗师的首要目标是让每个家庭成员至少参加最初的几次治疗。需要注意的是，BN 与 AN 的治疗方法有所不同。在 AN 治疗中，几乎所有的会谈都是全家一起参加，而 BN 治疗的策略在这方面更灵活一些。至少在最初阶段是有必要与所有家庭成员见面，但似乎在治疗的进一步过程中，通过主要与青少年及其父母合作，可以成功地进行 BN 的 FBT。让所有家庭成员从一开始就在场的理论基础在于，帮助治疗师评估家庭情况，并最大限度地利用机会帮助这个家庭——家庭在进食障碍的维持和解决中都发挥着作用（Minuchin et al., 1975; Selvini Palazzoli, 1974; Eisler et al., 1997; Le Grange et al., 1992; Lock et al., 2005; Robin et al., 1999; Russell et al., 1987）。如果家庭中有人不在场，治疗师可能会丢失很多关于这个家庭的信息。

治疗师的第二个目标是，即使在治疗的非常早期阶段，也要加强父母的权威，增强父母的决心，确保所有家庭成员都参加治疗，并且开始为孩子重新建立健康的饮食习惯做准备。加强父母权威的过程符合米纽庆关于定义和澄清等级结构的建议。从结构式治疗师的角度来看，加强父母的权威，同时使患者与其兄弟姐妹子系统保持一致，增强等级定义，并建立健康的代际边界。这个更清晰的定义应该使父母能够开始着手重建他们孩子的健康饮食。这两个概念都源于费城儿童指导诊所的工作（Minuchin et al., 1975; Selvini Palazzoli, 1974）。

治疗师必须事先考虑治疗的背景，决定在第一次面对面的会谈中与谁见面。大多数情况下，治疗师会利用最初的电话联系来强调家庭中存在危机（但不是由他们造成的），也就是说：① 他们的青少年被暴食冲动所控制，然后由暴食发作引发清除行为；② 他们应该作为一个家庭来一起应对这场危机；③ 治疗师希望得到与患者同住的所有家庭成员的帮助。虽然在大多数情况下，让所有同住的人都参加治疗的要求是直截了当的，但表达该观点时可能需要一些坚定和机智。治疗师可能会这样说："你们对自己的女儿付出了最大的爱和承诺，所以你们也是最有可能帮助孩子解决这个问题的人。"对于家庭成员的其他建议，治疗师应该坚持表达，全家一起参与治疗是解决严重家庭困境的唯一办法。这个会谈应该包括父母和他们的孩子，即便是已经全职工作的成年子女。此外，任何与患者同住的大家族成员，如（外）祖父母、叔叔或姑姑，也应参与这次会谈。如果（外）祖父母没有和患者及其家人住在一起，但患者和他们一起度过了大量时间，如患者每天放学后和父母下班回来前的几个小时都和（外）祖父母待在一起，那么治疗师可能也会希望让这些亲属参与治疗。

在许多父母分居或离婚的情况下，需要特殊的治疗安排。最初必须见到有监护权的那一方父母及其家庭（主要家庭）。然而，如果患者与另一方的亲生父母一起度过大量时间，那么该父母及其家庭（次要家庭）将需要在后续某个阶段被纳入治疗。非亲生父母/伴侣不应将这种安排看作是重建以前的婚姻关系，而应将其视为一种发展合作育儿技巧的尝试。这些安排可能看起来令人困惑，但其中的一种方法是，治疗师在初步评估后确定谁是重建健康饮食习惯的主要家庭/一家人。做出这样的决定应当极其谨慎，治疗师应该竭尽全力地与家庭沟通，告诉他们这一决定是基于他们的时间和资源做出的，而不是对他们能力的评判。

  在设置治疗方面有各种常见的困难。如果家长持续抗议说不可能让每个人都参与治疗，治疗师应该加强适当的父母权威，以支持父母说服家庭中的每个人参与。治疗师可以这样开始："根据我的经验，面对这个困难问题，一直以来最好的方式是见到所有的家庭成员，了解他们如何看待这个困难，坚持让每个人都参与治疗是很重要的。"也就是说，治疗师应该让患者的父母明白，他们正面临一场可怕的危机，同所有与患者同住的人见面，了解这些人对女儿/亲人病情的看法是至关重要且非常有价值的。向父母强调，他们有能力且必须说服子女和其他家庭成员，他们的姐妹/亲人身患重病，他们的意见对制订治疗计划是很有价值且非常有帮助的。治疗师可能会这样说："虽然其他家庭成员参加家庭治疗似乎不太方便，但你的其他孩子会很希望让他们的姐妹从 BN 中康复。而且，这也值得缺席一堂课来参与，你觉得呢？"

  很多家长对 FBT 的一个常见问题是："为什么这种治疗不首先关注 BN 的病因？"对此，必须强调的是，当 BN 症状非常严重时，患有 BN 的青少年没有能力去探索或解决根本问题。患者及其家人必须等到贪食症状得到合理缓解后，才能深入治疗以关注 BN 的病因。

因此，这些问题将在治疗的第 2 阶段和第 3 阶段得到解决。

以同情和支持引发父母的焦虑

如前所述，与家人的第一次面对面会谈是至关重要的，因为它为治疗的初始阶段奠定了基础。治疗师已经通过与家人的初次电话联系，暗示了第一次见面的重要性。这些联系旨在传达每个人参与治疗的重要性，以及这个家庭即将进行的治疗的严肃性。

首次治疗会谈有三个主要目标：
- 让患者的家人参与治疗。
- 了解神经性贪食症的病史及其对家庭的影响。
- 获得关于家庭功能的初步信息（即联盟、权威结构、冲突）。

为了实现这些主要目标，治疗师应采取以下干预措施（下面讨论了每个步骤的"为什么"和"怎么做"）：
- 与患者见面，开始使用暴食/清除日志，并给患者称体重。
- 以真诚和温暖的方式与家庭其他成员见面。
- 从每个家庭成员对病史的描述中了解他/她是如何受到进食障碍的影响。
- 区分疾病与患者。
- 精心编排一个紧张的场景来传达疾病的严重性和康复的困难。
- 结束本次治疗。

第一次会谈的目的是引发家长在 BN 对青少年或成人发展影响方面的焦虑与担忧，同时提供同情和支持。另一个目标是将这种焦虑集中在建立青少年和父母之间的合作关系上,以便采取有效的干预措施来对抗 BN 症状。治疗师应尽一切努力减少父母的内疚感,同时不要因为 BN 给整个家庭带来的困扰而指责青少年。尤其重要的是,以一种富有同情心的方式让患者参与进来,并强调重建健康的饮食习惯需要患者和父母的合作努力。因此,治疗师试图传达的信息是一种复杂的信息,既要求家庭立即改变他们对 BN 的反应,因为这是一种严重的疾病,同时又强调对患者及家庭的同情和非责备立场。在这种情况下,治疗师应该明确挑战父母或青少年导致疾病的任何信念。治疗师的这种交流也被称为治疗性束缚(therapeutic bind)(Haley, 1973),在这种情况下,治疗师一方面要求患者和家庭改变他们的行为,另一方面又给予他们热情和赞赏的支持。

由于 BN 的隐匿性,治疗师清楚地描述 BN 症状及其躯体和心理后果是至关重要的。在 AN 中,青少年明显存在营养不良;然而,在 BN 中,治疗师必须围绕一系列他们(父母)可能没有目睹的症状(暴食和清除行为),以此来引发父母的焦虑,因为这些症状出现在一个看起来健康、体重正常、似乎适应良好的青少年身上。传达疾病的严重性是一项艰巨的任务,如果要说服父母在帮助女儿战胜疾病方面发挥积极作用,这也是一项非常重要的任务。治疗师应成功地引发父母的焦虑,让他们现在迫切希望对女儿的暴食和清除行为采取行动,而且他们(父母,与女儿合作)也应该这样做。尽管他们可能会对承担这项任务心存顾虑,但治疗师的善意和关于如何摆脱困境的知识会鼓励他们继续参与治疗并完成手头的工作。正是这种风格上的对立——治疗性束缚,有助于家庭与治疗师合作以参与治疗。换句话说,治疗师的目标是通过增加家庭成员的焦虑来"迷惑"他们,同时又表现得很友善。这种"迷惑"使他们摆脱一贯的模式,并允许他们跟随治疗师的引导,尝试新的行为模式。

与患者见面，开始使用暴食/清除日志，并给患者称体重

为什么

与其他治疗一样，与患者见面显然是建立有意义治疗关系的第一步。通过询问过去一周的暴食和清除频率并对患者进行称重来开始治疗，这对该首要且基本的治疗任务提出了真正的挑战。然而，这些首要任务并不仅仅是为了达到工具性的目标；当治疗师向患者传达其对此困难过程的理解时，这些任务也通过帮助患者度过潜在的压力阶段，来加强治疗师和患者之间的关系。因此，治疗师能在家庭治疗的过程中利用进食障碍的症状（实际的暴食/清除次数），以及这一过程中出现的相关方面来开展工作。

怎么做

在开始第一次家庭治疗之前，治疗师必须先与青少年单独见面约 5 分钟或更长时间，向她问好，确定她过去 7 天的暴食/清除频率，同时给她称体重。更具体地说，治疗师在等候区问候患者及其家人，并要求青少年陪同治疗师去办公室，而其他家人则留在等候区。当治疗师和患者走向治疗师的办公室或称重区时，治疗师询问患者在接下来的治疗中是否有什么特别的担忧或问题需要讨论。

接下来，治疗师询问这个青少年在过去 7 天里有多少次暴食和清除。治疗师还提醒青少年，她应该自己记录这些频率，因为治疗师会在随后的每次治疗开始时询问具体数字。然后，治疗师会将患者的口头报告记录在暴食/清除日志上，并保存在治疗档案中。在这段时间里，治疗师与该青少年在没有家人陪伴的情况下，可以监测她对贪食症状或体重变化的反应。

这个步骤在未来的治疗过程中会反复进行，并应该成为患者与

治疗师预期中的常规机会，让他们有几分钟的时间可以与家人分开，以便就青少年可能因没有治疗师的支持而难以启齿的问题进行沟通和给予支持。随着治疗的进展，可以预见这个最初 5 分钟的会面会延长到大约 10 分钟或更长时间。

在与患者的简短会面结束后，治疗师将回到等候区，邀请其他家庭成员与治疗师和患者一起到办公室。治疗师会在每次治疗开始时，与家长分享青少年口头报告的过去 7 天的贪食症状，这种分享有助于确定治疗的基调。治疗师要求父母核实青少年的报告是否或多或少反映了他们的估计。如果患者和父母的说法一致，并且青少年表现良好，那么治疗的基调将是乐观的。如果患者和父母不能达成一致，治疗师应该花一些时间帮助每个人协调这些数字。如果患者在暴食和清除方面没有进展，并且（或）体重不稳定，那么治疗基调很可能是更加严峻的。如果患者的症状保持不变或恶化，治疗师应该利用这些信息来重新激发父母的努力，帮助青少年重新建立健康的饮食行为。此外，父母应该在每次治疗中都得到一份暴食/清除日志的副本，作为对他们女儿的进展（或缺乏进展）和他们共同努力重建健康饮食习惯的可视化提醒。AN 患者的体重是至关重要的，而 BN 则不同，BN 患者的体重只有在患者快速减肥或治疗师注意到体重大幅频繁波动时才应该与其家人分享，这通常是过度暴食和清除行为的迹象。

以真诚和温暖的方式与家庭其他成员见面

为什么

问候家庭是治疗师开始与父母、患者及其他家庭成员建立关系的第一次机会。这种问候既要表达深切关注，也要表达温暖和理解。这种问候还必须表现出治疗师的一些专业知识和经验，以及治疗师对加入这个家庭并解决他们女儿进食障碍具体困境的开放态度。让进食障碍患者和他们的家人参与治疗通常是具有挑战性的，而治疗的结果往往受到治疗师成功完成这项任务的程度的影响。若能有效问候，那么即便后续必将面临行为改变的内在挑战，问候也有可能为最终建立信任奠定基调。如果治疗师在此任务中失败了，没有对家庭与疾病的斗争表现出足够的同情和关注，家庭成员则可能会迅速地摆脱治疗师的影响。

怎么做

问候的肢体表达通常是由不同治疗师的风格决定。一些治疗师天生更为亲和，在问候时会使用触摸或握手。其他治疗师可能更喜欢稳定的眼神交流或向家庭成员点头作为替代。在与每个家庭成员交谈时，治疗师应该明确地关注说话的人，以确保家庭成员清楚地察觉到治疗师对其观点的诚挚兴趣。问候的过程不必冗长；相反，质量才是最重要的。虽然治疗师的目的是让每个家庭成员感到舒适，但从一开始就应该清楚，除了舒适之外，需要对当前的任务有所关注和贡献。这一信息通常首先通过感兴趣的问候来委婉地传达。当问候每个家庭成员时，治疗师可能会说一些简单的话，比如"告诉我一些关于你自己的事、你的兴趣爱好或你参与的活动"，然后接着问一两个简短的澄清性问题，比如"是什么让你对 X 感兴趣？""你从事 Y 多久了？"重点是不要对每个家庭成员进行长时间的访谈，而是要表现出对每个家庭成员的均衡兴趣。

从每个家庭成员对病史的描述中了解他／
她是如何受到进食障碍的影响

为什么

为了有效利用首次治疗，治疗师会迅速开始获取此家庭迄今为止的 BN 经历。回顾历史的目的是，让包括患者在内的家庭成员能了解 BN 的问题行为。每个家庭成员通常对此都有自己的看法，这为治疗师提供了很多相关信息，同时也将 BN 的整个历史作为家庭的共同历史纳入了治疗过程。通常这是家庭第一次以这种方式讨论 BN。根据不同的情况，听到每个家庭成员在过去几个月或几年里对 BN 的体验和担忧是很有力量的。这里收集的信息也为治疗师提供了必要的"弹药"，以便在之后的会谈中安排紧张的场景来迫使家庭采取行动。

怎么做

这是一次旨在引起家庭对 BN 关注的重点历史回顾。治疗师应该让家庭知道，治疗师知道还有其他的困难有待解决（如抑郁或焦虑），但目前的重点应该放在 BN 上。治疗师使用一种特殊的被称作"循环提问"的访谈技巧，让整个家庭都参与到该过程中来。治疗师首先请一位家庭成员开始讲述其所记得的 BN 开始时的观察。一旦这个人说完了，治疗师就会转向其他家庭成员，让其表示同意、不同意或是否要补充。访谈结束时，基本上会形成一个一致的集体历史。循环提问也有助于防止一位或少数几位家庭成员主导会谈。

区分疾病与患者

为什么

区分疾病与患者是一种来自叙事家庭疗法的外化技术。它的目的是让父母看到青少年生病了，孩子需要帮助，而不是孩子通过 BN 在进行对抗、挑衅或任性地追求自我毁灭。通过外化技术，家庭减少了对青少年的指责，同时也认识到有必要针对疾病症状采取行动，而不是与受疾病影响的孩子作斗争。在强调患者几乎无法控制自己的病情时，治疗师试图使父母采取有力的措施来对抗疾病，而不是对抗他们的孩子。与此同时，这一策略让青春期的孩子能够从其可能因为发展出 BN 而感到的羞耻中得到一些庇护。此外，区分疾病与患者是治疗师向患者传达支持的重要方式，患者现在被视为已经被这种疾病所压倒。通过反复强调 BN 与患者自身并不完全相同，治疗师可以向发展中的青少年传达支持，同时也传达出对患者来说 BN 是一种问题的强烈信念。对情感表达的研究表明，父母对患者的批判会导致患者在治疗早期阶段脱落，产生较差的治疗效果（Le Grange et al., 1992; Szmukler et al., 1985）。此外，父母对患者的高度批判和敌意会加剧进食障碍症状，并可能对治疗结果产生负面影响。因此，通过模拟对患者及其症状的不加批判的接纳（也就是说，让父母知道大多数的疾病行为都不在患者的控制范围内），治疗师促进了对患者行为的新理解，减少了父母（或兄弟姐妹）对患者的批判。治疗师应该向家属阐明，尽管非批判的态度在大多数家庭中并不"常见"，但它对治疗至关重要。

"有时候，父母不得不做一些非比寻常的事情来改善孩子的健康。"

我们可以向那些不得不做"非比寻常事情"的父母提供一个类比，比如提供他们的器官用于移植或者提供异常多的监护和护理（如囊性纤维化患者的护理）。

在区分疾病与患者的过程中，通常有机会解决父母以为自己导致了进食障碍而产生的错位内疚感。有时，他们会根据阅读的 BN 相关资料，得出是家庭导致了这个疾病的结论。其他时候，他们可能试图说服女儿吃东西，或者阻止她暴食和（或）清除，但最终只会感到无效和沮丧。他们可能会对女儿表达愤怒和敌意。与 AN 的情况一样，针对 BN 的 FBT 观点同样认为，家庭不是疾病的原因；相反，

BN 的发病原因尚不明确。然而，更重要的是，因为家庭被视为帮助青少年康复的主要资源，任何妨碍家庭积极参与的障碍都需要被解决，比如父母的内疚感。内疚感与焦虑感不同，焦虑是父母采取行动的动力，而内疚往往会导致犹豫、自我怀疑和效率低下。因此，我们在第一次会谈（以及随后的会谈中，当它再次出现时）中花时间直接解决内疚感的问题，以减少其对父母负责重建女儿健康饮食行为的影响。因此，在这方面，区分疾病与青少年自身是一个有益的策略。

怎么做

治疗师应该让患者列出疾病给她带来的和从她身上带走的所有东西。当治疗师听到这个列表时，其必须尽可能地表现出对患者的温暖，以及对症状的忧虑和恐惧，治疗师或许可以这么说：

"我很难过，这可怕的疾病已经严重地干扰了你的生活，它剥夺了你的自由，让你无法控制自己的行为。"

对治疗师来说，不仅要表现出对家庭的同情，还要表现出对患者的理解，这是至关重要的。治疗师可能会继续说：

"我知道你有时更害怕食物和进食，而不是想到余生都要带着这种疾病生活。神经性贪食症的长期后果似乎还很遥远，而食物就在你面前。"

治疗师必须注意并修正父母和兄弟姐妹对患者的任何批判。治疗师可能会指出：

"这些症状并不属于你们的女儿；而是这个可怕的疾病控制了

她,并决定了她几乎所有的活动。比如,是神经性贪食症让她囤积食物、让她暴食、让她做出欺骗的行为。换句话说,是疾病让你们的女儿做了所有这些让你们感到不安的事情。你们在生病之前认识的那个女儿现在不能控制自己的行为,而你们的任务是让女儿再次坚强起来。"

因此,治疗师会向父母表达对患者的同情和理解,尤其是对患者的症状表现出完全不加批判的态度,并理解是疾病暂时阻碍了患者的发展。为了支持这一观点,治疗师可能会说:

"我不想让你感到自己的意志崩塌了。我想帮助你的父母让你恢复健康,但并不是让他们控制你的其他事情。"

治疗师还应该让患者知道,其理解患者可能会对疾病的某些部分(如患者限制食物摄入的能力)感到自豪,而暴食和清除则会让青少年感到羞耻。这一策略对于在对抗 BN 的同时保持与青少年的互动至关重要。但是,未能实现这种区分可能会增加患者对治疗的抵触情绪。

在区分疾病与患者的过程中,治疗师可能会发现,家庭成员对患者在饮食方面的一些行为和关于体重的评论持批判态度。家庭成员对患者说:

"你做的事太恶心了!我不明白你怎么能那样吃东西!"

或者

"我不知道这个区分是什么。你只是想让她逃脱责任。如果她愿意,她完全可以停止这种行为,但她总是对我们撒谎。每次她跟我们说她没事，我都知道她是在撒谎。她还是每天暴食、催吐，我再也无法信任她了。"

精心编排一个紧张的场景来传达疾病的严重性和康复的困难

为什么

为了增强父母采取有效行动来打破 BN 对孩子控制的动机，治疗师必须开始将父母的焦虑集中在此问题上。通常，父母的焦虑是存在的但不够集中，程度可能也不够高。通过使用家族史采集过程中收集的资料及其他临床相关资料，治疗师总结故事，突出疾病对青少年的负面影响，如她与家人和同龄人的互动、她的学业和情绪状态。请注意，第 1 次治疗的"编排"是过程的开始，应该在第 2 次治疗中继续。焦虑是一种有用的动机，而内疚和责备则不然。

怎么做

治疗师在本次会谈中首次开始一个相对较长的独白；之前，患者和家庭成员已经描述了他们的 BN 经历（详见第 5 章的完整示例）。治疗师应该把这段独白视为一场动员演讲，旨在激发父母的关注，并提醒家庭认识到 BN 需要受到挑战的现实。这场演讲不应指责患者或家庭，但它应尽可能多地使用家庭成员在早期访谈中提到和认可的问题示例。当结合这些具体的例子时，治疗师通常能将演讲发挥出最大的效果。干预的情感基调是既严肃又温暖，既关切又担忧，目的是激励家人看到挑战 BN 的必要性。演讲的具体重点应该是患者的贪食行为，以往戒除暴食和清除行为的失败尝试，如果 BN 持续则可能会发生的医疗和情绪问题，并且治疗师应强调家庭是患者最后的希望。例如，如果患者曾因该疾病而住院，治疗师应警示家庭，患者可能存在快速恢复暴食和清除行为的风险。尽管过去医疗保健专业人员的努力没有达到效果，但也应表示尊重，不过这也进一步证明了家庭成员所处的困境。无论每位患者及其家庭的具体情况如何，治疗师都应该让父母牢记：

"虽然夫妻之间、孩子和父母之间有很多产生分歧的机会，但当涉及制订一个如何帮助女儿打败神经性贪食症的计划时，父母之间不能有任何分歧。即使是你们俩之间的一点小分歧，也会让进食障碍乘虚而入，成为你们女儿生活的中心，并打败她。"

在从家庭成员那里收集到有关他们如何经历疾病的信息后，治疗师会以强调疾病严重性的方式，反映并放大他们所告知的 BN 的影响。为了取得成功，治疗师在表达家庭迄今为止的恐惧、绝望、恐慌及无助感时，应该是真诚且有目的的。通常，治疗师会发现，将 BN 常见的实际躯体和心理问题整合到陈述中是很有帮助的。此外，治疗师必须努力拒绝"BN 的假象"，这种假象很成功地将进食障碍隐藏在视线之外。也就是说，这种疾病的欺骗性，加上看起来健康的青少年，甚至可以很容易让经验丰富的治疗师相信，症状已经基本消失、这个青少年很快乐，并且在其家庭和同龄人中适应得很好。治疗师必须努力提高家庭的能量水平，因为与习惯、家庭结构和患者抵抗有关的默认设置，可能会抑制父母掌控女儿重建健康饮食过程的能力。

结束本次治疗

治疗师以极大的同情和悲悯结束本次治疗，但同时也抱有乐观的态度，相信父母能够找到挽救自己女儿生命的方法。因此，治疗师让家庭带着一份责任感离开,去承担起帮助女儿重新建立健康饮食习惯的艰巨任务。

结束本次治疗的回顾

与每次治疗结束时的情况一样,主治疗师应与治疗和咨询团队成员进行沟通,并回顾以下问题。

首次治疗的疑难问题解答

💡 如果一些家庭成员没有在第一次会谈中出现该怎么办?

治疗师的反应部分取决于其是否坚持家庭治疗的纯粹观点,也就是说,只支持联合家庭治疗或家庭由几个子系统组成的观点,这些子系统可以在治疗中被单独看到。一些治疗师从一开始就向家庭明确表示,他们只在所有成员都在场的情况下才与家庭合作,甚至可能拒绝访谈一个"不完整"的家庭。不过,我们主张一种更通融的观点。在一些家庭成员缺席的情况下继续进行会谈的好处是,治疗师表明了立即处理疾病的紧迫性。考虑到病情的严重性,让家庭"空手而归"可能是不可取的,因此治疗师可能会选择访谈患者和首次治疗时在场的所有家庭成员。然后,治疗师可以利用这第一次面对面的会谈来强调与每位家庭成员见面的重要性,并鼓励在场的成员"哄骗"缺席的成员参加下一次家庭治疗。

在家庭成员缺席的情况下继续进行会谈有两方面的风险。首先,治疗师在努力让所有家庭成员参与治疗患者进食障碍症状方面会受到一定的阻碍,因为治疗师没有机会看到家庭的整体情况,只能对在场成员和缺席成员之间的互动模式进行推测。其次,在没有所有人在场的情况下开始治疗，可能会强化在场者和缺席者的认知，即这种治疗可以在没有那些缺席成员的情况下继续进行。话虽如此，但在实践中，治疗师应具备相当的灵活性，以便在核心家庭成员的组成和谁能成功帮助青少年应对其贪食症状方面采取更包容的立场。

💡 **如果患者不想让家人知道其暴食、清除或体重该怎么办？**

许多患者不愿让家人知道自己暴食和清除的程度，也不愿让家人知道自己的体重，这主要是出于尴尬和羞耻，同时也是为了防止父母干涉自己。因此，治疗师可能会在尊重青少年发展中的自主性和继续治疗之间感到进退两难。解决该困境的一个方法是同时解决父母和患者的问题。治疗师可能会对父母说：

"虽然患者在许多方面都是一个年轻的成年人了，但在进食和体重方面，我们都需要知道关于进食障碍的事实。作为父母，在这方面找到帮助她的方法是非常重要的，直到她能保持健康的体重，保持不暴食和清除。为了成功地完成这项任务，我们必须不时地监控她的体重，特别是每次治疗中一起监测她的暴食行为。"

治疗师可能会对患者说：

"我知道这对你来说很糟糕，你一定对我们所有人告诉你该怎么做而感到生气。对此我感到很抱歉，但此时你是如此地深陷进食障碍，如果我听从你的神经性贪食症发言，那将是危险的，因为这种疾病不会让你恢复健康，我们不能让这种情况发生。"

将 BN 拟人化是外化疾病的一种方法，即如前文所述，要区分患者与疾病，这也将在下一章的转录案例中得到更清晰的示范。

💡 如果患者表示不想称体重该怎么办？

与 AN 不同，BN 患者很少拒绝称体重。但当这种情况发生时，治疗师应该表现出其对患者不情愿的理解。然而，由于体重稳定（对大多数患者来说）以及避免暴食与清除行为是治疗的核心，尤其是在第 1 阶段，治疗师会坚定而温和地表示，除非治疗师定期检查体重状况，否则治疗将无法进行下去，尤其是在治疗开始阶段。当这种观点被坚定地、充满同情地、不带歉意地陈述出来时，很少有患者会拒绝被称重。如果患者的体重过高，治疗师会让她放心，有规律的健康饮食很有可能会减轻体重，并接近适应年龄和身高的健康水平。如果患者的体重过低，那么治疗师显然会想要评论是否需要增加一些体重，并密切关注患者在这方面的进展情况。

💡 如果神经性贪食症以外的其他问题浮现了该怎么办？

与 AN 的案例不同，在 AN 中，没有什么能胜过自我饥饿（急性自杀除外），而对 BN 的关注则相对容易被各种共病的精神疾病所偏离。治疗师应尽量将主要焦点放在 BN 上，同时关注伴随的抑郁、物质滥用或焦虑等问题。尽管需要花大量时间来处理进食障碍，但治疗师也应该评估共病的严重程度，以确定这种情况是否也可以在 FBT 的背景下得到控制，或者是否需要在本手册的范围之外进行治疗（例如，由另一位团队成员治疗，如儿童和青少年精神病学家）。最好是安排一个团队成员专门管理这种共病的情况，而主治疗师仍然专注于解决进食障碍问题。

💡 如果患者没有遵照要求完成每周的暴食 / 清除日志该怎么办？

这种拒绝完成日志的情况很可能会给治疗师带来相当大的问题。由于 BN 的隐匿性，以及患者对其症状的羞耻感，患者可能非常不愿意与治疗师分享这些行为的细节。治疗师应该尽力帮助患者意识到，尽管其行为是令人担忧，但治疗师仍能够理解其行为，并且治疗师能意识到这种行为是患者自己无法控制的。然而，只有了解症状的严重程度或强度，治疗师才能充分理解病情，才能帮助患者及其父母找到克服 BN 的方法。

💡 如果患者拒绝接受父母的支持该怎么办？

对患者来说，拒绝父母的支持是不可取的，尽管在实践中，父母以合作方式参与治疗，理应能消解大多数青少年对父母支持的排斥倾向。父母必须在家中制订一个饮食计划，在此期间健康饮食会迅速发生——对这种情况发生的期望是强烈的。换句话说，父母所营造的氛围是：为了防止清除行为，孩子除了按要求进食 / 遵守规则之外别无选择，且需持续处于监督之下。这类似于在一个运作良好的专业进食障碍治疗机构中所形成的治疗氛围与饮食计划。如果父母成功地堵住了贪食行为的所有漏洞，青少年就不可能拒绝父母的支持。制订这样的计划需要时间和耐心，治疗师必须每周准确地回顾父母和他们的青少年是如何制订该计划的。为了帮助患者理解为什么父母会制订这样的计划，治疗师可能会说：

"你的父母希望能向你和他们自己保证，如果你因为神经性贪食症而变得更加不适，他们会尽最大的努力来帮助你对抗这种疾病。"

💡 如果患者的兄弟姐妹不愿意帮助患者该怎么办？

许多兄弟姐妹并没有对患病同胞的疾病表现出明显关心，部分原因是他们可能不知道疾病的存在，或者是因为他们可能没有充分认识到进食障碍所带来的躯体和心理后果。此外，他们也可能会因为之前帮助患者康复的失败尝试而感到气馁，或者他们实际上可能会嫉妒患者因为疾病得到了所有的关注。在极少数情况下，我们可能会发现兄弟姐妹也开始出现问题并采取行为来引起注意。有些兄弟姐妹似乎已经放弃了他们生病的同胞，并且有些拒绝进一步提供帮助。就像父母的情况一样，治疗师必须提高兄弟姐妹对患病同胞的关心程度，并告诉他们，他们的行为对帮助患病同胞有多么重要。治疗师可能会说：

"随着年龄的增长，兄弟姐妹会变得越来越重要。你不能失去一个。"

坚持让他们出现在每次治疗中是有帮助的，同时确保在治疗过程中从每位成员那里收集信息，将有助于让兄弟姐妹相信，他们在治疗过程中的出现和在家中的帮助，确实对他们同胞的幸福有影响。在这段时间里，兄弟姐妹的主要任务是支持生病的同胞，而不是去控制其饮食，因为这是父母和生病的子女合作完成的任务。

如果治疗师和家庭发生情感卷入该怎么办？

对家庭的准确评估，有时会受到治疗师卷入家庭的方式的影响。这种卷入可能会发生，是因为我们的社会训练经常导致我们适应家庭模式，调整我们的角色和风格，以适应家庭的风格。因为这种卷入在专业上是有潜在危害的——例如，无意识地卷入家庭模式，导致家庭无法有效地克服患者进食障碍的风险。因此，共同治疗师、督导伙伴或观察团队是很重要的。督导的角色是修正和发展治疗师对患者家庭的直接反应。

如果患者病情严重到必须住院该怎么办？

如果治疗师在让父母重建女儿的健康饮食和防止其暴食与清除

方面遇到困难，有时（尽管在 BN 中相对少见），患者可能会病情加重，无法在医院外进行治疗。治疗师需要凭借自己的最佳判断力来确定何时建议患者住院治疗（例如，当患者出现低血钾时的医学危急时刻，或当患者在医学上稳定但无法打破暴食-清除循环时的精神危急时刻）。当然，这种住院治疗将是一个不幸的转折，可能会在多个层面上使治疗复杂化。首先，在进食障碍专科住院病房获得一张床位，可能是一个相当大的挑战。第二，父母可能会觉得住院是他们的进一步失败，而且患者可能会在进食障碍中陷得更深。第三，一旦患者出院，重新动员家庭再次尝试这项艰巨的任务可能会面临失败。显然，治疗师应该努力防止这种情况的发生。治疗师可能会发现第 3 章中包含的住院治疗标准是有帮助的。

患者住院后，仍有可能继续遵循本手册中基于家庭的疗法。但医院的 FBT 范围有限。由于家庭不太可能在住院环境中参与孩子的日常治疗，所以家庭工作应该强调孩子正在经历的医疗问题的严重性，以及父母在青少年出院后采取行动扭转局面的必要性。住院的情况可作为进食问题严重性的必要证据，并要求父母致力于克服进食障碍。简而言之，住院治疗可以作为一种新的危机，鼓励家长采取积极的行动。另一方面，正如所指出的，住院也可能被视为家庭和治疗师的失败。不过，这样的观点是没有帮助的，应该避免。相反，重点应放在父母在孩子出院后重建健康饮食过程中的需求上。虽然在医院环境下，继续支持父母培养他们的权威感可能有困难，但还是应该这样做。

小　结

本章详细描述了治疗师应该采取的治疗步骤，以便成功完成首次治疗。在第 5 章中，我们提供了一个真实案例的示范，以及治疗师在遵循本章所述步骤的过程中所面临的挑战。

第 5 章

首次治疗行动

本章为首次治疗提供了一个真实生活的案例，首先简要介绍了患者及其家庭的背景信息（为保护家庭成员的身份信息，更改了可识别的细节）。治疗按干预措施分为几个主要部分。此外，随着疗程的展开，还增加了解释性说明，以强调治疗师应考虑的具体目标。

回顾一下，首次治疗的主要目标是：
- 让患者的家人参与治疗。
- 了解神经性贪食症的病史及其对家庭的影响。
- 获得关于家庭功能的初步信息（即联盟、权威结构、冲突）。

为了实现这些主要目标，治疗师应采取以下干预措施：
- 与患者见面，开始使用暴食/清除日志，并给患者称体重。
- 以真诚和温暖的方式与家庭其他成员见面。
- 从每个家庭成员对病史的描述中了解他/她是如何受到进食障碍的影响。
- 区分疾病与患者。
- 精心编排一个紧张的场景来传达疾病的严重性和康复的困难。
- 让父母和青少年准备下一周的餐食，结束本次治疗。

临床背景

珍妮是一名 17 岁的白种人女性，被诊断为 BN。她的身高是 63 英寸（约 1.6 米），体重是 111.5 磅（约 50.6 千克），身体质量指数（BMI）是 19.8 kg/m^2。她目前与父母和弟弟（彼得）居住在一起。她还有一个姐姐（曼迪）在外地上大学。珍妮因 12 个月前开始的贪食症状来到诊所，她报告说在过去 4 周内暴食 10 次，并在这段时间里每隔一天进行一次清除行为。珍妮没有报告使用泻药、利尿剂或减肥药，但她在过去 1 个月中大约每周进行一次补偿性运动。这种运动包括跑步和其他有氧运动。在过去 3 个月里，珍妮有 1 个月没来月经，且没有口服避孕药。她否认有因进食障碍导致的任何功能损伤。

与患者见面，开始使用暴食/清除日志，并给患者称体重

在开始治疗之前，治疗师陪珍妮走到办公室，给她称体重（她当时穿着轻便的室内衣物），并询问她在前一周的暴食和清除频率。珍妮的回答被治疗师仔细地记录在暴食/清除日志上（详见前面的章节）。在此过程中，治疗师与珍妮简单讨论了她开始治疗的感受。

以真诚和温暖的方式与家庭其他成员见面

虽然此家庭还有三位成员住在家里，但只有母亲陪同女儿参加了这次治疗。父亲出差了，而母亲不愿意让珍妮的弟弟和姐姐一起参加这次治疗。虽然治疗师在初始访谈时努力说服父母双方，所有住在家里的家庭成员都必须参加这次治疗，但母亲还是坚持自己的观点。尽管如此，治疗师还是继续进行这次治疗，在接待母亲时，对她丈夫

今天不能加入表示遗憾。然后，治疗师表示她很期待母亲能向父亲转达这次治疗的内容，并在下周与父亲和儿子见面。尽管父亲和儿子都没有出席，但治疗师还是在这次治疗中探讨了他们对青少年疾病可能的观点。同时，她再次向母亲和女儿强调，让所有人都参加第 2 次治疗有多么重要。

从每个家庭成员对病史的描述中了解他/她是如何受到进食障碍的影响

治疗师：珍妮，我从我们团队对你的评估中了解到一些你的信息，但我想知道更多关于你的情况。关于你的生活在患上进食障碍之后发生的变化，以及你的（家庭）生活发生的变化。这也是我们想让你的父母、姐姐和弟弟都参与进来的重要原因。如果他们能加入我们的治疗，我会很高兴，因为进食障碍不仅影响到珍妮，也影响到你们所有人。

母亲：我可以打断一下吗？

治疗师：当然可以。

母亲：她弟弟对此一无所知。他不知道我们为什么要进行治疗，或者这之类的事情，我不知道我是否想让他知道。

治疗师：好的。

母亲：至于她的姐姐，那就是另一个故事了。我想我不介意彼得知道珍妮在饮食方面有问题，她与食物的关系以及所有这些东西，因为他看到过她吃了大量的水果。但我不认为他知道更多细节有什么好处，对于我的大家庭也是如此。我不明白这有什么重要的，我不想让（彼得）知道。

治疗师：珍妮，你怎么看你妈妈说的话？

珍妮： 嗯。

治疗师： 显然，你非常了解你的弟弟。

珍妮： 是的，我觉得这可能会让人不舒服。

治疗师： 你是说让他来这里会让你不舒服？

珍妮： 是的，我不知道他能否处理得好，我不觉得他真的会发表什么意见。

治疗师： 嗯，嗯。

珍妮： 所以，我认为他不来可能更好……

治疗师： 那要么这样吧，我们将这个决定暂缓到今天的治疗结束前？我当然想尊重你们的需求，做对你们家庭最有利、让你们感到最舒服的事情。让我先给你们介绍一下治疗的情况，我们可以在最后再讨论这个问题。

母亲： 好的。

珍妮： 嗯。

治疗师： 很好，让我退回一步来介绍一下。我专门研究进食障碍，特别是在过去的几年里，我几乎只为患有进食障碍的青少年工作。所以，我真的希望我能够帮助你们，帮助你的女儿从这种疾病中康复。我很想知道的是，珍妮，神经性贪食症是如何影响你的生活的。我需要你告诉我更多信息，关于它是什么时候开始的，以及后来是怎么发展的。

珍妮： 嗯。

治疗师： （转向母亲）你也可以随时加入。不一定要她先说，然后你再说。

母亲： 好的。

珍妮： 我觉得很难说它对我的生活有什么影响，因为它就这么发生了，没什么特别的，它就像在某一天内发生的，所以那天和第二天没有什么区别。

治疗师： 我明白了。首先发生的是什么？也许你可以告诉我，你是什么时候真正知道有些事情正在发生的，不仅仅是关于吃的问题。

珍妮： 我大概在，呃，七年级的时候？觉得有点问题。

治疗师： 嗯。

母亲： 你基本上不吃东西。

珍妮： 是的。

母亲： 她变得非常瘦弱。我印象最深的是，我们去了南卡罗来纳州，去了海滩，她就像一根竹竿，而且她也非常不爱说话，完全不像她自己。

治疗师： 好的。

母亲： 我不知道我们当时是否意识到了你的问题，还是在你回来之后。大概是在那个时间段。

珍妮： 嗯。

母亲： 她完全变成了另一个人，然后在她开始吃东西后，我们去看了医生。

珍妮： 对。

母亲： 她把医生的话放在心上，又开始吃东西了，她很快就恢复了过来——我是说，她的性格变化非常大。

治疗师： 好的。当她处于非常低的体重时，与她明显健康时是不同的？

母亲： 对。

珍妮： 对。

母亲： 她似乎对医生的话反应良好，开始喝蛋白质奶昔。

珍妮： 是的，我给自己做蛋白质奶昔之类的东西，然后我上了八年级。当我上大一和大二的时候，我想大约在大二的时候，我一直都很担心。我不知道到底是什么时候开始的，这真的很可怕，因为我认识很多女孩，不管出于什么原因，她们有时会尝试吐出她们吃下的东西。我想我大概是在大二之后的夏天开始的，然后今年就逐渐变糟了。大概从二月份开始，情况就明显变得非常糟糕。我今年不打算去参加夏令营，因为我无法控制它。

治疗师： 好的。

珍妮： 所以，我真的不知道它对我的生活有什么影响。当它变得非常糟糕的时候也是夏天开始的时候。每隔一年我都会在夏天去这个夏令营，因为也没什么别的事做。所以我认为这改变了我的生活。我不打算去参加夏令营了，也许它对我的生活有影响。

治疗师： 我明白了，所以当你有很多空闲时间时，实际上会导致病情恶化吗？

珍妮： 我是这么想的。

母亲： 然后，她会因为她有这个"东西"而感到沮丧，从而会做更少的事情。所以，这像是形成了一种恶性循环。

治疗师： 是的，的确如此。我想这是很多感到抑郁的患者会说的。你注意到了吗？当你的父母感到担忧时，你会怎么做？或者，如果你妈妈担心你的健康时，你会留意到你做了哪些事情吗？

请注意，治疗师在讨论进食障碍对父母的影响时也包括了父亲。尽管父亲当然可能与母亲有不同的观点，但治疗师还是确保他以某种方式"出现"在治疗中。母亲的回应是努力让治疗师了解她和丈夫对珍妮疾病的共同看法或决定。

第 5 章 首次治疗行动

珍妮： 没有什么事。这不是她太过担心的问题。我找我妈妈求助是因为我开始害怕了，而且……

治疗师： 关于暴食和清除行为？

珍妮： 是的。

母亲： 对，是的，她姐姐曾向我和丈夫提起过，是在去年夏天的时候……

治疗师： （对珍妮）因为你跟姐姐说过？

母亲： 对。

珍妮： 对。

母亲： 我想我们没有认真对待，所以当我今年夏天向曼迪提及此事时，她说："妈妈，我告诉过你们。"我们一直很难监督珍妮。我知道关于食物的事情已经失控了，随着夏天的到来……

治疗师： 对。

母亲： 或者是从春末到夏天的时候，我不知道为什么，直到她来找我。我想我应该做得更多。我觉得我应该更多地注意到她的其他事情，更多地陪在她身边。我想我和丈夫一直在努力做到这一点，尽管过去几周她住在一位女性朋友家。

治疗师： 好，我认为其中一个积极的迹象是，珍妮，在你去找妈妈的时候你能够感到自信和舒适，我找不到更好的词了。我认为这显示了你的勇敢，并且有从中改善的动力。这是一个非常积极的信号，我很高兴你有这种感觉，因为我当然也这么想。

母亲： 这时我们去看了医生，她谈到了药物治疗和抑郁症的那些问题，就像你说的，珍妮能够面对这个问题，并且她想要找到解决方法。所以，我不认为珍妮是，嗯，你知道的，抑郁。

治疗师： 好的。

母亲： 可能在她内心里有不同的感觉，你知道的，但我认为这些外在的迹象真的很好。她是个斗士，她想要战胜这个问题。

尽管母亲对女儿斗志的赞美是好的，但敏锐的治疗师会确定青少年在多大程度上确实经历了贪食症状的自我失调。如果患者表示希望"成为一个斗士"，那么当父母被分配到帮助女儿对抗疾病的任务时，必须非常谨慎地向前推进，不要认为青少年可以自己完成这个任务。母亲还提出了一个重要的观点，即她的女儿可能患有抑郁症。治疗师的任务是不要让潜在的共病问题扰乱对进食障碍的关注，但同时也不能忽视一个明显的问题，它可能会给患者带来相当大的痛苦，如果不解决，就会扰乱接下来的治疗。如果确实有共病的抑郁症，治疗师将尝试通过转介给团队中的儿童和青少年精神病学家来了解更多关于抑郁症的信息。

治疗师： 嗯，我认为这真的很好。有时，进食障碍是复杂的，非常复杂的疾病，某些其他情况可能会与它并存，如抑郁和焦虑。因此，如果我们所有人都注意到一些问题，我们可以在诊所里处理，我们希望能够确保……

母亲： 焦虑（紧张的笑声）。

治疗师： 对，对，但我们真正针对的是神经性贪食症，而其他事情往往也会得到改善。我在以往的患者中也见过这种情况，她们可能有抑郁或焦虑，但实际上当你努力让她们从进食障碍中恢复过来时，其他问题也会得到改善。因此，让我们一次只针对一个问题进行治疗。对我来说，知道你两个人的经历，并对进食障碍的发展背景有更多的了解，真的很有帮助。

母亲： 我丈夫也知道这件事，他向我表示，他很高兴珍妮这样做。因为他觉得他也不知道自己应该做什么，他感到有点无助。

区分疾病与患者

在这里，治疗师试图强调青少年和进食障碍是相互独立的（哪怕当青少年声称她就是进食障碍的时候，反之亦然）。治疗师的目的有两个：一是减轻父母对造成这种疾病的内疚感，因为神经性贪食症与任何其他躯体或精神疾病没有区别。区分疾病与青少年的第二个原因是，当治疗师凝聚大家的力量去针对症状行为时，每个人（父母和患者）能够将他们的努力放在疾病上，而不是放在青少年身上。有几种方法可以区分疾病与青少年：治疗师可以暗示神经性贪食症与恶性肿瘤没有区别。它是在青少年的控制之外发展起来的，如果不加以治疗，将造成极大的伤害。不过，每位治疗师都应该找到一个最好的比喻，让其作为治疗师感到舒服，并且能被家庭所理解。

治疗师： 好的。在与许多家庭合作时，我看到父母对他们的女儿或儿子被诊断为进食障碍有不同的情绪或感受。父母常说的一件事是，"我做了什么导致了这一切？"他们会感到很内疚。你之前说过，"我们没有认真对待，当曼迪……"

母亲： 嗯。

治疗师： 曼迪，你的另一个女儿，曾经告诉你，她很担心妹妹。我认为在座的各位要知道的最重要的一点是，没有人造成了进食障碍。我们不知道进食障碍是如何形成的。希望在 5 年后或 10 年后，我们能够更明确地弄清为什么像你女儿这样的孩子会发生这种情况。这可能是非常复杂的，可能是多因素决定的，我们目前没有一个确切答案。而且，可能对每个人来说，原因都是非常独特的。因此，可能导致你女儿进食障碍的病因却不是我下一位患者的病因。我们真正知道的是，父母并不对造成这种疾病负责。仅仅从我掌握的一点信息来看，我已经确定你们是非常体贴的父母，你们想珍妮从中得到改善，你们希望能够知道如何帮助她。我们不认为父母导致了这种疾病，而是将你们视为最好的资源，因为我们觉得没有人像你和你丈夫那样，是最了解珍妮的专家。这就是为什么我们真的想把你们作为资源，让你们参与珍妮治疗的每一步；这就是为什么我很高兴你今晚来了，让珍妮接受治疗，而且珍妮很勇敢地告诉你发生了什么。所以，这些都是，正如我之前所说的，她正在好转的迹象。另一点是，早期解决进食障碍问题真的很重要，因为我们知道，没有接受治疗的时间越长，就越难治疗。因此，我认为我更应该庆幸自己在儿童和青少年诊所工作，接触到的很多都是处于疾病早期阶段的青少年。我认为，如果是在疾病的早期阶段，治疗任何类型的疾病都比较容易。我一直用疾病这个词来形容神经性贪食症，我不知道这对人们来说是否显得有点奇怪或陌生。我这样做的原因是，我知道不是你女儿在暴食或在之后清除吃下去的食物；她永远不会这样做。她给我的印象是，她是一个可以信赖和依靠的人；她是值得信赖的，不是遮遮掩掩的；她不会隐瞒事情。你女儿符合这些描述吗？

母亲：　　嗯。

治疗师：　所以我知道，她知道做这类行为是不健康的。我想你之前说过，这对你来说是陌生的，它已经失去了控制。我忘了，你用的是哪个词？

母亲：　　噢，是的，失控了。

治疗师：　所以，不是珍妮在控制这些症状，而是这种疾病让她做这些她知道是不健康的事情，这种暴食和清除行为真的对她的健康有害。这就是为什么我把它称为疾病或神经性贪食症，因为这种疾病降临到她身上，现在要由我们所有人来处理它，并找出如何把它从她身上赶走的办法。

母亲：对。

治疗师：我认为把它看作是独立于你女儿的东西也是有帮助的，它是疾病本身。这就像，如果她得了癌症，一个肿瘤，就会影响她的感觉。那个肿瘤叫作神经性贪食症。

母亲：嗯。

治疗师：所以，在你和你丈夫持续、积极的努力下，你可以努力让珍妮摆脱进食障碍。我不知道你是否对这一点有疑问，特别是关于区分有多少是珍妮做的，有多少是神经性贪食症在做的。从我的角度和工作经验来看，100%是疾病让她以这种方式行事，这种隐秘的或偷偷摸摸的暴食或清除行为。

治疗师希望确保父母真正理解他们女儿和疾病之间的区别。除了前面提到的区分目标外，通过明确这些症状是青少年无法控制的，治疗师还帮助父母不加批判地看待女儿的挣扎。尽管她（青少年）可以帮助自己康复，但她不应该因为暴食和清除行为而受到责备。

母亲：嗯。

治疗师：（转向珍妮）你给我的印象是一个非常有逻辑的人，你知道你所做的这些行为是不健康的。

母亲：这是真的，我知道的，她只是表示她无法控制它。你知道，也许这是最可怕的部分之一。但是，是的，当你说这是一种疾病时，我很难理解，因为它没有像癌症那样的物理成分。

治疗师：去帮助你识别肿瘤吗？

母亲： 是的。

治疗师： 我认为，可能在 5 年后或 10 年后，我们将能够从生物学角度更多地了解为什么你的女儿有进食障碍，并弄清楚是什么复杂的大脑机制使一个人有进食障碍。这是一个专业问题，所以我们对待这种疾病就像对待癌症一样。

母亲： 我有个问题，这些进食障碍是什么时候出现的？

治疗师： 我认为这是个好问题。在研究、理解和治疗进食障碍方面，我们确实处于起步阶段。杰拉尔德·罗素（Gerald Russell）在 1979 年首次提出了神经性贪食症的概念，所以直到最近才真正开始研究它。我们有关于这些行为本身在中世纪发生的历史记录，但没有人真正将其诊断为神经性贪食症，或作为一个医学问题、一种疾病，就像重度抑郁障碍那样。所以，神经性贪食症是从 1979 年开始正式出现在诊断教科书和文献中。从那时起，大量的研究开始探讨如何最好地治疗神经性贪食症。大多数研究都集中在成年人身上，而我们非常幸运有机会研究如何更好地治疗青少年神经性贪食症。青少年与成年人非常不同，所以我们可能必须用不同于成年人的治疗方法来治疗他们。

母亲： 嗯。

治疗师： 这是个好问题。我认为这也说明了一个事实，即我们正在继续弄清楚是什么导致了这些疾病，以及我们如何能够更好地治疗它们。正如我之前所说，我们知道让父母参与神经性厌食症的治疗过程是非常有益的。因此，我们有充分的理由认为，让你们两个人积极参加治疗会对珍妮有所帮助。我不知道你做了多少功课或研究，或看了多少医生，以及他们是否阐明了神经性贪食症带来伤害的所有方式。你知道，我之前也提到过，你是一个非常有逻辑的人，知道你所做的这些是有害的行为。

母亲： 我们去看了医生，她和我们谈了谈。（转向珍妮）我不知道你有没有在网上做过任何研究，我是没有。

珍妮： 没有，只是有从医生那里了解的东西。

精心编排一个紧张的场景来传达疾病的严重性和康复的困难

在下面的对话中，治疗师将尽一切努力让珍妮及其母亲了解进食障碍已经对珍妮的身体和心理健康产生了全面影响。同样，治疗师也会提醒她们，这种疾病会进一步导致珍妮在这些方面的痛苦。通过这样做，治疗师试图提高母亲对疾病严重性的关注，从而使她能够采取更具体的行动，帮助女儿对抗疾病。对于所有的案例，治疗师都必须仔细评估父母（当双方都在场时）目前对这些问题的焦虑程度，并且只将他们的担忧引发到能够使他们采取下一步行动来帮助女儿的程度。如果让父母对疾病带来的后果过于焦虑，可能会让他们感到内疚和（或）使他们无法做出努力。

治疗师： 我可能要重申一些医生可能已经告诉过你们的事情。我坚信你们听到的次数越多，就越能体会到这个问题的严重性。进食障碍会影响许多不同的机制——它影响到整个人的身体。每次珍妮进行清除行为时，呕吐物中的胃酸会侵蚀食管，可能会出现食管撕裂。我有不少患者报告说，他们的呕吐物里有血，这是需要非常重视的事情。他们需要立即去急诊室，因为出血可能表明出现了食管撕裂。每次呕吐时，除了食管之外，胃酸还会侵蚀你的牙齿釉质。这是不可逆的，在将来会造成很多牙齿问题和牙周病,而且很快就会出现龋齿问题,你的牙齿上缺乏珐琅质,因为那已经被侵蚀掉了。

此外,频繁的呕吐会对你的电解质系统造成破坏,特别是钾。电解质很重要,因为简单来说,是电解质告诉心脏要如何跳动。因此,你可以看到很多神经性贪食症患者都有心脏问题。患者会抱怨感到头晕目眩,因为没有足够的钾离子在系统中循环;而这种情况会因清除行为而恶化。每次你清除时,你都会破坏身体原本的自然电解质水平。这是非常严重的,而且我认为非常可怕的是,我们不知道一个人要呕吐或清除多少次才会患上食管撕裂或食管损伤,或者他们要呕吐多少次才会使他们的牙釉质磨损。我们所知道的是,每次你这样做,都会使你的身体处于发生这些事情的危险之中。我谈到了由电解质紊乱而导致的心脏问题。你可以看到心率降低或心律不齐——严重的心脏问题,与暴食和清除行为有关。这样的饮食行为会让你感到可耻和隐秘,会影响你的心理,这就是为什么我非常高兴你与你的父母有良好的关系,你觉得可以告诉他们这个问题。我知道这些行为不是你想拥有的,也不是你引以为豪的。我知道你明白这些行为是有问题的,它们也会导致你对自己的体形和体重产生非常极端的关注,并专注于"我什么时候能大吃一顿""我什么时候能消耗所有的卡路里"的想法——你的思维一直被食物、进食或体形占据。你是直接受此问题影响的人。我刚才提到的这些事情(占据思维)是心理上的。你是这样的吗?

母亲: 嗯,是的。

珍妮: 是的。

治疗师: 你妈妈也可以谈一谈。

珍妮：	是的，好吧，我不知道。很难说是什么先开始的。我认为在我自己身上很难识别，因为我没有注意到这些想法。对我自己来说这很正常，因为看起来我在担心一些事情，但这并不出格，或者看起来我不可能以其他方式吃东西。所以，我不知道。
治疗师：	嗯哼。（转向母亲）听到珍妮谈论她的疾病对你来说是什么感觉？这和你以前从儿科医生那里听到的一样吗？
母亲：	你刚才说的那些？
治疗师：	是的，进食障碍可能带来的消极影响……
母亲：	一样的。
治疗师：	这是很严肃的。
母亲：	是的。
治疗师：	会有生命危险。
母亲：	我认为这可能会吓到珍妮……
治疗师：	（对珍妮）听到这些与暴食和清除行为有关的躯体及心理风险，让你感觉害怕吗？
珍妮：	我从学校的健康课和其他医生那里听说了这些风险。但在自己身上找出这些问题感觉很奇怪，也许我对它不够重视，但我能够理解。
治疗师：	嗯。我认为在某些方面，这个想法几乎有一种不可战胜的特质，"哦，也许那会发生在别人身上，但不会发生在我身上。"很多患者对我说过这种话，而且我认为这确实是神经性贪食症的可怕之处。我与那些在很长一段时间内没有出现症状的患者一起工作，可能只有五六个月之后，他们的呕吐物里出现了血。我曾与一个在篮球场上晕倒的人一起工作。她是一位很棒的篮球运动员，但她一直在暴食和清除，这导致了令

	人难以置信的低血钾，她变得头晕目眩，甚至晕倒了。
母亲：	你有时也会……
珍妮：	我不……嗯，我猜……我还是很难回答。
治疗师：	好的。
珍妮：	而且，医生说，很多损害将是长期的。
母亲：	是啊。
珍妮：	是的，没错。
治疗师：	我同意医生的看法。我认为会带来某些长期的影响。我们已经做了研究，发现可能会导致月经不调。我不知道是否有任何关于生育能力，以及神经性贪食症对其影响的研究。你知道，关于神经性厌食症的研究有很多。我认为关于神经性厌食症和神经性贪食症共有的非常积极的一点是，如果你尽早地对抗它们，并积极地治疗它们，那么你将得到改善并处于恢复阶段，你也就不必太担心它们。它们不会在以后的生活中悄悄地出现在你身上。如果你能停止暴食和清除行为，那么你就不会把自己的身体置于危险之中。我经常对患者说，从本质上讲，这就像他们在用自己的身体玩俄罗斯轮盘赌，即你每次的清除都有可能产生负面的后果。
母亲：	但我认为，当她说长期影响的时候，她指的是这整个腐蚀作用，而你说的是……
治疗师：	每个人的食管和牙齿都是不同的，并没有一个公式说某人必须有这些症状 1 年或 5 年才会发生任何损害。
母亲：	嗯。
治疗师：	有些人在暴食和清除 6 个月内就出现了大量损害。"我认为这将是我最后一次这样做，我不会再这样做了"，这样的话似乎非常无害或非常有诱惑力。就像你之前说的，当我们开始讨

论时,你说这是一个恶性循环,它最终控制了你,而不是你觉得你在控制它。好吧,我意识到我把这些都推给你了,这样做的部分原因是我们要知道我们面对的是什么,你要知道这种病有多强大,同时它又是多么严重。我知道,对于珍妮和作为她父母的你们,听到这些事情是非常可怕的。但我们的优势是,你和你丈夫非常关心她,而且你们是自己家庭的专家,希望能够更多地参与进来,帮助她改善这个问题。你丈夫在大厅里(治疗师在评估时见到了珍妮的父亲)曾对我说,"我真的相信这种治疗,我希望能尽我所能帮助确保珍妮没事。"

母亲: 嗯。

治疗师非常认真地回顾了进食障碍的后果,并要求父母(尽管父亲不在场)与他们的孩子合作,共同完成战胜疾病的任务。在整个治疗过程中,治疗师始终尊重青少年对其自主性的关注,但也要确保让青少年明白,除了治疗师建议的方法外,也许没有其他方法。在下面的对话中,治疗师将更具体地说明在用餐时间必须做什么,以实现症状的缓解。

让父母和青少年承担规律饮食而非暴食及清除的任务

治疗师: 所以,这就是你们作为父母在这种治疗中的重要作用。正如我向你提到的,我们已经了解到,在神经性厌食症患者中,父母可以非常成功地使孩子恢复健康体重;同样,我们相信父母也可以更有效地帮助制止神经性贪食症患者的暴食和清除行为。这确实是此项治疗的任务,我知道这对你来说不是一件容易的事。我知道,这可能有点像"这不是我应该为我女儿做的事情，她是个成年人了，她应该能自己控制什么时候吃东西，吃多少，以及什么时候上厕所。"

母亲： 嗯。

治疗师： 你和你丈夫面对的是一种非常棘手的疾病，所以你们需要比疾病更强大，并且采用一种比疾病强大 10 倍的治疗方法。从本质上讲，我把这种治疗的成功放在你和你丈夫两个人的身上。你们才是真正帮助珍妮的角色，在珍妮的合作下，从中得到改善。你有什么问题吗？

母亲： 当你说"珍妮有什么样的变化"，你指的是我们在日常生活中要发挥更积极的作用吗？

治疗师： 对。

母亲： 这听起来像……

治疗师： 我可以补充一点，这样珍妮就不会过度紧张。因为我知道我遇到的每一个青少年都会听到我说的话，并认为"是治疗师派我的父母来！他们将控制我生活的每一个方面！"（转向母亲）完全不是的，你和你丈夫只控制了饮食方面。所以，你可以帮助她处理任何有关她的进食，或者她是否去卫生间来清除它。

母亲： 要有帮助，是的。我想说的是，我觉得今年珍妮没有像过去那样关注她的学业。我们都是那种不干涉的父母。我们有一个大一点的孩子，她很随和，是个真正的好孩子，我几乎让她做任何想做的事，因为她知道自己在做什么。但在过去的一年里，珍妮一直专注于跑步、健身和这些事情，而不是专注于学业。所以，我不知道这与疾病有多大关系，但是当你说我们要负责珍妮的饮食时，我也觉得还有另外一个部分，那就是她在空闲时间所做的事情有点过度了。她必须锻炼身体,否则她就会生气。

治疗师: 嗯,让我告诉你,这也是治疗的一部分。这种治疗与神经性厌食症的治疗不同,后者的直接目标是将体重恢复到健康水平。神经性贪食症患者的体重在正常范围内,所以我们要做的是帮助她做出关于饮食的健康决定,确保她的饮食是有规律的,并确保她不会在事后清除。实际上,清除的一种形式也可能是过度运动。我与另一个家庭一起工作,这个家庭的青少年没有呕吐,但会过度地运动,所以她的父母帮助监控,确保孩子的运动量不低于或超过她这个年龄段的人的健康标准。我们完全不会说:"珍妮,我禁止你锻炼身体。"只是希望你能够转变思维,运动是为了健康,不要做得太过火,而且你是喜欢运动,而不是因为被"我想燃烧多少卡路里""我正在燃烧多少卡路里"或"我必须做45分钟或1小时运动,而不能仅是半小时"这些想法所占据。这有一种强迫性质。

（对母亲说）我认为,除了在吃饭的时候帮助珍妮,你们还可以确保她不会听从神经性贪食症诱惑她去做的事——那就是,"去卫生间,把食物吐掉,你吃得太多了",或者"去跑步,把食物消耗掉"。你和你丈夫可以起到一个非常关键的作用,帮助她不这样做。而奇妙的是,珍妮,你不想这样做,你想得到这方面的帮助。虽然每个人的情况不同,有些人也许能够自己做这件事,但我也知道,有谁能比你父母更了解你呢?没有人比你的父母更期望你得到幸福,也没有人像他们那样爱你。所以,就像如果珍妮得了癌症,你们知道必须照顾她——帮助她完成化疗或放疗,或者确保她每天吃药,这些只是你们作为父母所做的事情。同样,对于神经性贪食症,尽管问题不同,但情况同样严重。她在暴食,她把她的身体置于我们讨论过的所有这些高风险中。因此，你和你丈夫可以在这个特定的领域，以爱的方式帮助她，而我作为你们的顾问，会帮助你们做这件事。但我认为，在大多数情况下，作为她的父母，你们已经知道需要做什么了。

在前面的这些对话中，治疗师详细阐明了父母在帮助女儿解决进食障碍方面的作用。她还确保让母亲和女儿都知道，这个角色是暂时的，而且仅限于进食和清除行为，同时尊重珍妮对该拟定交予父母的任务的担忧。事实上，治疗师一定要让青少年知道她也是自己康复的一部分（在父母的帮助下），而治疗师的角色是家庭的顾问。在接下来的对话中，治疗师继续沿着此方向努力工作，称赞母亲和其丈夫不仅了解他们的孩子，而且还知道需要做什么才能让孩子从进食障碍中康复（即赋予父母权力）。

治疗师： 这就是我在这里要做的，帮助你思考你认为你应该做什么。不幸的是，进食障碍对父母，特别是对受其影响的青少年来说，是使他们陷入困境，使他们认为"我不能帮助我的孩子／我自己从中康复"。我可能是这个房间里的专业人士，但最终你和你丈夫才是帮助她解决该问题的人。你们是最了解她的人，你们不需要被告知像珍妮这样年龄的人该吃多少食物才是健康的；你们也不需要被告知，她在卫生间里把食物吐出是不健康的。而且，你们知道她什么时候运动过度，你们知道所有这些事情。我认为我的部分工作只是提醒你们，你们知道这一切，并通过支持你们来帮助你们，确保你们继续打好这场仗，使你们的干预措施比这个叫作神经性贪食症的"肿瘤"强大10倍。我今天讲了很多，第一次治疗我讲得最多，但随着我们的进展，你们会讲得更多。

母亲：是的，这很令人却步。我预想到的是争论，你知道，因为这不是一件容易的事。

治疗师：你说得很对。珍妮，我非常重视你对此问题的看法，因为你是受此影响的人。其他人当然也受到影响，但没有人像你一样。你的角色是让你的父母知道他们可以如何帮助你，找出一种让你感到舒服的方式，这样就不会让你感到受侵犯。但我绝对理解，你是一个青少年，青少年特质的一部分就是反叛父母，不希望他们帮助你，做与他们所说的相反的事情。我不想把它拿走（然后开玩笑地对母亲说）……也许，你父母希望我把它从你身上拿走。

母亲：没有……（笑）

治疗师：我不想把它从你身上拿走。我想让你父母做的就是真正地消除你的神经性贪食症。我与很多家庭一起工作，他们已经能够通过孩子的帮助来克服神经性贪食症。你有一个非常重要的部分，就是教育你的父母什么是有效的。所以，如果他们有对你来说更舒服的办法可以帮助你，让他们知道，而不用把你家里每间浴室的门都从铰链上拆下来。你知道，有一些方法显然会让你感到不舒服，而他们可以选一种让你感觉得到了支持的方法，他们是站在你这边的，实际上你们所有人反抗的都是神经性贪食症。（转向母亲）你要对抗的是神经性贪食症，而不是珍妮。实际上，你是在帮助珍妮，帮助她做出这些决定。现在，不幸的是，当涉及吃的问题时，是神经性贪食症在作主。当你预计会有一些潜在的争论时，你要知道你是在对抗神经性贪食症，你是在与神经性贪食症发生争执，这就是为什么我认为区分你女儿和神经性贪食症真的很有帮助。

母亲： 就如你所知，珍妮想治好这个病，我想最难的事情之一是规定她的锻炼计划。

治疗师： 好的。

母亲： 我认为她在这些事情上的投入程度很深，她会有心理上的挣扎。

治疗师： 我们可以做任何对你来说感到最舒服的事情。这可以是一个循序渐进的过程，你可以先进行针对清除行为的工作，然后再一点点进行针对锻炼的工作。但要一次只解决一个问题。当然，这条路上会有坎坷；神经性贪食症是一种非常自私的疾病，只有当它为所欲为的时候才会高兴。不幸的是，有时这种疾病使患有进食障碍的人失去了她的能力，无法看到这是一个问题，而且很严重。我很高兴你的女儿能洞察到这有多么危险，以及这些是非常令人不舒服的行为。我感到非常有信心，我们都将能够帮助她。关于让你儿子来的问题，我想回到这个问题上。珍妮，你的姐姐、弟弟和你父母的角色非常不同。而你的父母将帮助你变得更好，使你不暴食、不清除或过度运动……

珍妮： 嗯。

治疗师希望提醒这个家庭（在该案例中是母亲和珍妮），每个人都要在珍妮的康复中发挥作用，因此治疗师一定要让住在家里的每个人都参与进来，并详细说明每个人的作用。这一点尤其重要，因为父亲和弟弟都没有出现在首次治疗中。虽然治疗师已经向母亲说明了她和她丈夫的角色，也花了一些时间帮助母亲理解她儿子在珍妮的治疗中也有重要作用。如果想要让弟弟成为他姐姐的盟友，那么了解一下他是很有帮助的，并确保他明白他如何能够提供帮助。这是治疗师在治疗结束前要重新讨论的一个问题,让母亲和珍妮明白,她希望看到他们四个人都能出席第 2 次治疗。治疗师应始终传达这一期望,但如果他们(父母)真的不想带其他兄弟姐妹一起来,也应予以尊重。

治疗师: 你的弟弟和姐姐——即使她去上大学了,仍然有电话和电子邮件可以联系,都能够支持你。康复的过程将是很艰难的,有的时候你会对爸爸妈妈生气,因为他们说你吃完饭后不能去卫生间。对你来说,能够去找弟弟或给姐姐打电话说,"我受不了爸爸妈妈了!他们为什么这样对我!我感觉他们在控制我的生活!"这将是很重要的。他们的角色不是说,"珍妮,我看到你去卫生间了"或"珍妮,我看到你吃了太多的水果"。让弟弟和姐姐参与治疗,是会有帮助的。但是,我还是要让你自己来决定你的儿子是否要参与进来,我想尊重你的意思。

母亲: 嗯,让我的儿子在治疗中成为一个支持角色,这很有趣,因为我的意思是,他是最小的,他有自己的事情要处理。他确实可能是一个具有支持性的人,我们只是不知道他的那一面。所以,我不知道,我想这也许是我们必须讨论的事情。

治疗师: 这是一个开放式的邀请,所以如果你觉得在早期不一定要他参与,他也可以在以后——当进食障碍更受控制的时候再参与进来。我只是想确保珍妮,你有个地方能让你感到被支持。所以,如果弟弟不支持你,也没关系?

珍妮: 嗯。

治疗师: 这种支持可以在好朋友或你觉得可以交谈的人身上找到。甚至不需要你给他们打电话或坐下来与他们交谈,说:"我真的很担心,因为我觉得我要暴食或我要清除。"有时候,在糟糕的一天,知道自己除了父母之外还有一个人可以去宣泄,会很有帮助。

珍妮: 好的。

治疗师: 我们可以就此谈一谈吗?

珍妮: 当我暴食然后睡觉时,我不想增加体重。

治疗师: 这对你来说是最难的部分,我知道你的恐惧是你会增加很多体重。我认为最重要的是,这不是任何人在这里的目标。我们想要的是看到你保持健康的体重,我们想要看到你的饮食得到控制,你不再有这种吃东西后想去卫生间吐掉的冲动。从我和其他家庭工作的经验来看,没有一个女孩的体重增加了很多。事实上,有些人的体重保持不变,有些人也许增重了一些,但不多,最多只有 5 磅(约 2.3 千克)。相信我,如果治疗导致人们体重增加很多,我将不得不重新考虑是否要成为一名治疗师。我们绝对不希望这样。我们真正想做的是找出一种方法,让你可以坐下来,吃正常数量的水果,而不会导致暴食。这就是你父母能帮上忙的地方,因为他们非常爱你,他们不会让它发展成暴食。

在前面的对话中,治疗师努力向青少年保证,这种治疗的主要目标是帮助她恢复健康,走上青春期的正常成长轨道。这是一个很可能需要多次讨论的问题,因为想要青少年对体重和体形问题的恐惧在治疗中很快消失是非常不可能和不现实的。治疗师在这里表现出对青少年的极大尊重和理解,随着治疗的进行以及青少年和治疗师之间的关系受到考验,这很可能会得到回报。

母亲: 嗯,实际上她没有吐掉水果。

治疗师： 噢。

母亲： 那是她的安全食品。

珍妮： 我甚至不知道是这样，但我也不想这样。如果可以的话，请你在最后制止我，因为我也不想吐，那会让我更焦虑。

治疗师： 是的，我认为部分原因是这是一种让人恐惧的疾病，因为它让你去清除。我知道这听起来很疯狂，但也许到最后你会说，"好吧，现在我知道治疗师在说什么了，她一直称它为疾病、神经性贪食症或其他什么。"如果你愿意，我们可以给它起别的名字。不一定要叫它神经性贪食症或疾病，但这个东西，它让你对体重如此恐惧——"噢，天哪，我不能让食物留在身体里，这实在是太多食物了，我将会增重很多"，而事实并非如此。每个人都有过度进食的时候，但他们不一定会感到需要把它们清除。因此，我们真正想做的是确保你不觉得自己吃得过多。首先，我们希望你能够吃正常数量或规律数量的食物，你的父母不需要让我或营养师告诉他们你到底应该吃什么。我知道这一点，因为姐姐曼迪看起来非常健康，你的弟弟看起来也很健康（治疗师在初始评估会谈中见了每一位家庭成员）。我相信他们已经知道，当你吃晚餐的时候吃什么是好的，你的盘子里应该有多少食物，或者什么是健康的零食，什么是一顿健康的早餐或午餐。

　　相信我，这个房间里没有人希望你感到痛苦，所以我们必须找出一种方法，让你能够协助我们来帮助你。你需要告诉我们什么会有所帮助，什么是没有帮助的，因为你是这个过程中的合作者——我并不会只和你父母对话，而把你排除在外，完全不是这样。你是一个非常重要的角色，你可以说说这一周的情况，你希望父母做什么来帮助你，你觉得你需要更多的指导，什么时候你真的特别害怕可能会暴食或清除，以及是否有特定的食物父母可以帮助你重新去吃？也许，有一段时间没有他们在身边可能会更容易。我们可以猜测什么可能对你有帮助，但最好的事情是如果你能告诉我们什么时候有困难，哪些食物有困难，这样我们就能找出方法，使你能够正常吃这些食物，而且吃完后离开餐桌时甚至没有想要排出所吃食物的念头。

珍妮： 我想我是害怕自己会暴食，所以我就很长时间不吃东西，然后就更容易……比如我真的很饿的时候，还有的时候我会长时间不吃东西，从食物开始，然后……

治疗师： 好的，我明白了。

珍妮： 水果能填饱肚子，但它并不能减少你的食欲，然后我就不知道了。

治疗师： 好的，我想我现在明白了。

珍妮： 所以，我想是水果会引发暴食。

治疗师： 所以，听起来你已经在首次治疗中弄清了触发暴食的原因，这是有一些家庭直到后来才发现的事情。这对我们所有人都是非常有帮助的事情，其好处是让你觉得你可以谈论这些东西，而且它不会适得其反，你不会失去控制。你希望神经性贪食症不再控制你，而我希望你对饮食有更多的控制感。我知道现在你不得不坐在厨房里，害怕自己会暴食，或想着"我将要吃很多这个"或"我必须吐掉这个，我已经吃得太多了"，这非常可怕。没有人需要独自面对这些。

珍妮： 好的。

治疗师： 好的，我知道我已经和你们说了很多，相信我，随着治疗的进行，我们将能够更清楚地说明每个人的角色是什么。事实上，是你和你丈夫要确保珍妮的饮食恢复正常，这样她就不用去暴食，也不用清除。真正有帮助的是，在我们下次见面时，让尽可能多的家庭成员来这里。这取决于你，如果你觉得想让儿子来。如果你丈夫也能来，那就更好了。

母亲：　我们可以这样做。

让家庭准备好下一次治疗的餐食，结束本次治疗

在接下来的治疗中，所有与患者一起生活在家里的家庭成员都必须在场，这一点至关重要。治疗师在治疗的最后几分钟里很清楚地强调，其希望下一次所有人都能到场。母亲和珍妮都没有表示反对。

治疗师：　让我简单地告诉你们我们下次见面时的安排。如果在傍晚见面，我们通常会让家庭带来一顿典型的晚餐。我们这样做的原因之一，是因为我不能去你们家里观察晚餐的情况。

母亲：　所以，你想让我们带食物？

治疗师：　我希望你和你丈夫带来一顿能让女儿康复起来的餐食，这样你们就可以建立健康的饮食模式。还有一个额外的期望——我希望你们能带来一些珍妮自己很难会去吃的东西，可能是禁忌的食物，如果她吃了通常可能会导致暴食。例如，对一些年轻女性来说，可能是甜点。因此，带来一些你和珍妮的父亲可以在治疗中帮助她吃的东西。不必很多，但必须是珍妮很难会去吃的东西，这样你们就能够有经验帮助她舒适地吃那些很难会去吃的东西。你之前说过下一次治疗定在 16 号，那一天每个人都方便吗？

母亲：　是的。

治疗师：	好的，让我们快速回顾一下。我们谈到了这种疾病有多严重，以及你们家庭中的每个人共同努力帮助珍妮对抗这个"东西"是多么重要。我们还谈到了这样一个事实，即这种疾病，这种东西，与珍妮是完全分开的，我们是在与疾病作斗争，而不是与她作斗争。最后，我们谈到了我们作为一个团队，如何能够开始做出可能对珍妮有帮助的改变。当我们下周在治疗室举行家庭餐会时，我们会发现更多的改变。在我们结束今天的工作之前，你还有什么问题吗？如果没有，非常感谢你们，我期待下周见到你们四个人。

治疗师结束了本次治疗，谈话内容已经涵盖了首次治疗所列出的所有干预措施。治疗师对治疗进行了总结，并向家庭强调了这些目标——这是其每次结束治疗时都会做的事。在第 6 章中，我们将详细讨论家庭聚餐的目标和干预措施，然后在第 7 章中讨论第 2 次治疗的具体行动。

第 6 章

第 2 次治疗：家庭聚餐

第 2 次治疗涉及家庭餐会。在首次治疗结束时，父母被要求为其女儿带来一份他们认为符合营养要求的饭菜，以帮助她吃正常和健康分量的食物。此外，他们还被要求带一份甜点，或其他在患者禁食清单上的食物。虽然我们的期望是大多数患有 BN 的青少年会在这个疗程中吃到或多或少正常的食物，但重要的是确保父母带来的食物中包括通常会引发暴食和（或）提高患者清除冲动的食物。

在第 2 次治疗中，治疗师希望首先建立对患者和家庭的理解，其次提供希望，使家庭能够成功地帮助女儿重建健康的饮食习惯。也就是说，**这次治疗的目的是联合家庭**。这是一个了解家庭如何"组织"自己与进食障碍关系的机会，即疾病如何影响家庭，家庭成员如何应对女儿的症状，谁负责准备餐食，他们是否作为一个家庭一起吃饭，等等。最重要的是，这次治疗的目的有助于治疗师**保持对进食障碍的关注**。如前所述，在 BN 中这样做是一个相当大的挑战，因为大多数患者并不像 AN 患者那样看起来不健康，而且许多患有 BN 的青少年还伴有其他精神症状，如抑郁、冲动、物质滥用，这可能使治疗师的注意力从治疗进食障碍上转移。

对进食障碍和家庭的评估不是线性单一的；相反，它从首次治疗开始，一直持续到整个治疗过程。在此过程中，治疗师通常会对进食障碍的发展和家庭帮助青少年克服疾病的资源，有更深入的了解。通过家庭聚餐，治疗师开始评估家庭围绕饮食的交互影响模式，并继续敦促父母负责让女儿吃到健康分量的食物。比劝说女儿吃健康分量的"正常"食物更重要的挑战是，劝说她在餐后吃一些禁忌食物。其目的是：① 协助青少年患者解决任何暴食或清除的冲动；② 确保父母理解患者所处的困境；③ 确保患者在用餐的考验结束后感受到兄弟姐妹和父母的支持。

第 2 次治疗的四个主要目标是：
- 继续评估家庭结构及其对父母成功重建女儿健康饮食能力的可能影响。
- 为父母提供一个机会，让他们成功帮助女儿重建健康饮食，减少暴食和清除行为。
- 让青少年有机会向父母表达她在吃"禁忌"食物时所面临的内心冲突。
- 评估家庭在进食方面的进程。

为了实现这些主要目标，治疗师在本疗程中采取了以下干预措施：
- 检查暴食/清除日志并给患者称体重。
- 采集病史，并观察关于食物准备、食物供应和家庭饮食探讨的家庭模式，尤其是与患者相关的内容。
- 寻求青少年在康复过程中的合作。
- 帮助父母协助女儿吃健康分量的食物，包括"禁忌"食物，或帮助父母与女儿一起研究如何最好地重建健康饮食。
- 促进患者与兄弟姐妹之间的支持性联盟。

- 为家庭准备下一次治疗的用餐并结束治疗。
- 治疗回顾并结束本次治疗。

本章详细介绍了这 7 种干预措施的步骤。下一章将介绍该环节的具体行动,以便治疗师能够更清楚地知道如何实施这些干预措施。

检查暴食/清除日志并给患者称体重

与治疗前两个阶段的所有会谈一样,治疗开始时,治疗师会检查患者前 7 天的暴食/清除日志。此外,治疗师还为患者称体重。治疗师将这些信息带回到家庭讨论,并在最终确定暴食行为的频次之前,将暴食/清除的次数与父母对该周的印象进行统整。这个暴食/清除频率日志将为治疗定下基调:如果患者做得很好,那么基调将更加乐观;然而,如果在暴食和清除方面缺乏进展,那么基调很可能更为严峻。如果患者的体重不稳定或波动过大,这一点也需要与家庭分享。

关于这部分的"为什么"和"怎么做",即通过收集暴食/清除日志和患者的体重来开始治疗的更详细说明,请参见第 4 章。

采集病史,并观察关于食物准备、食物供应和家庭饮食探讨的家庭模式,尤其是与患者相关的内容

为什么

通过面见家庭获得的有关家庭结构的信息,即经常重复的沟通、控制、养育、社交、形成界限、建立联盟和同盟及解决问题的模式,在家庭聚餐时可能会变得更加明显。家庭聚餐直接暴露了家庭的组织

特点。同样地，理解家庭模式和患者症状的重要性，有助于治疗师有效地改变家庭对进食障碍的反应方式。虽然症状不被认为是特定家庭结构的结果，但这并不排除可能有一些家庭互动模式，使家庭在出现症状时无能为力。因此，在进食障碍的患者与食物的关系发生变化之前，患者情况不太可能得到改善。换句话说，青少年 BN 患者必须重新获得对暴食和清除行为的控制，病情才能得到改善。**FBT 之所以有效，并不是因为它纠正了错误的家庭互动，而是因为它改变了家庭成员对女儿进食障碍的反应和管理方式。**

因此，对家庭的评估是一个持续的过程，随着治疗的进展会带来丰富的理解。对有 BN 孩子的家庭互动模式的归纳，如代际问题、不良的父母联盟、身份分离的重要性，轻则令人困惑，重则可能是错误的。例如，试图将米纽庆对心身失调家庭的描述，如纠缠、过度保护、僵化和避免冲突（Minuchin et al., 1975; Minuchin, Rosman, & Baker, 1978）用在 AN 和 BN 患者上，以便对他们进行评估，基本上都没有成功（Dare et al., 1990; Dare et al., 1994; Le Grange, 2005）。不过，这些概括可能是有帮助的，因为它们经常为家庭治疗提供目标。治疗性聚餐为治疗师提供了一个观察具体家庭过程的机会，特别是当这些家庭互动在治疗室聚餐中被凸显出来的时候。从这次家庭聚餐中收集的观察结果，有助于治疗师识别可能使病态饮食行为维持的不健康互动模式。治疗师将利用这些观察结果来规划后续的干预策略。最终，在接下来的治疗中，治疗师想要打破"无效的联盟"——例如，患者和父母其中一方之间的联盟，以便让父母双方以一种令人信服的方式共同行动。相比于父母联盟（父母双方之间），代际联盟（父母其中一方和孩子之间）会产生反作用；例如，当父母中的一方采取坚定、坚持的立场，不给青少年任何关于饮食的选择，或者试图管理患者暴食或清除的冲动，而另一方则成为患者症状的盟友，争辩这些策略对青少年来说过于严苛和侵扰。

了解家庭结构的目的是，帮助青少年患者建立一个能使其饮食正常化的饮食制度。这种方案与运作良好的进食障碍住院治疗方案没有太大区别。治疗师必须指导父母争取青少年的合作，建立一种氛围，使其在规定的时间内进食并吃完一餐。这种结构应该是一致和持久的。换句话说，患者除了配合父母的计划以帮助自己康复之外，没有其他选择。这个计划应该确保患者不会暴食，无论是在正常的用餐期间还是在其他时间，并且不可能在餐后进行清除行为。

怎么做

首先，治疗师应尝试让家人放心。家庭聚餐对包括治疗师在内的每个人都会产生焦虑。因此，治疗师承认这顿饭可能是一个紧张的经历，或者在别人的办公室里吃饭可能会很尴尬，又或者一家人一起吃饭而第三方不参与吃饭却谈论他们的进食是很奇怪的，这可以在一定程度上使家庭放松。第二，与前述内容一致，治疗师将指导家庭继续布置和摆放饭菜。如前所述，治疗师并不进餐；相反，治疗师通过观察家庭模式和询问有关进餐的问题，了解更多有关家庭进餐的风格。例如，当家庭正在准备其饭菜时，治疗师可能会问正在张罗的人，这个方式是否是在家的典型模式，或者他们决定带来的是否是他们在家里午餐或晚餐会吃的典型食物。或者，治疗师会询问通常是谁在家里准备饭菜，谁负责购买食物，等等。虽然这可能看起来是对世俗事物的空谈，但这种询问的原因非常具体：治疗师试图"盘点"那些可能有助于家庭帮助孩子的行为或活动，或确定那些不太值得提倡的活动。

在之前的治疗中，治疗师在与家庭会面时，会做一些更广泛的评估，评估患者的精神状态和所有家庭成员的特征。在整个家庭用餐期间，治疗师将直接观察家庭成员如何围绕广泛的饮食和进食障碍进行互动。在这里，治疗师应该通过直接的指示及其与家庭成员的对话和构建这次治疗的方式，不断鼓励家庭成员发现家庭互动的新模式。例如，治疗师可能会阻止家庭成员**代替**彼此说话，或说他们知道另一个家庭成员在想什么或感觉到什么。相反，治疗师将为每个家庭成员提供机会，让他们为自己说话，或询问另一个人是如何知道对方在想什么的。

帮助父母协助女儿吃健康分量的食物，包括"禁忌"食物，或帮助父母与女儿一起研究如何最好地重建健康饮食

为什么

　　家庭聚餐的第三个目标是治疗师帮助父母协助女儿吃一顿健康的餐食，其中至少包括一种容易引发暴食的食物。这一具有象征性的行为很重要，为了实现这一目标，治疗师应该为这一部分的治疗留出额外的时间（大约30分钟）。该环节的独特之处，不在于大多数患有BN的青少年在此情况下会食用或多或少的健康食品，而在于食用容易触发暴食的食物，使父母有机会了解（也许是第一次了解）女儿在暴食和清除冲动方面的挣扎。这也为患者及其家人提供了解决问题的机会，以防止暴食和清除行为。对于家庭聚餐的第二部分，治疗师很少需要实现超过这些既定的额外目标，因为成功的效果是惊人的，患者及其父母可能开始意识到，他们在帮助女儿时有了新的资源。此后，父母感到更有力量，因为他们可能发现更容易帮助女儿以健康的方式进食。虽然斗争可能继续几个月，但父母强制让女儿健康进食的力量改变了患者、父母和食物之间的关系。通过让父母在女儿的康复中发挥更积极的作用，从而打破旧的熟悉的模式，并利用家庭

在相对陌生的家庭治疗环境中的迷失，治疗师就有希望能给家庭带来改变。

在探讨可能是进食障碍带来的情感或社会心理问题之前，帮助父母和患者解决青少年的饮食困难，似乎是本末倒置的做法。然而，治疗师需要指出，尽管主要关注与疾病相关的情绪问题似乎是最友善的方式，可能也是减少冲突的最佳方式，但它可能无法及时解决他们女儿的健康问题。治疗师应坚持向父母建议他们可以采取某些步骤，来帮助女儿以健康的方式进食，包括吃适量的禁忌食物。同样，父母和青少年必须找出方法来管理其潜在的清除冲动。在帮助父母实现这些目标的过程中，家庭结构得到了间接处理：治疗师加强了父母的联合行动，从而加强了父母的子系统，并开始将患者从父母的子系统中"移除"，使患者与其兄弟姐妹和（或）同龄人保持一致。治疗师作为家庭的顾问参与其中，这种权威性风格有助于父母遵循治疗师的指导。

父母第一次成功地帮助女儿以健康的方式进食，这几乎对所有家庭来说都是一个重要的转折点；通常，父母会感到自己被赋予了权力，因为他们意识到他们确实有能力开始战胜进食障碍。这种赋权也使父母有力量继续完成这项任务，患者可能会有一种解脱感，因为她的父母已经表现出能力和耐力来帮助她克服进食障碍。尽管在整个治疗的第 1 阶段，患者对饮食的态度和信念以及她与家庭的关系都得到了间接的探讨，但在治疗的第 2 阶段，一旦建立了稳定和健康的饮食，这些问题将得到更直接的关注。最后，需要指出的是，重新建立健康饮食的过程需要父母和青少年的共同努力。不过，在此过程中，父母是主要的决策者，因此治疗师应该把这个方面的大部分意见引向父母的子群体。兄弟姐妹在此过程中扮演着不同的角色，我们将在后面描述。

怎么做

由于每个家庭都会把他们独特的家庭用餐习惯带到治疗中，所以每个家庭用餐的情况差别很大。根据我们的经验，大多数家庭都会为治疗带来适当的餐食。然而，总有例外；有些家庭可能为孩子带来一顿少量的餐食，与孩子对暴食的恐惧保持一致，同时为自己提供适当分量的饮食。如果出现这种情况，治疗师可以提醒父母：

"你必须帮助女儿吃下一定种类和分量的食物，才能够使她的饮食习惯恢复正常。给她这种或这种分量的食物（指的是他们带去的分量）并不能纠正她的饮食困难。"

治疗师的任务是帮助父母发掘他们对青少年适当饮食的认识，也许可以说：

"通常情况下，治疗进食障碍的最好药物是三餐均衡并辅以点心，同时你们和女儿需要努力寻找方法来克服暴食或清除的冲动。"

与 AN 的情况一样，在面对进食障碍行为时，避免对抗或迅速升级为冲突，在一开始就很重要。然而，与 AN 不同的是，大多数患有 BN 的青少年，至少在这种情况下似乎吃得很好。因此，治疗师几乎不需要做更多的事，只是要求父母坐在患者的两侧，并建议他们如何推进。治疗师面临的挑战是帮助父母说服青少年吃得比她计划的更多，特别是当这种吃法会向青少年发出信号说她吃得太多了，或者吃下通常会引发暴食或在其禁忌清单上的食物的时候。在这种情况下，治疗师需要不断地指导父母，重复和坚持建议他们一致行动，并对女儿持续施加压力，让她吃下那份可能引发暴食的食物。很多时候，提醒父母回想一下女儿小时候因感冒而躺在床上的时候，他们必须确保她吃东西和（或）吃药，这会很有帮助。为了增强父母对这项任务的信心，治疗师可以说：

"回想一下，当你的女儿生病躺在床上时，你不顾她的抗议，想办法让她吃东西。"

或者

"你知道青少年应该吃多少东西，你不需要专家的营养建议。"

在指导父母的同时，始终有必要向青少年承认，让父母如此决定她的食物，对她来说一定感到很困难。

一旦青少年设法吃得比她预期的多，或吃了一些触发食物，治疗师的任务是帮助她说出她在打破自己设定的饮食规则方面的想法和感受。重要的是，治疗师要帮助青少年向父母描述这种"越轨行为"是如何让她感到痛苦的，以及她感觉要"屈服"并吃得更多（即暴食）。此外，治疗师应帮助患者说出逾越自己的饮食规则是如何使她感到内疚或糟糕的，而她应对这些压倒性的内疚感的唯一方法就是清除。这可能是青少年第一次有机会揭示她在这方面的想法和感受，她可能会对此感到很尴尬。这也可能是父母开始理解这种疾病是如何影响他们女儿的第一个机会。当父母被鼓励留在女儿身边时，这种对疾病的新理解就会派上用场，这样她就不会屈服于离开房间和催吐的欲望。考虑到他们女儿的年龄，这个过程有时可能是丢脸的，甚至是不适当的。然而，治疗师的任务是引导父母以温和与宽容的方式帮助他们的孩子，并对她的困境表达理解。

促进患者与兄弟姐妹之间的支持性联盟

为什么

父母的任务是帮助他们的孩子解决进食障碍的问题,而兄弟姐妹的角色是不同的,并不会干扰父母和他们的任务。治疗师鼓励兄弟姐妹对受影响的同胞给予无条件的支持和理解,试图通过这种方式将患者与其兄弟姐妹联结起来,建立健康的代际界限。也就是说,通过使患者与其兄弟姐妹保持一致,孩子与父母之间的界限变得不那么容易渗透,从而更加健康。如果治疗师观察到或假设青少年患者已经与父母一方结成联盟(与父母一方保持密切关系,最终限制或排除了父母另一方与其配偶的接触),那么这种策略是必要的。在这种情况下,我们可以假设,进食障碍会通过孩子与父母的联盟来维持。费城儿童指导诊所对治疗师希望将患者与其兄弟姐妹子系统联结起来的原因给予了明确的解释,而且这也是治疗师在治疗患有 AN 的青少年时通常会做的事情。

这个理念是,除非治疗师能够成功地将患者从父母子系统中的指定位置中解脱出来,并将她"降级"到兄弟姐妹子系统中,否则患者无法克服其进食障碍。考虑到患有 BN 的青少年的发育状况与患有 AN 的"典型"青少年的差异,这种方法在 BN 的治疗中有细微的不同。在 BN 中,患者通常更有可能与其兄弟姐妹建立联结,即使这种联结相当脆弱,治疗师可能也不必如此努力地加强兄弟姐妹和父母之间的健康界限(即明确的代际界限)。治疗师的目的很明确:让父母一起工作,加强父母子系统和兄弟姐妹子系统之间的健康代际界限,同时加强青少年发展适当的支持系统。在独生子女家庭中,治疗师也遵循这些相同的原则,患者可能需要找到一个可以倾诉的朋友或堂(表)兄弟姐妹。

怎么做

虽然治疗师支持父母共同努力为女儿重建健康的饮食，但治疗师必须同时向患者表明，其理解患者的困境，即患者被进食障碍所控制，对治疗师允许父母介入她的私人事务感到不公平，剥夺了她唯一的身份感和权力感，使她在这一切发生时感到无助。治疗师可能会对患者（并间接地对其兄弟姐妹）说：

"虽然你的父母会尽一切努力来支持你与疾病作斗争，帮助你恢复健康，但你可能会认为他们的参与是多余和不必要的。事实上，你甚至可能觉得他们对你很糟糕。如果你有这种感觉，你很可能想与你的兄弟姐妹或朋友倾吐这种不愉快。你需要能够告诉某个人，你现在有多糟糕；也就是说，你需要一个像你的兄弟（姐妹、同学）那样的人，能够倾听你的抱怨。"

同样，治疗师需要鼓励患者的兄弟姐妹来支持他们的同胞，不是支持她努力成为 BN 患者，而是在她因事态的发展而感到不知所措时安慰她。

治疗回顾并结束本次治疗

即使在控制暴食和清除方面进展不大，大多数治疗都应以积极的基调结束。为了使家庭继续认可其努力的重要性，治疗师可以多做一些提醒。也许，没有什么比在家庭聚餐时以乐观的基调结束治疗更重要的了。这通常是一次紧张的治疗，无论实际结果如何，治疗师都应肯定父母和家庭的努力。父母应该带着希望和鼓励离开治疗，相信他们可以帮助自己的孩子，而青少年也应该感到对自己的康复有所投入。

在每次会谈结束时，治疗师将向其他团队成员传达治疗结果和期望。除了治疗师对家庭聚餐的印象外，下面是一些可以与治疗咨询团队一起回顾的典型问题。

第2次治疗的疑难问题解答

☀ 如果家庭没有带餐食来参加这次治疗该怎么办？

不带餐食的情况很少发生，可一旦发生，治疗师应表示担忧，这可能会延迟家庭解决进食障碍的努力。治疗师在这里可能有两个选择：首先，治疗师可以要求家庭在医院食堂选择食物，并把饭菜带回治疗室；如果不可行，可以选择以非批判的方式探索是什么阻碍了他们遵循治疗师在首次治疗结束时的建议。如果治疗师选择第二种，可能也是最有可能的选择，治疗师可能要用这一次治疗的时间来重新激励父母承担这一任务，并在第3次治疗时再次组织家庭餐会。

☀ 如果家庭为自己准备了健康分量的食物，而为女儿准备的食物却很少或不合适，该怎么办？

这可能发生在父母屈从了进食障碍的要求时。治疗师将利用此机会引导父母重新评估他们想让女儿吃的那部分食物的热量值，旨在让他们认识到不健康的或少量的食物不足以恢复女儿的健康。也就是说，良好的营养不仅可以帮助他们的女儿保持健康的体重，而且还可以使她更容易抵制暴食和（或）清除的冲动。理想的情况是，治疗师将通过坚持不懈的指导，帮助父母和女儿共同决定健康饮食或规律进食的分量，能让她保持正常体重且不会暴食和清除。如果父母仍然难以理解或同意什么是健康的一餐或正常的分量，治疗师可能会建议准备两餐——一份是反映父母认为女儿应该吃什么，另一份是反映他们认为女儿会吃什么。这种策略具体说明了他们的出发点和他们需要做的事情之间的差异，以便成功地为他们的女儿重新建立健康饮食。

- 如果父母没有成功地让女儿吃适当的餐食该怎么办？

同样，这种情况并不常见。然而，当这种情况发生时，治疗师应利用此机会重新激发父母的努力，让他们回家后采取及时和持久的行动鼓励女儿进食（例如，在他们坐下来吃下一顿饭时，做出类似的努力来为女儿提供食物，并防止她事后清除；参考第3次治疗的解决方法）。治疗师还将利用此机会再次向父母证明，疾病对女儿的饮食行为有多大的控制作用，而真正改变现状的是他们的共同努力。父母很可能会感到气馁；治疗师可以在这方面先发制人，鼓励父母不要感到沮丧。例如，治疗师可以说以下的话：

"你们是伟大的父母，在这种疾病出现之前，你们在抚养孩子方面做得非常好。只要看看你们的其他孩子，你们就会想起自己的成功，你们没有理由在帮助女儿的过程中不重获成功。"

- 如果父母没有成功地让青少年吃任何触发食物该怎么办？

这种结果是令人遗憾的，因为这次家庭餐会的重要目标之一是让父母成功地说服孩子吃那些她通常避免吃的食物，因为她担心这些食物会导致发胖或会引发暴食。更重要的是，成功完成这项任务还可以让治疗师与患者一起探讨她在打破自己设定的饮食规则时的想法和感受。吃触发食物可以打开一扇有价值的窗口，让我们了解青少年要处理这些失望、内疚、厌恶等感觉有多困难，以及她要克制自己吃掉剩余食物和（或）急需通过清除来摆脱食物时的艰难。父母也因此失去了以下接受治疗师指导的机会：① 了解女儿正在与之搏斗的一些棘手问题；② 与女儿一起度过富有成效的、非惩罚性的时间，以免她在饭后迅速离开房间，从而进行清除行为。治疗师不得不从即将到来的几周中找到暴食和防止清除的实例，以不那么直接或现场的方式实现这两个目标。

小　结

　　大部分治疗方法都会认为，为了建立融洽和良好的治疗关系，初始治疗是至关重要的。这种治疗方法也不例外，尽管对大多数治疗师来说，注入一个充满潜在张力的环节，如家庭聚餐，是一个相当大的挑战。第 7 章清晰地描述了第 2 次治疗的实际行动，展示了治疗师面临的真正挑战和找到的解决方案。

第 7 章

第 2 次治疗行动

本章为第 2 次治疗提供了行动示例，以患者及其家庭的简要背景介绍开始。治疗按干预措施分为几个主要部分。此外，随着疗程的展开，还增加了解释性说明，以强调治疗师所考虑的具体目标。

回顾一下，本次治疗的四个主要目标是：
- 继续评估家庭结构及其对父母成功重建女儿健康饮食能力的可能影响。
- 为父母提供一个机会，让他们成功帮助女儿重建健康饮食，减少暴食和清除行为。
- 让青少年有机会向父母表达她在吃"禁忌"食物时所面临的内心冲突。
- 评估家庭在进食方面的进程。

为了实现这些主要目标，治疗师在本疗程中采取了以下干预措施：
- 检查暴食/清除日志并给患者称体重。
- 采集病史，并观察关于食物准备、食物供应和家庭饮食探讨的家庭模式，尤其是与患者相关的内容。
- 寻求青少年在康复过程中的合作。

- 帮助父母协助女儿吃健康分量的食物，包括"禁忌"食物，或帮助父母与女儿一起研究如何最好地重建健康饮食。
- 促进患者与兄弟姐妹之间的支持性联盟。
- 为家庭准备下一次治疗的用餐并结束治疗。
- 治疗回顾并结束本次治疗。

临床背景

珍妮是一名 17 岁的白种人女性，被诊断为 BN。她的身高是 63 英寸（约 1.6 米），体重是 111.5 磅（约 50.6 千克），BMI 是 19.8 kg/m^2。她目前与父母和弟弟（彼得）居住在一起。她还有一个姐姐（曼迪）在外地上大学。珍妮因 12 个月前开始的贪食症状来到诊所，她报告说在过去 4 周内暴食 10 次，并在这段时间里每隔一天进行一次清除行为。珍妮没有报告使用泻药、利尿剂或减肥药的行为，但她在过去 1 个月中大约每周进行一次补偿性运动。这种运动包括跑步和其他有氧运动。在过去 3 个月里，珍妮有 1 个月没来月经，且没有口服避孕药。她否认有因进食障碍导致的任何功能损伤。

检查暴食/清除日志并给患者称体重

治疗开始时，治疗师带患者到治疗室，在那里给她称重，并询问她在过去 7 天内有多少次暴食和清除行为。尽管治疗师可能会提醒患者什么是 DSM 标准的暴食行为，但这不是一项学术练习，治疗师也不会期待患者在下周回来时能列出客观与主观暴食发作的清单。如果治疗师对患者的暴食经历感兴趣，可能会询问典型的暴食模式，但不会花大量的时间去区分这些暴食的类型。患者提供的数字会被仔细记录在治疗师的表格上，而暴食/清除的频率将在之后父母加入治疗时与他们进行核对。尽管是在治疗的早期，治疗师仍会询问青少年对自己在过去一周的进展有何感受。这个治疗前的时间是治疗师在家人不在场的情况下，与青少年单独见面的唯一机会。因此，这是与青少年建立关系的关键时刻。

经过5~10分钟的交谈，治疗师请家庭的其他成员到治疗室。家人带来了合适的晚餐饭菜，治疗师示意他们不要拘束，在桌子上摆好饭菜。

采集病史，并观察关于食物准备、食物供应和家庭饮食探讨的家庭模式，尤其是与患者相关的内容

治疗师： 我们上次谈到，这次会谈的目的是让我看看你们一家的典型用餐是什么样的。我知道这里并不是你们家，但这给我提供了一个机会，可以让我观察到你们一家人在用餐时是如何互动的。我知道，这可能会有点奇怪，就像你们在舞台上表演一样，但大家试着像平常在家里一起吃饭时那样做。在进行过程中，我也会提出问题。首先，我想问一下你们平时是如何分配食物的。你们通常把食物分发出去，还是每个人自助？

父亲： 一般来说，我们会先试着确认有谁在家吃饭，可能在某个晚上只有我和麦琪（母亲）。其他人如果要去锻炼或者做其他事情，他们就不会一起吃饭。然后，彼得（儿子）会说，"我们吃什么？"根据他是否喜欢这个答复，他会说，"哦，我只吃比萨"——冷冻比萨或类似的东西。

治疗师： 好的。

母亲： 一直都这样。

治疗师： 让每个人都吃同样的饭会很费劲吗？还是通常……
父亲： 几乎从来没有人吃同样的饭。
治疗师： 所以，这有点像你们在房子里开了家餐厅。
父亲： 是的，还是一家自助餐厅，每个人在这里自己做饭。（笑）
母亲： （问治疗师）你想吃东西吗？
治疗师： 哦，你太客气了，不用了，谢谢。我在观察并且提出一些问题，所以不吃东西会方便一些。

有些家庭邀请治疗师和他们一起用餐，尽管治疗师在第一次会谈时明确表示不会加入用餐。虽然有时加入他们可能很诱人，但治疗师会礼貌地拒绝，并提醒家人，如果一起用餐，治疗师观察和向他们学习的能力可能会受到影响。

母亲： 当曼迪（姐姐）回家时，我非常高兴，因为曼迪什么都吃。
治疗师： 所以，曼迪在吃饭方面是不需要操心的？
母亲： 是的，她是唯一一个会吃我做的东西的人。
父亲： 我什么都吃，你知道的。
母亲： 皮特（父亲）吃我做的所有东西，除非含有奶酪或肉。
父亲： 因为胆固醇高，我实行无脂饮食，所以我有点极端。当有人说某类食物有问题，你需要减少摄入时，我就会完全不吃这类食物——这就是我所做的。
治疗师： 你们告诉我一些关于彼得和曼迪的用餐情况，那么珍妮呢？
母亲： 珍妮，我甚至都不管她。这是一个典型的情况。珍妮和我一起做了这道豆类菜。她在我们度假的时候看到过类似的菜品，她非常喜欢，然后她问我们能不能做。所以，很多时候她会做一些吃的，但她一口也不吃。

治疗师：	所以，她是一个非常棒的厨师，但她不吃东西？
珍妮：	嗯，我的厨艺没那么好。
母亲：	是的。
治疗师：	好的，这听起来很典型，当他们饿了时，他们会自己拿食物，或者你可以准备一些方便在路上吃的东西。你们围坐在一张桌子旁吃饭的情况是不是很少见？
母亲：	珍妮几乎不在。彼得，也许在，但他总是有他自己的时间。
治疗师：	好的，我明白了。
母亲：	还有曼迪，当她在家时，她会吃饭。有一天晚上，珍妮出去了，彼得和曼迪决定不和我们一起吃晚餐，所以他们都待在楼上。不过曼迪后来下楼坐下来，还挺愉快的，所以有时……
父亲：	但这顿饭很有可能是事先准备好的。彼得可能会选择不吃，或者可能只吃一部分，比如只吃意大利面，而珍妮根本不会吃。她会吃一个苹果或其他东西，但她不会吃这顿饭。
治疗师：	那么，当珍妮不吃饭时，通常会发生什么？
珍妮：	那是因为我们真的不摆桌子，所以我根本不会坐下。
母亲：	是的，我们之前讨论过，我们说过"不要在料理台吃饭"，因为她喜欢在料理台吃饭。
父亲：	她会站着切水果，然后在厨房的料理台上吃她要吃的任何东西。珍妮并不太能在我们一起吃晚餐的时候"找到自己的位置"，尽管盘子里有这么多食物，她却没有在她的盘子上放任何东西。我们刚刚度过了两周的假期，经常会一起去吃晚餐，大家都会点菜，但珍妮说自己不饿。
母亲：	嗯，她会点一份不加调味汁的沙拉。
父亲：	是的，她会点不加调料的沙拉。但有几次她说，"我刚刚吃了"，因为她会在车里吃点东西，当我们停车下来，她就不饿了。

珍妮：　这没什么大不了的，也许我们的日程安排不一致。

父亲：　好吧，这只是向我表明我们都饿了，而你不饿。

治疗师：这些都是非常有用的信息，请随意用餐吧。我完全体谅你们边吃饭边说话，没关系。（笑声）珍妮，你要妈妈给你盛饭吗？

珍妮：　是的。

治疗师：这是典型的情况吗？

母亲：　不，大多数时候她会自己做。

治疗师：好的。

母亲：　是的，我说，"你想要一些吗？"有时她会说，"好吧。"

治疗师：我知道你们谈到了你们想如何一起做这道意大利面或这道豆类菜。家里通常谁去买菜？

珍妮：　实际上，通常是我。妈妈也会去买菜，但大多数时候是我。

治疗师：在你出现进食障碍之后，购物清单发生了怎样的变化？

珍妮：　我不知道。

　　家庭成员开始吃他们自己带来的食物（大部分是健康的食物，分量足够所有人吃，包括一种被禁止的食物），而治疗师则与他们谈论饮食，并试图了解他们在办公室之外的活动是什么样子的。最初谈话的很大一部分是努力帮助家庭对在别人的办公室吃饭这种相当尴尬的安排感到更自在。然而，这是一个宝贵的机会，可以帮助治疗师了解家庭是如何围绕这个重要主题组织起来的；也就是说，他们在解决进食障碍的过程中有哪些优势和劣势？治疗师将首先把话语权交给家庭成员，让他们在大部分时间进行自主交谈，自己先退后。不过，在此期间，治疗师会仔细记录家庭成员所做或未做的事情，这可能对珍妮的治疗有所帮助。例如，治疗师已经注意到此家庭不稳定的进餐时间。治疗师可能会在适当的时候让家庭注意到这种不规律的情况，并引导他们做出改变，以帮助珍妮与家人一起坐下来更规律地进餐。

治疗师：（对母亲）当你去超市购物时，对于买什么有什么具体要求吗？听起来你丈夫的饮食习惯是低胆固醇的，那么你是否避免购买某些东西来遵守他的饮食习惯呢？珍妮呢？

母亲：你知道，如果我女儿曼迪在这里，她会告诉你——她对我们的家庭和饮食习惯感到厌倦。

父亲：但是购物有什么变化吗？

母亲：嗯，我们为每个人买东西。昨天我们度假回家，彼得和我一起去购物——这是不寻常的。他喜欢吃含糖的麦片、比萨和冰棒，那是他的饮食。

治疗师：就这三样？

母亲：是的，他会和我一起去，这样他就可以挑选他想要的了。我不常买含糖的麦片品牌。我还买了一些其他主食。今天我去了全食超市。

治疗师：好的。

珍妮：嗯，如果我去购物，他们会列一个清单，说"帮我们买这些东西"，我就照做，然后买自己需要的东西。

母亲：但是，她会给自己买很多脱脂食品，主要是水果。

父亲：是的，很多水果。

治疗师：（对珍妮）听起来你会买你觉得吃起来舒服的东西，这样到了晚餐时间，你就有东西可以吃了，对吗？

珍妮：是的。

治疗师：好的。

父亲：我认为这是她购物的部分原因。她不介意为我们其他人购物，但她想确保能买到她想要的那几样东西。

治疗师：如果你想要的东西不在清单上，会发生什么？比如苹果？

珍妮：嗯，我不知道。苹果确实是我饮食中的主食，所以我真的不知道如果我不能吃苹果的话我会做什么——当我们在度假或在餐馆时，我会试着找到果盘和水果，而且我一直都能在果盘上找到苹果。

治疗师：在得进食障碍之前，在你担心自己的体重或进食之前，你的饮食是什么样的？

母亲：她总是吃苹果。但我们之前确实是一起吃饭的。

治疗师：所以，这就是区别？

母亲：是的，而且我还会为全家准备一顿丰盛的饭菜。

珍妮：那时候，我们都吃同样的东西，就好像我们只有五种固定的饭菜。但是，现在情况变得更加复杂了。好像很久以前，我们会坐在一起，总是有各种不同的食物。

父亲：扁豆汤。

珍妮：是的。

治疗师：听起来你自从患上进食障碍以后，可以接受的食物范围变得越来越狭窄。

珍妮：是的。

治疗师：（对彼得）你注意到姐姐饮食的变化了吗？

这段信息对治疗师来说非常重要，因为它让治疗师看到了家庭如何适应患者的进食障碍。治疗师已经注意到，患者大部分时间都在购买食物，父母允许她专门购买符合进食障碍要求的食物，并且家庭成员很少在用餐时间聚在一起。在治疗师试图让所有家庭成员参与讨论时，患者的弟弟迄今为止还未参与其中，治疗师便询问他是否注意到姐姐的进食习惯有何变化。治疗师还利用这个机会详细说明了同胞在治疗中的不同角色，并努力让患者与弟弟更紧密地联系起来。在会谈的这个阶段，家庭带来了丰富且健康的食物，准备共进晚餐，其他家庭成员正在吃饭，而珍妮只是在慢慢品尝豆类菜和面条。治疗师并未立即解决患者进食缓慢且量少的问题，而是试图了解患者与弟弟的关系，寻找弟弟在用餐后如何在家中支持珍妮的方法。

促进患者与兄弟姐妹之间的支持性联盟

彼得：　在食物方面？

治疗师：　是的，我不知道你是否清楚你姐姐发生了什么事？她患有一种叫作神经性贪食症的进食障碍。

彼得：　我不知道。

治疗师：　你不知道吗？

珍妮：　这是新事物吗？你没听说过吗？

彼得：　我以前听说过。

珍妮：　你听说过……好吧。

治疗师：　我知道在你弟弟和父母面前谈论这些事情很困难。你们所有人在这里的原因是为了更好地理解这一切，你们每个人的角色都是不同的，彼得。治疗的目标是帮助你的姐姐不再对自己的进食感到那么敏感，让她能够正常进食。正如我提到的，你和你的父母有着非常不同的角色。就像我们上次所说的，是你的父母要帮助珍妮确保她吃了适量的食物，不会在进食后将食物吐出或运动过度。因为这个过程对你的姐姐来说会非常艰难，她会需要一个可以倾诉的人，她可能会感到对爸爸妈妈很恼火。例如，她可能会想："他们为什么就不能让我一个人呢？为什么非要让我吃饭？"因此，你需要找到一种方式来向她表达你关心她，或者你知道这对她来说是多么困难。我觉得你可以通过某种方式，让她明白你知道她在经历什么。

彼得： 我应该和她谈谈吗？

治疗师： 听起来很可行。我治疗了另一个家庭，那个家庭的哥哥决定不锁门，那样的话，如果他的妹妹需要他聊一些事情，他说，"门永远是开着的，你可以随时进来和我谈谈。"他们甚至不会谈论进食障碍，他们会一起做一些事，比如看一部电影或……（彼得做了个鬼脸）这听起来更糟？

彼得： 非常不现实。

治疗师： 真的吗？珍妮，告诉我，你和弟弟的关系是什么样的。

珍妮： 我想我们的关系没那么亲密吧。就算真的一起看了电影，也不像是真正的好朋友。我们将会只是坐着看电影。

治疗师： 彼得，你说这非常不现实。告诉我，为什么这是不现实的。

彼得： 因为我们根本不这样做，我们不会互相交谈。

珍妮： 是啊，我们都不这么做。你（对彼得）有时会和曼迪说话，但也很少。

治疗师： 你想有机会和他多谈谈吗？

珍妮： 呃，我认为这对我没有帮助——它不会起作用的。

治疗师： （对彼得）你有没有做过一些事情来表达你对她的关心？（长时间的停顿）（对珍妮）也许试着想想能让他不去做的事情会更容易些。

珍妮： 呃，我不知道。如果我能看出他醒着，那就像是我在向他道歉，因为……我们经常吵架。

治疗师： （对彼得）嗯，这是朝着积极的方向迈出的一步，你通过不和她争吵来表达你对姐姐的支持。

如果兄弟姐妹之间已经有了良好的关系，治疗师的任务就很容易完成了，而且不难想象，健康的一方也能很自然地为受影响的同胞提供支持。在该案例中，即便如此（这并不罕见），治疗师也必须更加努力地找到一些共同点或彼得可以支持珍妮的方式。治疗师不能太过于强迫他，但必须找到一种方式，让彼得能够表达他的支持。这就是为什么治疗师问珍妮，彼得是否有不应该做的事情，以希望他某些行为的减少会对她有所帮助。

帮助父母协助女儿吃健康分量的食物，包括"禁忌"食物，或帮助父母与女儿一起研究如何最好地重建健康饮食

治疗师：（转向珍妮）珍妮，你能谈谈坐下来吃晚餐是什么感觉吗？或者，大家都在吃饭时坐在这里的感受？我注意到妈妈吃完了，彼得吃完了，爸爸也快吃完了。但你的盘子里还剩下一半。你愿意告诉我们发生了什么事吗？当你在家的时候，你知道现在是晚餐时间，你必须吃点东西，这时你会怎么做？

珍妮：呃，我不知道。我其实不喜欢吃正餐，我更愿意吃零食。我从来没有觉得有……好吧，也许我感觉并不放松。

治疗师：是因为你觉得你摄入了卡路里吗？或者，你有在计算这顿饭里有多少脂肪量或……

珍妮：唔，我只是（停顿）……我不知道。

母亲：另一个情况是，珍妮经常坐在餐桌旁，我们过来吃饭时，她会因为我们坐在她的桌子旁吃饭而感到被冒犯。她特别针对彼得有这样的想法。彼得想对珍妮好一点，但讽刺的是，她总是在餐桌旁，而且她更喜欢一个人吃饭。

彼得：我有个问题（问珍妮）。

治疗师： 请便。

彼得： 吃东西会让你感到恶心吗？就一顿饭而言，你不喜欢吃东西的声音，或者有人看着你吃？

珍妮： 是的。

治疗师： （转向父母，让他们注意到珍妮已经吃了一些，但不是全部）在家里会出现珍妮盘子里还剩食物的情况吗？

父亲： 会剩更多的食物。

母亲： 是的，我偶尔会说，"珍妮，试试这个。"

父亲： 我觉得现在的情况她表现得非常好了，但在家里她会说，"不，如果我想要，我自己会拿。"

治疗师： 好的，在我工作过的大多数家庭中，进食障碍让每个人都不敢正视这个问题。当你每天面对进食障碍时，我能理解你为什么宁愿不去解决它。我能想象，这不是一件令人愉快的事情，你宁愿说，"好吧，珍妮，如果这是你能做到的最好，那就没问题。"所以，现在的情况是你需要克服它，并为你女儿做关于食物的决定。

母亲： 有部分原因是因为珍妮——她会研究这些事。她比我们更了解，她知道她可以给出充分的理由来说明为什么可以这样做。然后，她会和我丈夫争论，因为他对食物的了解不多。

父亲： 是的，我了解不多。

母亲： 所以，这是一件棘手的事情。你没意识到你已经被卷进来了。我们在这之中是重要的合作伙伴，但只在这里……在家里不是。

治疗师： 当你们进行这些斗争时，你们遇到的是进食障碍。当涉及吃饭问题时，你们总是会和珍妮的进食障碍希望她做出的选择不一致。（转向父母）那么你们俩对珍妮现在的饮食情况有什么真实的看法？

母亲： 偶尔，她会吃点东西，吃一些豆类食物，但是……

治疗师一直试图将注意力更多地转移到珍妮只吃了她盘子里的一些东西这一事实上。在治疗的第一部分，她继续吃她的意大利面和豆类菜，然后她停了下来，盘子里还剩下一半。这些都不是禁忌食物，从本质上讲，禁忌的其实是她不想吃完整份食物。父母还带来了酸奶，这是珍妮的禁忌食物，在父母的鼓励下，她在治疗结束时吃了一半。通常情况下，BN 患者可能会试图限制他们的饮食，只是后来"屈服"于生理上的进食冲动，然后导致暴食，接着进行清除行为（这是珍妮通常的情况）。或者，患者吃正常分量的食物，但坚持自己设定的饮食规则，比如不吃禁忌的食物，只在一天中的特定时间吃东西，晚上 10 点以后不吃东西，等等。当患者违反这些规则时，他们通常会吃得特别多，然后进行清除行为。这两种表现都可能在家庭聚餐中表现出来。在珍妮的案例中，她没有吃足够的量，也没有吃太多酸奶，这是父母从珍妮自己设定的"禁忌食物"清单中带来的。治疗师的任务是帮助父母说服珍妮吃一顿适量的饭菜，在当下，就是吃完她那盘意大利面和豆类菜。也就是说，父母的目标是支持孩子吃大多数人认为正常量的食物。在这种情况下，在用餐时间，父母对营养膳食的概念是准确的。大多数父母在适当的食物选择或食物摄入量方面几乎不需要接受什么教育。

治疗师： 但是你们对她今天吃的东西满意吗？你们觉得对她这个年纪的人来说够了吗？
母亲： 我想到，我对她的暴食感到棘手。所以，如果她能保持稳定的饮食，而且以主食为主，那我可以接受。我希望她在沙拉里加些东西，虽然她吃了很多面包，但我认为这只是饮食的一部分。

父亲：我只是不够了解。我……

治疗师：让我们以你们另一个女儿曼迪为例。曼迪在珍妮这么大的时候，她的饮食和珍妮有什么不同吗？

父亲：她胃口总是很好，甚至可能一天吃五顿饭。我的意思是，她非常活跃。珍妮也很活跃，但她抱怨自己吃得太多了，她希望能稍微控制一下自己的食欲。她们很不同。

母亲：曼迪不会吃得过饱，但珍妮会。

父亲：她（曼迪）享受美食，她这么活跃是件好事。但是，对她来说，我看不出有任何问题。至于珍妮，我知道她不吃东西。我也会说，我不知道如何直接解决这个问题。我想直接解决它。

治疗师：所以，你看到她正在吃一个苹果，那就是晚餐？

父亲：我们刚刚度过了两周的假期，那段时间我们都被困在车里，一起参加所有的活动，一起回到酒店。（转向珍妮）你那些天什么也没吃。我知道在其他日子你吃得更多，但你在那些日子吃得更多是因为你有更多的私人时间，因为如果你想，你可以催吐？你表现得不一样，就像你知道你要和我们在一起，而你无法控制，所以你的行为会有所不同——你什么都不吃。这让我开始思考。我通常不怎么和珍妮待在一起，所以我不知道她究竟吃了什么，但我确实看到了她把一些东西当作晚餐，但那其实不是正经的食物。我有两个特点。我喜欢直面问题，我是家里那个会说"别担心，一切都会好的""一切都会好起来的，你会开心的，一切都会没事的"的人，我喜欢以这种方式生活。我很担心在不知道自己在做什么的情况下处理珍妮和这件事，最终可能会把她推开。那样的话，我就帮不了她，而且我知道我也不会和她有关系了。所以，到目前为止，我选择与她维持关系，培养她的其他部分，而忽略她的贪食问题，因为我真的不知道我应该扮演什么角色。

治疗师：好的……好的，这正是你来到这里的原因：找出你的角色是什么（用理解和支持的语气说）。

父亲：至于，我对她的饮食方式满意吗？（转向珍妮）我无法想象你这几天吃的食物量能养活一个人。

母亲：当珍妮吃得不够多时，她会非常不高兴。她小时候也是这样。我猜她有低血糖，我们知道如果珍妮不高兴，只需要给她吃点东西，她就会没事的。所以，我以此来评判她。如果她心情愉快，我认为她吃饱了，我不会专门看她在吃什么。

治疗师：但是，作为她的父母，你们都知道女儿应该吃多少才能保持健康。很多时候父母会问，"我可以让营养师确切地告诉我，我的孩子应该吃什么吗？"我会说，"嗯，当然你可以和营养师一起工作，他可以为你提供极好的营养信息，但我真的不认为父母需要被告知像你女儿这么大的健康女孩应该吃什么。"

母亲：这对珍妮来说很艰难，这很艰难，因为我觉得我有一个健康的饮食，如果每个人都像我一样吃，我会很高兴，你知道的。但这很难，我要养活五个不同的人。

治疗师：但是，你知道什么是适合珍妮的晚餐。作为她的父母，我想你是知道的。

母亲：如果她吃了那个（指着珍妮盘子里的东西——一份中份的意大利面，一道豆类菜，这两样她都吃了大约50%），我会很激动。

治疗师：（对父亲）你和你妻子有同样的感觉吗？

父亲：是的，我认为珍妮应该会有很多想法来组合三餐和三顿点心。我觉得她应该不会有问题。我觉得她正在吃的是三顿点心，而不是所有的餐食，但如果她开始组合三餐，就不会有任何问题。

治疗师帮助这对父母理解了珍妮可能会感受到的一些与食物有关的内在困境；也就是，当她无法脱身去清除的时候，她只能吃少量的食物。当她独自一人并且能控制时，更容易吃大量食物，因为可以选择事后清除。治疗师在这里的挑战是说服父母帮助珍妮吃她盘子里的东西——在她的主观经验中，这将是一个过大的量，会让她感到不舒服，并会导致诱发呕吐的冲动。对父母来说，成功地让珍妮吃得更多——如果可能的话，包括珍妮通常判定的禁忌食物很重要，但同样重要的是要更多地了解女儿在进食方面的恐惧和担忧。这也是治疗师更多地关注珍妮并表达同情的好机会，考虑到她发现自己处于不令人羡慕的境地。例如，在接下来的几段对话中，治疗师转向患者，充满共情地解释了珍妮在清除困难或尴尬的情况下可能有的想法："我不想清除，所以我吃的一切都会是少量的，或者是我的安全食物，因为我无法摆脱它。"

治疗师： 你说过如果她能吃掉她盘子里剩下的东西，你会很高兴。所以，你知道她需要吃什么，但你却要面对导致她几乎什么都不吃的进食障碍。

父亲： （转向珍妮）你从密歇根回来的时候，看起来特别瘦。我知道你刚跟凯茜和茱莉亚待了一周。和她们在一起，可能大部分时间都是和她们在一起，我能想到的就是你停止吃东西，因为你不想做任何可能会让自己尴尬或别人尴尬的事情。所以，你真的吃得很少。你回来的时候看起来瘦了很多，我有点震惊。

治疗师：（对珍妮）我可以看出你的病是如何让你认为这是一个解决方案的："我不想清除，所以我只会吃一点点或只吃我的安全食物，因为我没法摆脱它。"所以我猜，你坐在这里听我告诉你爸爸妈妈，他们知道应该给你吃什么且不应该让你清除，你一定很害怕吧。（对父母）你们可能会认为这种策略不尊重像珍妮这个年纪的人。对你们来说，参与女儿的饮食可能会让你们感到不快，毕竟她在其他方面可以做出健康的决定。然而，当涉及饮食方面的决定时，你们女儿大脑里想得太多了，她自己都无法弄清楚。"我应该喝脱脂酸奶还是吃胡萝卜棒？哪个脂肪少，我不确定，也许最好什么都不吃。"这些想法会让她更容易不吃东西。所以，在很多时间，你们能做的最好的事情就是，你们俩共同决定对她来说什么是健康的早餐，什么是健康的午餐，什么是健康的晚餐，以及什么是适宜的点心，而不是让她有机会回避这些食物。你们可以预期她会对你们不满，但要提醒自己，你们不是在和珍妮打交道，你们是在对抗疾病。如果她没有这个病，她也不会和你们对抗。在这一点上，进食障碍比你们女儿更强大，它正在决定她应该吃什么或不应该吃什么。你们必须战胜她的进食障碍，你们才是最知道如何做到这一点的人，这样你们的女儿才能恢复健康。（对珍妮）现在的你很难为自己做出这些选择。我希望在治疗结束时，你有一部分内心会说："我很高兴我的父母实际上控制了我的饮食，因为当时的我自己做不到。"珍妮，我上次也说过，你在这件事上扮演着非常重要的角色，因为我知道你不想要这些症状。上周我说过，我们应该像对待你被诊断出患有癌症一样对待进食障碍。（转向父母）我知道你们两位在癌症的情况下会做什么——不会再犹豫。而且会说,"好的,我们需要找到最好的肿瘤专家,如果肿瘤专家建议放疗、化疗,我们会确保她去每一次会诊,我们必须根除这个肿瘤。"我想说,神经性贪食症也是一样的。这里的肿瘤就是她的贪食症,而治疗方法就是父母要比这个病更强大。这种治疗将让她对自己的饮食做出健康的决定。

父亲: 我同意。我认为没有任何事情是我们找不到办法解决的。然后还有运动,你知道,我觉得珍妮真的很喜欢运动,但我可以看到这是如何与"噢,我吃了午餐,所以我必须特别努力地运动"结合起来的。

母亲: 因为我们都非常注重健康,而且她真的不喜欢反式脂肪酸和所有这些东西,所以……

父亲: 所以吃一大块奶酪会很有趣!

母亲: 但因为种种原因,这对她来说不合适,所以我们只带了酸奶。

治疗师: 那是你平时不吃的东西吗?

珍妮: 是的。

治疗师: 我之所以让你们带一种让珍妮感到不舒服或者是"禁忌"的食物,是为了让我们一起面对进食障碍,并给你们提供一个机会,让你们控制并战胜进食障碍。你们俩应该就她该吃什么和该吃多少达成一致。

母亲: 是的,你知道,就像我说的,如果她吃了那个,那我会很高兴。所以,我不太明白……

父亲: 麦琪……

治疗师: 你决定了你更喜欢什么。

父亲: 麦琪和我——麦琪比我更喜欢,经常吃酸奶、燕麦片和新鲜水果,并把这些作为早餐。

治疗师: 好的。

父亲： 我们都觉得那完全够了。可能我们准备的碗比珍妮想吃的要大得多，但肯定……她吃的食物不是燕麦片。她吃苹果、布丁和酸奶，尽管是无脂的，但仍然具有酸奶的一些成分。一个中等大小的碗，对我来说，作为一份早餐似乎完全足够了。

治疗师对父母拖延手头的任务感到有点恼火，这个任务就是让他们的女儿在治疗中吃得比她准备吃的多一点。因此，治疗师再次转向父母，指出他们现在应该试着说服珍妮多吃一点，在这里，在治疗中。

治疗师： 你们现在想让她吃什么呢？
父亲： 我不知道。
治疗师： 你们如何向珍妮传达你们想让她吃什么？你们可以说些什么吗？（停顿）你们能说，"珍妮，我们希望你把盘子里的东西吃完吗？"
父亲： 是的，我们也会这么说。
治疗师： 现在试着直接对她说。
父亲： 珍妮……我希望你吃掉那两种不同的食物，我希望你每一种食物都吃一半。
珍妮： 好的。
父亲： 那很好。
母亲： 你能做到吗？
治疗师： （对母亲）你同意你丈夫的想法吗？
母亲： 是的，我不明白她为什么要吃完所有的东西。
治疗师： 你能支持他吗？

母亲：　可以，我的意思是，如果他让我吃那么多，我很容易就能吃完……（对珍妮）你爸爸刚才吃得可多了……

尽管治疗师努力让父母同意相同的数量并互相支持，但他们（父母）还是很难做到言行一致，尽管如此，治疗师还是坚持了下来。

父亲：　……尽管每个人都在看，可能有点烦。
母亲：　那么，你想吃什么呢？
珍妮：　我不知道。我想……
治疗师：　我可以打断一下吗？我知道你只是想尊重珍妮的感受，如果我们讨论的是进食之外的任何话题，我会赞成这样做，但我正试图让你们去面对这个进食障碍。请记住，你们在与谁商量。我觉得你们认为你们在向珍妮咨询，但实际上你们在向神经性贪食症咨询。
母亲：　嗯嗯。
治疗师：　而神经性贪食症总是会回答，"我真的不饿""我现在不想吃"或"它看起来很恶心"。进食障碍总是试图找到摆脱困境的方法。它宁愿离开餐桌，只吃一点点盘子里的东西。我最不希望看到的就是你们俩带着挫败感离开这里。你们可以做到的。

在治疗师再次敦促母亲坚定地帮助珍妮多吃一点的情况下，母亲又拖延了时间，把注意力转移到了儿子彼得身上。治疗师希望尊重这一举动，会暂时跟随父母的意愿，但之后会把讨论重新引回她和她的丈夫一起帮助珍妮多吃一点上。母亲无意中为治疗师提供了一个机会，让其指出彼得作为珍妮弟弟的具体角色：不要卷入围绕进食的斗争，因为围绕食物的斗争是父母的责任领域。

母亲：　彼得看起来有点茫然和困惑。
治疗师：彼得，记住你没有你父母的任务。
彼得：　那我的任务是什么？
治疗师：你的任务是……
珍妮：　陪在身边。
治疗师：没错，给予支持。
彼得：　所以，她进到地下室骂爸爸妈妈对她太残忍了，很奇怪（笑声）。
父亲：　但我也希望能够帮助她。
治疗师：你能否找到一种方法，让你的妻子也参与进来？我认为进食障碍需要看到你们俩持有相同的观点，因为进食障碍非常善于发现，"噢，妈妈是个心软的人（或爸爸是个心软的人）。我总是去找妈妈（爸爸）决定吃饭的事，因为她更容易屈服。"
母亲：　（对彼得）你可能也有点软弱，我们对你也有同样的问题。
彼得：　什么？
母亲：　你和你的电视，我也是这样的："彼得，我希望你现在做这个。"
治疗师：我认为这可能有点奇怪，我正在要求你为珍妮做出关于进食的决定。
母亲：　好的，好吧，如果我们现在让她吃这个，这就是目标吗？
治疗师：是的，完全正确。
母亲：　好吧，是的，我很抱歉，亲爱的，我现在就要求你这么做。
治疗师：你丈夫想让她吃一整份，你同意他的观点吗？

　　现在，父母双方正在齐心协力地鼓励珍妮多吃一些。治疗师对他们表示祝贺，因为他们都在努力让女儿吃下他们认为她现在应该吃的东西。珍妮开始吃盘子里的一些面条，尽管吃得缓慢而谨慎。在接下来的对话中，我们会更清楚地看到父母的坚持，以及提出同样的要求，最终鼓励珍妮吃下了父母希望她吃的所有东西。

母亲： 好的，好的，那挺好的。
父亲： 这就是我们来这里的原因，为了……
治疗师： 很不错，是吧？
彼得： 干杯。
父亲： 还行。
母亲： 还行吗？
父亲： 嗯。
母亲： （对彼得）那么，晚餐时你有可能尽快把事情办完然后加入我们吗？
彼得： 晚餐最好提前一点，因为我有足球选拔赛。
治疗师： 你觉得她现在做得怎么样？
父亲： 她……
彼得： ……吃得慢
父亲： 她……
治疗师： 她在做了，她正在吃你想让她吃的东西。
父亲： 但她还是采取绕圈子的方式，而不是填饱肚子。现在，她希望你能问她点别的。（笑声）只要有效，什么都行。
珍妮： 只要能让我轻松点就行。
彼得： 我可以去洗手间吗？还是我得留下来吃饭？
治疗师： 你可以去洗手间。我们可能会在接下来的5分钟内结束。
彼得： 好吧，只要需要……
治疗师： 好的，我真的很喜欢彼得的回答。他理解了，确实如此，只要需要就可以。但如果你需要去，你可以去。

彼得：是的。等等，不，但我还是要催她。我觉得她感到很匆忙，然后她可能会呕吐。

珍妮：好的。

母亲：（对珍妮）再吃几根面条。

珍妮：我不喜欢那种酱汁，我在患神经性贪食症之前就告诉过你了。

父亲：但现在的情况是，你拿起了盘子，你同意了交易，你得吃一半。继续吃，珍妮。

母亲：珍妮的爸爸提到过这件事，而当时他甚至不知道具体发生了什么。但是你知道，很明显，一切都失控了。他当时并不知道这是神经性贪食症，但他知道她的体重下降了。

父亲：我不得不想象神经性贪食症，像其他疾病一样，不会被你生活中的那些重大事件所裹挟，也不会让步。上大学当然是其中之一。

治疗师：如果她身体健康并准备好去上大学，你们作为父母会感到更舒坦。

父亲：当然。我的意思是，就像你说的，如果她得了其他疾病，我也不会让她去上大学。我会确保她待在家里，我们可以照顾她。我在家工作，我觉得这是个优势，因为我不必早起匆匆忙忙地跑去上班。

治疗师：这确实是一个很大的优势。

父亲：通常情况下，我会开车送这些孩子上学——或者珍妮，她经常走路。（停顿，指着她盘子里的面条）把它们放好，阿门。

珍妮：我知道。

父亲：这很有趣，因为当你还是个孩子的时候，像所有的孩子一样，总是"我不喜欢这个"，然后你（指向母亲）会拿刀，把食物分成两半说，"那就吃这个"，接着大家就吃了。

母亲：	再多吃一点，再多一个。
父亲：	你妈妈和我要你再吃一个。
珍妮：	我不喜欢，不！
父亲：	就再吃一根面条吧。
珍妮：	（按照她父母的要求，又吃了一根面条。）
母亲：	你做得很好。
父亲：	是的，你做得很棒！

尽管父母在不断确保珍妮在这次会谈中吃到足够量食物的任务中有些分心，但治疗师成功地让他们专注于任务。最终，父母也展现出了一种令人欣慰的能力，即在要求珍妮吃掉盘子里一半食物的问题上相互支持。父母成功了，珍妮吃下了他们要求她吃的所有东西。父母理解这对珍妮来说一定很困难，所以当任务完成时，父母对她大加赞扬。

治疗回顾并结束本次治疗

治疗师：（对珍妮）我知道这对你来说可能很困难。我们这样做的原因是让我看到我们要面临的挑战。当然，我们可以谈论进食障碍以及它是如何让你绊倒的，但当你面对食物时，那就完全是另一回事了，我们可以真正看到食物和进食有多么让你害怕。我们都是来这里做这件事的，我们都站在你这边，没有人站在神经性贪食症那边。我希望你能看到，珍妮，我们是在与进食障碍作斗争，而不是与你作斗争。（对父母）我认为这是一次非常重要的会谈。你们都很好地向她传达了这样一个信息：为了战胜进食障碍，你们都必须变得更强大，干预必须更有力量。

母亲： 那我们有作业吗？

治疗师： 你们的作业是做我们讨论过的事；解决方案是每日三餐和中间的点心，你们俩要就珍妮在每顿饭和每顿点心中吃多少达成一致。

父亲： 所以，我们应该决定三餐和三顿点心是什么，对吗？

治疗师： 你当然可以那样做，但珍妮也可以提出意见。我不希望变成——"珍妮，你别无选择。"这真的需要你们所有人的共同努力。

父亲： 是的，我们不会要求她过度地改变她的饮食习惯，那根本不是我们的动机。我们只是想鼓励她经常和我们一起吃饭。

治疗师： 当然。正如你们今晚了解到的那样，每当你向珍妮咨询食物问题时，你并不是在咨询她，而是在咨询神经性贪食症。珍妮，你可能会觉得，我在让你父母对你施压。但这仅限于你吃东西的方面，在其他方面，我希望他们仍像以前一样对待你。你有什么问题吗？谢谢你的耐心，彼得，我真的很高兴你能来。你有什么问题吗？

彼得： 很有趣。

治疗师： 真的吗？有什么问题要问我吗？

彼得： 呃，不，没什么。

治疗师： 那我们就约在下周同一时间见面吧。

彼得： 等等，不，我确实有个问题。

治疗师： 什么？

彼得： 我下周还要来吗？

治疗师： 我会把这个问题留给你和你的父母。如果你能来，我认为这会很有帮助，因为你住在家里，你可以告诉我们，你对姐姐正在经历的事情的看法。但我也理解，你不可能每次都来。这回答了你的问题吗？

彼得： 当然。

父亲： 太好了，谢谢。

治疗师在整个治疗过程中专注地让家人保持在正轨上，其中包括可能与手头任务无关的问题。治疗师确定了家庭在饮食方面的优势，了解了患者与其弟弟的关系，以及在父母帮助她恢复健康饮食习惯的同时，弟弟可以如何支持她，最后鼓励父母说服患者根据她的年龄和场合摄入适量的食物。这个家庭成功了，治疗师可以让他们感受到鼓舞，因为他们有了帮助珍妮前进的工具。然而，为了让珍妮彻底摆脱进食障碍，还需要做出很多改变。接下来的章节将引导读者完成治疗第 1 阶段剩余部分的重要任务，并提供第 1 阶段结束时典型治疗过程的示例。

第 8 章

第 1 阶段剩余部分
（第 3～10 次治疗）

第 1 阶段剩余部分的治疗特点是治疗师尝试协助父母和青少年将患者的大部分食物摄入置于他们（父母和青少年共同努力）的控制之下，其中包括减少暴食和清除行为的策略。扩展、强化和重复治疗开始时启动的一些任务可以完成这项任务。除了继续第 1 次治疗和第 2 次治疗的工作外，治疗师在第 3～10 次治疗中需要实现的目标是：① 定期与父母一起回顾他们在帮助女儿重新建立健康饮食习惯方面所做的尝试；② 系统地建议父母如何继续减少进食障碍的影响。治疗的特点是相当程度的重复；治疗师可能会一周又一周地重复同样的步骤，在制订规律饮食计划和实施策略方面保持一致，以确保青少年不会暴食或清除。与前两次治疗的结构化不同，接下来的治疗可能看起来组织得不那么系统，并且可能不遵循预先设定的顺序。

然而，以下四个目标的组合将几乎适用于每次治疗，直到第 1 阶段治疗结束：

- 将治疗重点放在进食障碍上，并单独处理共病。
- 帮助父母负责重建健康的饮食习惯。

- 指导父母采取减少暴食和清除行为的策略。
- 动员兄弟姐妹支持患者。

为了实现这些主要目标，在第 1 阶段剩余部分的治疗里，治疗师可以考虑以下干预措施：

- 收集患者的暴食 / 清除日志，并在每次治疗开始前称重。
- 对食物和饮食行为及其管理进行直接、定向、集中的治疗性讨论，直至饮食和称重行为正常化。
- 处理一个急性问题（如一个共病问题），然后重新关注神经性贪食症。
- 讨论并支持父母在重建健康饮食方面的努力。
- 讨论、支持并帮助家庭成员评估兄弟姐妹为支持患者所做的努力。
- 继续修正父母和兄弟姐妹的批判。
- 继续区分患者和神经性贪食症的利益。
- 通过回顾进展来结束第 1 阶段治疗。

这些干预措施将在第 4～10 次治疗中以任意顺序进行，其暂时适用性或适当性取决于家庭对第 1～3 次治疗的初始干预措施的反应。然而，为了澄清起见，我们分别概述了每种干预措施，尽管在实践中它们可能有相当程度的重叠。患者可能需要一系列的治疗来完成第 1 阶段，有时少则 2～3 次治疗，多则 10 次或更多次治疗。

收集患者的暴食/清除日志，并在每次治疗开始前称重

为什么

与前两次治疗一样，讨论过去一周的暴食 / 清除日志和给患者称

重是评估进展的重要机会。以这种方式监测进展很重要，就像监测体重是 AN 治疗中的首要任务一样。正如在 AN 治疗中，体重监测图为每次治疗定下了基调，暴食/清除日志也为 BN 患者的每次治疗定下基调。这也是继续与患者建立融洽关系的机会。因为治疗师鼓励父母在重建健康饮食方面发挥积极作用，这有时会违背青少年的意愿，所以第 1 阶段剩余部分的治疗可能会使治疗师和患者之间的关系变得紧张。因此，在这短暂的一对一互动中，对患者表现出同情心和平易近人的态度是有很大帮助的。在这些检查期，特别询问青少年是否有什么问题希望治疗师在治疗过程中提出，总是很有用的。治疗师通常对过去一周的情况进行一般性的询问。更具体地说，治疗师想要确保这几分钟给青少年一个机会，让他们谈论过去一周的事情，那些她不一定希望父母知道的事情。在大多数情况下，治疗师会将这种交流保密，除了自我伤害或伤害他人的例外情况。

　　重建健康饮食通常是一个多变的过程。在一个家庭中，父母可能很乐意承担起帮助女儿的任务，并相对迅速地弄清楚如何养成规律的饮食习惯，以及如何监控餐后时间以防止清除行为。在其他家庭中，父母可能会因各种各样的问题而难以更有效地处理当前的任务。例如，父母可能在团队合作上存在困难，他们可能会在预防暴食的最佳策略上存在分歧，或者如何最好地让他们的女儿知道，在用餐后 40 分钟内是不能使用厕所的。他们中的一方可能不会把出席用餐放在首位，或者双方都认为没必要在孩子的康复过程中"这样参与"。大多数情况下，父母都非常不愿意对抗 BN 孩子的强烈意愿，因为他们知道他们面临的是什么，也不想面对这种挑战。在某些情况下，父母中的一方可能会过度关注受疾病影响的孩子成就，而不愿意挑战其行为。例如，尽管教练过分强调了"最佳跑步"的"体重指导原则"，并鼓励运动员"如有必要"可以进行清除行为，但一位家长还是迫切希望她的女儿继续参加田径队。因此，减少暴食和清除行为的过程可能是相当多变的。然而，对于大多数病例，到第 5 次或第 6 次治疗时，应该能明显看到一种表明父母的努力开始成功的模式。如果在这一点上没有明显进展，治疗师应该考虑父母和青少年没有共同合作，父母没有实施干预措施的某些方面，或者是上述的某种问题阻碍了进展。

怎么做

治疗师通过收集暴食/清除日志和给患者称重来关注进食障碍症状的能力，并向父母和青少年传递了一个强有力的信息，即目前，这是治疗的重点。治疗师在每次治疗开始时，都会在图表上记录过去一周患者的暴食/清除频率，然后给患者称重。如果青少年在这些方面取得了进步，那么治疗师会祝贺她，并询问她认为这些进步是如何产生的。如果没有进展，治疗师会表示同情和关心，询问过去一周发生了什么，是否有什么特别的事情使得青少年和父母难以推动这一进程。一旦与其他家庭成员汇合，治疗师会把患者在暴食和清除方面的进展分享给父母；同样，也分享体重稳定方面的进展或不足。与父母分享这些信息的目的是，为了整合青少年报告的贪食症状与父母对这一周的印象。一旦整合了青少年和其父母对事件的报告，治疗师将在取得进展时祝贺他们，或在没有进展时表示同情。在治疗的早期阶段，治疗师应该继续指出，只要患者继续不规律地进食，她的身体状况就会一直不好，以及这种进食方式是如何维持暴食和清除行为的。父母经常从女儿的初期反应（经常吃饭，没有观察到暴食或清除行为）中过早得到安慰，并开始放松警惕。治疗师应该对此保持警惕，并继续密切关注患者的身体和精神状态，强调父母继续努力的紧迫性，以确保他们孩子的饮食确实已经正常化，并且明确戒除了暴食和清除行为。

对食物和饮食行为及其管理进行直接、定向、集中的治疗性讨论，直至饮食和称重行为正常化

为什么

如前所述，在治疗的第 1 阶段，父母面临的主要挑战是成功地重建他们女儿的健康饮食。虽然在一开始治疗师可能需要努力说服父母，他们需要积极参与，但在第 1 阶段剩余部分的治疗里，治疗师必须让父母聚焦于进食障碍的症状。父母可能会感到疲惫，或者患者可能会在最初报告说，她的暴食和清除行为明显减少，从而产生眼前的危机已经解除了的错觉。因为贪食症状可能变得棘手，并且继续面对可能会令人感到厌倦，治疗师和家庭都可能会过早地放松他们的努力。此外，共病问题，无论是抑郁、冲动行为或自残行为，也可能会分散注意力，让父母和治疗师将注意力从进食障碍上转移开。治疗师的挑战和任务是让每个人都聚焦于进食障碍的症状，并找到一种方法来处理这些共病症状。

管理 BN，包括父母对健康和均衡膳食的监管，以及对预防暴食和呕吐行为保持警惕。治疗师应鼓励患者在用餐时摄入适量的食物，并指导她确定正常膳食中应摄入的食物分量，以及在每次用餐时应摄入的食物分量。治疗师可能还必须提醒家长和患者，什么是均衡营养和健康的食物分量（这一点将在接下来的部分进行更多讨论）。

怎么做

父母对第 2 次治疗的常见反应是开始探索他们应该如何在帮助女儿方面施加更多的控制。然而，此时暴食和清除频率的变化可能还不明显。从第 2 次治疗开始，无论体重状况如何，治疗师都可以提供基本的饮食指导，并指导父母如何重建健康饮食。这是通过从家庭中

汲取大量但未被使用的有关什么是适合青少年的健康且均衡饮食的知识，以及他们对自己孩子的特殊理解来实现的。如果患有 BN 的孩子体重减轻，父母可能需要变得富有创造力，制作高能量密度的食物。虽然我们不鼓励讨论减肥策略或节食本身，但如果我们讨论到了这些，那我们讨论的目的应该是鼓励父母谈论均衡膳食的价值，而不是与女儿就不吃饭或从她的日常摄入中排除某些禁忌食物而陷入徒劳无益的争论。父母必须重新引入被禁止或"可怕"的食物，以建立均衡和营养的摄入标准。任何关于体重的提及都应该发生在维持患者健康体重的整体背景下；也就是说，通过每天均衡的三餐和点心来舒适地维持体重。人们普遍认为，通过这些方法达到的体重可以预防暴食的生理冲动。治疗师不应该从广泛适用于一般人群的标准或秤上的固定数字来看待健康体重，而应该更多地考虑特定患者的体重史和未来的健康维护。因为在青春期，体重是一个"移动目标"，治疗师应该避免设定具体的目标体重。反之，我们的目标应该是拥有健康的身体，据此来指导患者保持健康的体重，这通常会落在相对宽泛的数字范围内。提供具体的数字或目标体重会适得其反，而且往往会强化患者对体重和体形的强迫性或反刍性关注，而这些往往困扰着此类患者。

前两次治疗结束后，规律的饮食计划仍然是接下来几次治疗的重点，治疗师继续强调定期和营养均衡的食物摄入的必要性。治疗师必须坚持要求父母及其女儿持续关注健康饮食，直到他们确信患者在家中不再有贪食行为。

鼓励父母至少在最初阶段为患者供餐是很常见的做法，这可以帮助青少年学会多少量的食物是合适的。例如，父母可以告诉患者，一份适量的意大利面大概是一个人的手掌大小，或者一份肉大概是一副扑克牌那么大。许多患者会说，一旦他们开始吃东西，他们就不知道如何停止，并且对吃东西感到内疚，他们需要通过清除行为来消除摄入。这是父母参与的好时机。例如，父母可以创造性地寻找方法，帮助患者在餐后保持积极的参与，以防止清除行为。父母可以轮流陪患者散步，或坐下来看一部喜爱的电影，或参与一项爱好活动。

在更严重的情况下，治疗师可能不得不建议父母采取更严厉的措施，比如陪同青少年去洗手间（当然，在外面等候），就像进食障碍专科病房的护士所做的那样。同样，父母可能必须锁上厨房的橱柜，以防止患者暴食。这方面的努力还可能包括就饭后如何共度时光（如在电视上看喜爱的电影），如何监控上厕所的情况，以及（可能的话）是否锁上厨房的橱柜等问题上达成一致。这可能还包括拜访当地的药店，告知女儿滥用泻药的可能性，如果她想购买泻药，请联系他们。在这种情况下，父母可能不想向女儿透露他们的预防措施；如果父母提醒了药剂师并告诉了女儿，她可能会去另一家药店或通过其他方式获得泻药。只有在必要时才应采取所有这些遏制贪食行为的措施，并应非常谨慎地向患者强调，这些措施并非对疾病行为的惩罚。

与预防自我饥饿一样，治疗师的目的并不是规定父母应该如何进行。相反，目的是帮助父母了解这是一种严重的疾病，他们需要找到对他们和家庭有效的方法，以防止女儿暴食和清除。正如我们已经反复提到的，与治疗 AN 的一个重要区别是，在整个治疗过程中，寻求与青少年 BN 患者的合作至关重要。事实上，与 AN 患者的父母相比，BN 患者父母的工作可能会更容易一些，因为 BN 患者自我失调的特性（如果能控制自己症状的话，许多患者并不想暴食和清除，他们明确表示希望好转）更容易让青少年允许父母在其康复过程中发挥积极作用。

一旦对暴食/清除日志进行了解释和讨论，治疗师应该仔细回顾过去一周与进食有关的事件。家庭的饮食正常化策略应该成为讨论的重点，尤其是在症状没有明显改善的情况下。治疗师要求每位父母、患者和其兄弟姐妹描述过去一周的情况，以及他们是如何重建健康饮食的。治疗师应该阻止笼统的陈述，比如"这一周还行"或"这很困难"。相反，治疗师应该单独询问每位家庭成员，让其详细地描述吃饭时发生的事情。以前面提到的循环提问的方式，治疗师询问每位家庭成员，看看其他家庭成员是否也这样描述这些事件。任何不一致之处都应加以思考，并且治疗师应寻求澄清。治疗师应该能够对用餐时、餐后和每餐之间发生的事情构建出一个清晰的画面，以便治疗师可以在父母和青少年已经采取的措施中仔细选择那些应该被强化的以及应该被阻止的行为。治疗师应该利用这些初始阶段的治疗，仔细地帮助父母和患者了解健康饮食的知识，并阻止任何可能阻碍这一过程的行为。

处理一个急性问题，然后重新关注神经性贪食症

为什么

根据我们的经验，青少年 BN 患者常伴有多种共病情况。例如，与同时表现出抑郁、冲动或物质滥用症状的患者一起工作的情况并不少见。与 AN 的情况不同，除急性自杀外，其他共病无法战胜自我饥饿，而对 BN 的持续治疗焦点可能会因共病而偏离。虽然都应适当关注 AN 和 BN 的共病情况（如另一位团队同事负责抑郁治疗），但与 AN 相比，BN 共病的相对突出和更高频率使治疗师难以继续关注 BN 的进食障碍症状。通常需要对共病进行管理，治疗师应该持续评估进食障碍和共病之间的治疗平衡。

怎么做

治疗师应尽量将注意力集中在 BN 上，同时注意伴随而来的抑

郁、物质滥用或焦虑。尽管花费了大量的时间来处理进食障碍,但治疗师应该评估共病的严重程度,从而决定是否可以在 FBT 中处理这种情况,或者是否需要在本手册范围之外进行治疗。有时,治疗师可能不得不把大部分精力集中在解决抑郁或物质滥用问题上,然后再把注意力放在 BN 上。如果共病过于严重或侵袭性太强,以至于治疗无法集中在 BN 上,那么治疗师应将患者转诊到 FBT 以外的共病治疗。理想情况下,治疗团队的另一名成员应提供这种治疗。

讨论并支持父母在重建健康饮食方面的努力

为什么

为了使治疗有效,治疗师必须确保父母作为一个团队一起工作。这种团队合作是治疗中最重要的方面之一。父母在帮助女儿重新建立健康饮食方面的成功或失败通常可以直接归因于他们在此过程中是否有能力合作。因为治疗的目的是支持父母努力照顾他们的青少年,治疗师在此过程中提供帮助的能力是至关重要的。同时,治疗师可能会试图通过指导或过度控制重建健康饮食的过程来"接管"父母的角色。治疗师应该避免这种危险,因为治疗最终传递的信息是,家庭,而非治疗师,才是康复的主要资源。

怎么做

如果父母在如何进行方面存在分歧,治疗师将强调,尽管其理解和尊重父母可能会有不同的意见,就像许多夫妇一样,但他们不能在如何让女儿重建健康饮食的过程中存在分歧。因此,治疗师应该保持警惕,定期与父母核查,以确保他们"统一战线"。当仔细回顾他们在此过程中所做的努力时,如前所述,治疗师也会与青少年及其兄弟姐妹一起检查父母的合作情况。治疗师应强调将父母称作"权威团队",向他们、他们的女儿和其他孩子强调父母是实际的负责人。然而,在父母努力帮助孩子克服进食障碍的过程中,也应该尊重青少年作为合作者的角色。对一些父母来说,夫妻共同做决定可能是一个未知的领域。在治疗的早期阶段,治疗师应多次提醒父母双方,他们应该一起努力,在女儿的饮食问题上,他们应该"始终在同一页上,在同一行上,在同一个词上"。

讨论、支持并帮助家庭成员评估兄弟姐妹 为支持患者所做的努力

为什么

为了加强父母与子女之间健康的代际界限,并防止兄弟姐妹干扰父母的任务,治疗师应鼓励患者的兄弟姐妹始终如一地支持患者。兄弟姐妹和父母之间的健康界限,使父母当前的任务变得不那么困难,并为成功解决进食障碍和让一个健康的青少年进入成年早期奠定基础。

怎么做

与第 1 阶段这一部分的既定目标类似,治疗师应该始终鼓励兄弟姐妹不要干涉父母的任务,而是在整个治疗过程中支持他们的患病同胞。治疗师可能会对这些兄弟姐妹说:

"当你的父母尽一切努力与妹妹的疾病抗争,让她恢复健康时,妹妹会认为他们在干扰她,她需要能够告诉别人,她是多么不喜欢被告知该做什么。换句话说,你们必须在那里听她抱怨。"

与 AN 相比，BN 患者与其兄弟姐妹重新调整关系的过程可能没有 AN 那么困难，因为进食障碍通常导致患者与兄弟姐妹或同伴之间产生隔离，但这种情况在 AN 患者中更为典型。此外，与 AN 相比，将患有 BN 的青少年从与父母一方或双方过于亲密的关系中解脱出来可能会更容易一些，因为青少年的发展通常不会受到太大影响，而且患有 BN 的青少年往往具有相当程度的个体化或与父母的分离，并与兄弟姐妹或同龄人建立了联结。尽管如此，治疗师应该始终如一地监测兄弟姐妹是否在努力让其患病同胞参与他们的活动（如果合适的话），以及他们是否在父母参与她进食的过程中找到了支持她的方法。这种支持显然会因发病前兄弟姐妹之间的关系以及患者与其兄弟姐妹的年龄而有所不同。治疗师应鼓励兄弟姐妹对患者给予口头支持，并给患者机会表达父母"检查"她时的恼怒或沮丧。在某些情况下，青少年只有一个比她小得多的兄弟姐妹，或者她是独生子女。弟弟妹妹可能无法向患者提供言语安慰。这种情况，治疗师可以建议弟弟妹妹每天给姐姐几个拥抱，让她宽心，让她知道他们在努力提供安慰或支持。

当然，如果青少年没有兄弟姐妹，或者兄弟姐妹已经长大离家了，这个过程就会更加复杂。然后，治疗师应该仔细注意患有 BN 的青少年与同龄人之间的关系，或者在疾病发作之前可能存在的关系，以便治疗师可以帮助患者确定家庭之外合适的社交活动，在那里她可以与同龄人见面并共度时光。这里的目的和纳入兄弟姐妹的目的是一样的；也就是说，让青少年更融入她的年龄群体，并在这段时间里感受到支持。重申一个同样适用于 AN 的基本观点，即兄弟姐妹的工作与父母的工作并不重叠——治疗师协助父母努力帮助他们的青少年恢复健康的饮食习惯，而兄弟姐妹（或同龄人）的角色是在进食障碍的管理之外，提供健康、适龄的支持和活动。

继续修正父母的批判

为什么

父母对青少年及其进食障碍的批判，已被证实对家庭继续治疗的能力和治疗的最终结果产生负面影响。虽然这项研究主要关注 AN 患者，但我们的临床经验表明，父母的批判在 BN 患者中具有同等的后果。事实上，鉴于 BN 的症状特点（即暴食和清除行为），父母将疾病行为归咎于青少年自身的情况，通常比在 AN 中更常见。因此，解决父母的批判是非常重要的，这可能是由于父母对进食障碍的内疚或青少年与父母之间的不良关系。在这一阶段的治疗过程中，治疗师应该尽可能多地赞扬父母养育子女的积极之处，并持续努力将疾病与青少年区分开来，从而试图免除父母因为引起疾病而感到的责任感。

我们自己的一些研究（Eisler et al., 2000; Le Grange et al., 1992; Szmukler et al., 1985）表明，来自高度批判家庭的 AN 患者的预后可能比来自其他类型家庭的患者差。目前正在调查这种说法是否同样适用于 BN 患者（Hoste & Le Grange, 2006）。我们与有青少年 BN 患者的家庭的临床工作经验表明，他们发现自己陷入了与青少年 AN 患者的家庭类似的困境。事实上，BN 患者的父母可能会发现，与明显患有 AN 的青少年相比，与 BN 相关的症状更容易"招致"批判。因此，在青少年 BN 患者的家庭中，管理高度挑剔和（或）敌对的父母，与在 AN 患者家庭中一样重要。我们有一些 AN 研究的数据（Le Grange et al., 1992; Eisler et al., 2000）表明，这些家庭可能需要一种不同形式的家庭治疗——分离的家庭治疗。在这种治疗中，同一名治疗师分别与青少年及其父母见面。由于缺乏数据支持，我们只能在临床上谨慎地为极度批判家庭中的青少年 BN 患者提出类似的解决方案。事实上，我们在自己的临床工作中已经采取了这种方式。另一方面，我们有理由探索 FBT 中管理高度批判家庭的方法，如本手册前文所述。事实上，我们相信与高度批判型家庭进行建设性的合作是有可能的。

怎么做

由治疗师建立不加批判地接受患者的模型是一项关键的治疗任务。这种建模部分是通过将疾病外化来实现的；也就是说，如前所述，治疗师必须让父母相信，患者的大部分暴食和清除行为是她自身无法控制的，主要是由她的疾病造成的。简而言之，治疗师必须始终指出这样一个事实，即不能将患者与疾病等同起来。这种区分患者与疾病的做法，将有助于促进对患者行为的理解，减少父母对患者的批判。在这方面改变父母的行为可能是困难的，青少年 BN 患者的父母更有可能对暴食和清除等行为做出负面反应。例如，针对女儿的暴食行为，一些父母可能会说，"她让我们感到很困扰，我们努力准备她喜欢的食物，然后发现她试图把它扔进垃圾桶或在几分钟内狼吞虎咽"；或者"我们现在很绝望，因为只要我们转过身去 1 秒钟，她就会跑到洗手间把这些东西都吐掉"；又或者"我受够她了，我必须一天 24 小时盯着她，因为只要我让她离开我的视线，她就会上下楼梯锻炼身体或偷偷往书包里放泻药"。相比之下，AN 患者的饥饿可能更容易引起同情。

这三个父母反应的例子表明，贪食症状性行为被认为是患者的一部分——暗含的信息是"她有清除行为，所以她是一个坏孩子"。对这些话的另一种解读是，愤怒的父母在说："我已经尽力了，但看看我们的女儿是多么的虚伪或忘恩负义。"正如之前所指出的，父母的愤怒、沮丧或批判可能会产生有害的后果，破坏进食障碍的成功解决。治疗师可以通过几种方式帮助抵消这些评价的影响。首先，在治疗的早期阶段，可能最有效的方法是将疾病与青少年分离开来，并反复这样做，向父母证明（就像治疗师可能对父母说的那样）：

"我们认为这种疾病已经进入了你女儿的生活，并且在食物、进食、体重方面占据了她的感受、想法和行为。正是进食障碍让你的女儿做出了一些你从未见过的行为。我相信，你的女儿是一个好孩子，不会对你撒谎，或者做出欺骗的行为，比如偷偷呕吐。然而，这种疾病极其强大，它已经在很多方面影响了她的行为。当她有暴食冲动时，你看到冰箱里的食物不见了，是神经性贪食症起了巨大的作用，也是神经性贪食症让她呕吐，让她对自己的暴食感到自责和内疚。"

其次，在随后的会议中，当治疗师想要明确区分挣扎的青少年的两个部分时，治疗师应该始终将症状性行为称为"这就是疾病"或"这是神经性贪食症在说话"，"我想知道你女儿健康的那部分可能在想什么"或"我确信如果是你女儿的健康部分在掌控，那么……"再次，在整个治疗过程中的每个关键时刻，当父母说出一些实际上将患者与疾病联系起来的话时，治疗师应该尽一切努力修正他们，例如：

"我知道你非常关心你的女儿，尤其是当你看到她表现出令你震惊或不赞成的行为时。然而，重要的是我们要记住，是神经性贪食症在控制着她，是神经性贪食症影响了她的行为。因此，我们都必须非常努力地帮助她减少这种疾病的影响，让她健康的一面重新绽放。"

在指导父母度过该困难时期时，治疗师应该记住，每个家庭有不同的养育方式和不同的环境，所有这些都会影响此过程的进行。

继续区分患者和神经性贪食症的利益

为什么

正如在第 1 次治疗中讨论的那样,很重要的一点是,治疗师和家庭成员要牢记他们正在努力对抗 BN 的影响,而不是对抗一个正在发育的青少年的独立思考和意志。如果治疗师在这一阶段未能将这种区别作为治疗的重点,那么其与患者建立联盟的希望将大大减弱,而患者对治疗的抵触将增强。同样,当青少年出现贪食行为时,父母也很难不把她当成一个"坏"孩子,而不是把她的症状归咎于 BN。

怎么做

在第 1 次治疗中已经详细描述了这种干预措施。随着第 1 阶段治疗的继续,治疗师可能会强调需要认识到患者的健康部分安全地承担着更多的进食努力。治疗师可以通过说一些诸如以下的话来培养这种认识:

"在我看来,你的父母声称,你健康的那部分在吃饭的时候更'可靠',因此你设法把食物咽下去,你更有兴趣自己对抗神经性贪食症。"

或者,治疗师可能会问:

"随着你的进步,你正在重新掌控更多的生活。你有没有注意到,你的思维不再那么被食物和体重占据了?"

每次治疗至少应该留有一部分时间用于观察、提问和评估。

通过回顾进展来结束第1阶段治疗

与前两次治疗的情况一样，在这一阶段剩余部分的治疗，主治疗师应继续与团队的其他成员一起回顾每次治疗。在每次治疗结束时，主治疗师应向治疗和咨询团队传达以下信息：父母帮助青少年遵守规律进食计划的能力；暴食或清除行为频率的任何变化、体重变化（如果适用）、新的诊断问题（如焦虑、抑郁、自杀倾向），以及家庭在疾病方面的整体进展感受；还应讨论团队成员之间的任何问题，如医疗团队没有将进展或顾虑告知家长。

第1阶段剩余部分的疑难问题解答

💡 应向家长询问有关这一周进展的哪些细节？

在治疗第1阶段的早期，且在治疗师对患者的暴食和清除行为（以及体重，如果患者的体重正在下降或波动很大）进行回顾后，治疗师应该始终让父母和青少年详细回顾过去一周的情况。治疗师可能会说：

"你们能具体地告诉我，你们这周在帮助女儿吃健康三餐方面的进展情况吗？在此过程中，我希望你能具体地告诉我，你们是如何合作的，你们是如何做出食物决定的，你们是如何让女儿参与进来的，以及你们是如何试图帮助她避免暴食或清除的。"

治疗师可能会频繁打断父母，试图对此过程有一个确切的了解。父母可能会说："我们准备了一些鸡肉和蔬菜……"治疗师可能会打断他，"这顿饭是谁决定的，你们是怎么决定的，你们是怎么确定健康分量的，还有……"治疗师会仔细检查任何不一致的地方，并试图澄清父母和青少年在回忆过去一周的事件时的任何差异。治疗师会非常仔细地记录父母采取的那些可能被认为对女儿没有帮助的步骤。同样，治疗师也会想要记录下父母和孩子所做的那些有回报的步骤，并一定要表扬他们并强化他们的努力。在此过程中，治疗师会强调父母的优势和育儿技巧，并鼓励他们深入挖掘自己的知识储备，了解如何养育孩子，以及如何帮助一个努力在健康饮食和体重/外貌问题之间寻找平衡的人。同样重要的是，作为某种"少数派"合作伙伴，听听青少年对自己与 BN 斗争的看法。我们已经提到，与 AN 相比，这种治疗需要更多的合作，而这些围绕每周计划的讨论正是我们希望在康复过程中寻求青少年合作的时间点。此外，如前所述，每个家庭都必须在这个过程中找出最适合自己的方法来帮助女儿。

💡 如果父母没有"统一战线"，对治疗策略有分歧该怎么办？

例如，如果父母一方说他们已经习惯在晚餐后把食物都收起来，但另一方不同意这种策略，认为他们的女儿应该学会控制周围食物或零食的摄入，那么治疗师应该与父母探讨这种策略上的差异。对父母来说，始终就治疗的要素达成一致是非常重要的，无论是关于食物/零食放在身边，吃饭时间和吃的量，防止清除的策略，还是参加体育运动或任何其他可能干扰父母帮助女儿的活动。只有当父母在这些问题上建立了共识，他们才能形成统一战线，然后在一个稳固的位置上征求青少年的意见。理想情况下，如果青少年发现父母提议的关于零食的策略是有用的，并且表示同意，那将会很有帮助。如果青少年不同意，那么父母保留以他们一致同意的最佳方式前进的权利。

💡 如果贪食行为得到遏制，但尚未完全消失，而进展出现停滞，该怎么办？

有的患者在一开始反应良好，表现出饮食改善，暴食和清除行为减少。然而，在某个时候——有时是因为父母误以为危机已经过去而放松了警惕，症状行为的改善停滞了。过了一段时间，症状可能会重新出现，并在某些情况下变成周期性的。治疗师应该探索症状重新出现的原因，并评估可以采取的措施来阻止它们，防止它们再次出现。治疗师还应该利用这个机会制造"第二次危机"，以再次动员父母加大努力来帮助他们的女儿。注意，这点往往会很有帮助，比如：

"虽然看起来你们的女儿似乎已经脱离危险了，但事实并非如此。如果她不能继续康复，她的贪食行为可能会变成慢性的，这可能会导致牙齿脱落、肾衰竭、心脏问题、严重的电解质紊乱，甚至死亡。"

从患者的角度来看，随着她开始以更健康的方式进食并减少了贪食症状，可能会感到失落，但不像患有 AN 的青少年那样明显。正如我们所提到的，青少年 BN 患者似乎更加自我失调，虽然我们不应该低估这种失落感，但它可能不像 AN 患者的典型情况那样严重，AN 患者往往带着成就感，坚持他们的症状，且经常认为自己和进食障碍是一体的。

💡 如果患者的行为变得更加具有欺骗性该怎么办？

父母通常很难接受自己的女儿会有欺骗性的行为，比如偷偷跑到洗手间呕吐，或者购买并隐藏泻药或利尿剂。在本章的前面，我们详细地提到了将疾病与青少年分开的重要性。当在治疗过程中报告贪食行为或家庭在治疗过程中首次发现此类行为时，这实际上为治疗师提供了一个理想的机会，以非批判的方式探索这些行为。例如，当治疗师发现患者一直在卧室里藏泻药时，其可以冷静地与患者共情，说道：

"你一定非常害怕暴食的后果，所以你的疾病让你不得不采取如此极端的努力来解决你对体重的担忧。这对你来说，一定是一场可怕的斗争。"

在与家庭其他成员的交流中，治疗师应该清楚地向患者表明，治疗师真的理解她围绕这些问题的焦虑和内疚，同时向父母表明，不要采取愤怒的回应，而要对女儿表示同情。例如，治疗师可以在转向患者的同时，对家属说：

"我今天再次意识到，你们的女儿是多么害怕被察觉到体重增加，尽管会付出代价，但她只能把自己的神经性贪食症视为一条出路，而这种疾病让她对自己的体重如此焦虑，以至于她把泻药藏在卧室里，这样她就可以在进食后有一条'出路'来避免体重的增加。"

面对父母，治疗师应该补充道：

"你们的女儿显然处在困境中，对这类行为没有多少控制力，你们必须想办法帮助她走出困境，这样我们就可以减少这种疾病的影响。"

这段话语清楚地说明了治疗师在帮助家长疏导的同时，如何对患者表现出同情和理解。他们对疾病而不是对女儿感到沮丧，并坚持要对这些行为建立控制。

💡 如何管理一个过于干涉的团队成员？

正如我们之前所述，组建一个多学科团队来管理进食障碍非常重要。然而，同样重要的是，团队在青少年的治疗方面要"在同一条战线上，在同一阵营里"，就像我们向父母强调这一点一样。有时，可能会发生这样的情况：团队中的某位成员倾向于自行行动，而不考虑主治疗师提出的整体计划。这尤其容易发生在没有多少团队成员合作经验或之前没有共事过的同事身上。因此，如前所述，主治疗师定期提醒其他团队成员总体的治疗目标和理念，以及家庭在治疗方面的进展是非常重要的。团队成员之间的适当沟通，与治疗师努力促使父母合作同样重要。

💡 如何应对并发症和自杀或自伤行为？

患有 BN 的青少年出现严重抑郁或表现出人格障碍早期迹象的情况并不罕见。事实上，这种性质的共病在这类患者中相当普遍。以下仅为治疗师可能遇到的两种情况，这两种情况都令人苦恼，而且往往比青少年的贪食行为给父母带来更大的痛苦。治疗师面临的特殊挑战是，立即且适当地处理这些共病情况，评估这些症状与进食障碍的关系，并在临床上合适且可行时尽快回到对 BN 的讨论中。

有自杀倾向的患者。在美国，自杀是导致青少年死亡的一个主要原因。自杀行为需要被认真对待，并作为紧急情况加以处理。当患者有自杀倾向时，不可能继续将进食障碍问题作为导致发病和潜在死亡的原因。只有在自杀行为的急性情况消退后，家庭和患者才能继续接受 BN 的 FBT。

自伤行为。BN 患者也可能出现非致死性、非自杀意图的自我伤害行为。就像贪食行为（也是自伤行为）的情况一样，治疗师不要因这些行为而偏离轨道，这一点很重要。这些症状性行为可能一直是患者表现的一部分，或者更常见的是，在父母或专业人士对其不规律进食行为提出挑战时出现。这些类型的行为可能包括：切割或刮擦身体的某些部位，摩擦、抠、拔头发，捏等。这些行为本身无意危及生命；相反，这些行为是自伤性的，其目的可能是自我惩罚、缓解焦虑、解离或仪式化。有时，这些行为会升级到危及生命的程度，但大多数情况下不会。然而，这些行为会让父母极度不安，有时也会让治疗师感到不安。我们把这些类型的行为视为家庭整体沟通模式的一部分，就像失调的饮食一样，是更有效沟通的替代品。因此，只要这些行为保持在中等或较低的水平，我们就根据本书描述的模型进行治疗，重点放在最有可能造成最大伤害的进食障碍行为上。如果这些行为持续存在，它们可能在治疗的第 3 阶段成为更多被关注的焦点。在第 3 阶段，当问题进食行为显著减少后，可能会积极探讨一些潜在的冲突。如果这些行为确实升级，并成为比进食障碍更大的危害，那么它们可能确实需要成为治疗的重点。

父母的病理性心理如何干扰这种治疗？

从我们目前的介绍可以清楚地看到，为了在这种治疗中取得成功，父母需要付出大量的努力和毅力。不可避免的是，一些家长在接受治疗时可能会遇到自己的困难，如焦虑或心境障碍，这可能会使他们在治疗过程中无法保持注意力和精力。治疗师可以缓解这种情况对父母影响的一种方法是，为特定的父母提供个体支持。例如，当有抑郁症病史的父母一方来接受治疗时，确保另一位专业人士已经对其进行了心理治疗和（或）药物支持的评估，这可能会有所帮助。另一种方法是，承认这些情况可能会妨碍父母帮助青少年的努力，并鼓励父母之间找到一种相互支持的方法。虽然我们在几个关键时刻强调了父母作为一个团队合作并就帮助子女的策略达成一致是多么重要，但这一原则并不一定意味着父母双方总是需要同样努力地参与这一过程。父母应该基于自己的能力范围，找到最佳的方式来鼓励女儿健康饮食，并防止她暴食和清除。在此过程中，健康的一方可以不时地减轻痛苦的一方的负担，这是非常可行的，只要他们总是就如何在他们之间进行权衡达成一致。最后，我们之前谈到了（外）祖父母，他们在某些情况下可能会有所帮助。如果（外）祖父母有空，治疗师和父母觉得他们可以不时地成为身体不适或疲惫的父母的一个良好替代，那么就应该安排（外）祖父母在治疗过程中帮忙。详见后文对（外）祖父母的进一步讨论。

💡 治疗师如何管理高度批判或敌对的家庭？

我们的临床经验表明，以非批判的方式接受患者及其症状，并坚持不懈地将疾病与患有疾病的青少年分开，是治疗上应对父母对青少年批判的最有帮助的方法。除了塑造非批判性的行为之外，治疗师也不会忽视针对患者或有关患者的批判性评论，尽管对患者或其症状的微妙指责可能会被忽视。治疗师必须注意到这些评论，并帮助父母理解，是疾病让女儿抵制他们的努力、隐藏食物、过度运动、让自己呕吐等。换句话说，类似于早期将疾病外化的策略，治疗师应该尝试帮助父母理解，患者的大部分行为都是其自身无法控制的。这可能需要治疗师保持相当的冷静。

一旦患者和家庭取得了一些成功，治疗师必须确定批判对患者取得的进展或缺乏进展的影响，这一点很重要。这项任务要求治疗师在不变得批判或敌对的情况下识别出批判和敌意的问题。通常，这些家庭对此类批判非常敏感；事实上，一些家庭有过在之前的治疗师"指责"他们批判青少年后，就会终止治疗的历史。因此，治疗师应该在不评判父母的情况下识别出这些问题，然后问他们是否愿意探索这些问题。治疗师引导父母深入了解问题，直到找到阻碍进一步进展的批判和敌意的核心问题。

如果正在检查的批判性评论发生的环境既具体又有限制，这将很有帮助。例如，这名青少年说，在与某位家长发生争吵后，她暴食清除了几次。这个具体的例子可以作为与这位家长互动质量（批判性）影响的示例。与此同时，治疗师会聚焦在该示例上，不会主动将敌意或批判解读为贪食行为的原因，而是鼓励家庭成员看到互动对进食行为的影响。接下来，很重要的一点是，治疗师要求家属找出可以处理这种敌意互动的其他方式。在整个交流过程中，治疗师必须小心地应对批判的问题，同时不要让自己变得批判性。

在处理这些问题的过程中，治疗师可能需要请求不那么具有批判性的父母协助处理这些问题。作为更批判性的父母的资源和盟友，不那么批判性的父母通常可以与其伴侣一起找到减少批判性评论的方法。换句话说，治疗师要鼓励父母在整个艰难的过程中支持彼此的努力。负担过重的父母可能会因为对患者更具批判性而表现出疲惫和沮丧，所以治疗师要鼓励更有活力、可能不那么挑剔的父母找到方法，来支持伴侣完成应对疾病的艰难任务。

💡（外）祖父母应该参与进来吗？

虽然一些家庭与祖父母或外祖父母住得很近，但我们发现有少部分患有 BN 的青少年会与（外）祖父母共度大量时间。例如，在放学后和（外）祖父母待在一起，直到父母下班回家——虽然这种情况可能更常见于青少年 AN 患者中，他们与家庭的独立性较差。显而易见的问题是,(外)祖父母是否应该以及如何参与青少年的康复过程。考虑到大多数青少年 BN 患者相对于同龄人的发展状况,不太适合让(外)祖父母参与孙子(外孙)或孙女(外孙女)的治疗。可能有两个例外。首先,如果(外)祖父母与青春期的患者及其父母同住,那么首先应该向家人了解,(外)祖父母在患者日常照顾方面的参与程度。如果有相当多的时间是在(外)祖父母的陪伴下度过的,那么治疗师可能会希望(外)祖父母参加一两次家庭治疗。当父母无法按照治疗师在最初与家人见面时所概述的方式出现时,(外)祖父母的参与尤为重要。然而,大多数情况下,治疗师应该专注于鼓励父母,以使治疗成为他们自己和女儿之间的合作体验。

(外)祖父母可能参与的第二种情况是单亲家庭,因为在这个可能使人筋疲力尽的过程中,有其他负责任的成年人协助父母是至关重要的。在任何一种情况下,治疗师都应该密切关注青少年的发展状况,并确保在治疗中继续采取合作的方式——父母、青少年、(外)祖父母共同努力,帮助青少年克服暴食和清除行为。因此,很明显,治疗师应该仔细评估:① 青少年通常与(外)祖父母在一起的时间;②(外)祖父母对进食障碍的理解,以及他们像父母一样成功地监督饮食和帮助青少年努力不去清除的能力;③ 父母可能经历的疲惫程度,以及他们偶尔需要他人解救的需求。

💡 如果治疗师被父母弄得精疲力竭该怎么办?

就像父母可能在治疗过程中表现出疲惫的迹象一样,治疗师也很有可能在没有进展或进展甚微的情况下变得疲惫不堪,特别是如果治疗师已经无法动员父母,或无法让父母深刻认识到他们作为一个团队一起工作的重要性。只能提醒治疗师这样一个事实:尽管我们希望这种治疗是相对短暂的,但对一些青少年来说,BN 仍然是一场长期的斗争，在进食障碍行为的转折点到来之前，家庭和治疗师的能力都可能受到严峻的考验。对治疗师来说，对自己的挫败感保持警惕可能会有所帮助，这样它们就不会蔓延到治疗过程中。定期与同辈进行督导，可能也有助于为治疗师提供一个表达这种沮丧的机会，并讨论如何最好地进行治疗。

在进食障碍的治疗中，也许比其他任何精神障碍都更甚，治疗师可能会感到自己的工作通过每周体重记录、暴食或清除行为的频率计数，以非常具体的方式被评估。治疗师可能会觉得自己与患者及其家人的工作，就像是通过对这些症状行为的描述，以一种视觉的方式来展现。重要的是，治疗师不应将患者的贪食症状视为对治疗失败的个人控诉。这样的反应只会削弱治疗师有效实施这种标准化治疗的能力。在这种情况下，治疗师应考虑如何以不同的方式进行治疗，以使父母能够找到解决女儿进食困难的方法。换句话说，需要考虑的问题是，"是什么阻碍了父母在重建女儿健康饮食的任务上取得进展？"我们的经验表明，这些家庭更有可能觉得他们自己，或者更糟糕的是，他们的女儿，没有成功地完成这项任务，而不是责怪治疗师"无能"。当然，家庭的自我批判倾向不应该被用来免除治疗师在创造正确的治疗环境方面存在的任何无能，在正确的治疗环境中，父母应被动员起来承担解决孩子贪食症状的艰巨任务。

第1阶段治疗结束，向第2阶段治疗过渡

第3～10次治疗的主要焦点是仔细审查父母作为统一战线的团队在以下方面的表现：重建健康饮食，维持健康的体重，控制暴食和清除行为，父母对患者困境的支持，以及加强兄弟姐妹对患者挣扎的同情和理解。家庭准备进入第2阶段治疗的第一个迹象可能是，在非

食物相关领域的焦虑和紧张明显减轻。然而，对暴食和清除行为的控制，是治疗师评估家庭是否准备好进入下一治疗阶段的主要标准。因此，只有当这些目标实现，并且父母有信心孩子会继续进步时，治疗才会进入第 2 阶段。许多患者可能不需要完成完整的 10 次治疗就可以完成这一阶段，而其他患者可能会在这一阶段继续治疗更长时间。

第 9 章

第 1 阶段剩余部分的治疗行动

本章提供了一个典型的第 1 阶段剩余部分的治疗实例。首先，简要介绍患者及其家人的背景。根据与这部分治疗类似的具体干预措施，会谈被分为不同的部分。此外，随着会谈的展开，会谈对话中增加了解释性注释，以突出治疗师心中的目标。

这部分治疗有四个目标：
- 将治疗重点放在进食障碍上，并单独处理共病。
- 帮助父母负责重建健康的饮食习惯。
- 指导父母采取减少暴食和清除行为的策略。
- 动员兄弟姐妹支持患者。

为了实现这些主要目标，在第 1 阶段剩余部分的治疗里，治疗师可以考虑以下干预措施。需要注意的是，不仅在第 1 阶段的会谈之间，而且在每次会谈内，来回切换这些干预措施是非常常见的。
- 收集患者的暴食／清除日志，并在每次治疗开始前称重。
- 对食物和饮食行为及其管理进行直接、定向、集中的治疗性讨论，直至饮食和称重行为正常化。
- 处理一个急性问题（如一个共病问题），然后重新关注神经性贪食症。
- 讨论并支持父母在重建健康饮食方面的努力。
- 讨论、支持并帮助家庭成员评估兄弟姐妹为支持患者所做的努力。
- 继续修正父母和兄弟姐妹的批判。
- 继续区分患者和神经性贪食症的利益。
- 通过回顾进展来结束第 1 阶段治疗。

临 床 背 景

吉尔是一名 18 岁的白种人女性,被诊断为 BN。她的身高是 64.25 英寸(约 1.63 米),体重是 118 磅(约 53.5 千克),BMI 是 20.1 kg/m²。她和父母住在家里。她还有一个哥哥,在外地上大学。吉尔因 5 个月前开始的贪食症状而到诊所就诊,她报告在过去 4 周内暴食了一次,在同一时间内催吐了两次。吉尔未报告使用泻药、利尿剂或减肥药,但在过去一个月里,她进行了大约每周一次的补偿性运动,包括跑步和其他有氧运动,每次超过 2 小时。她报告说,她觉得必须通过锻炼来燃烧卡路里。吉尔在过去 3 个月里少了 1 个月经周期,而且没有口服避孕药。她否认有因进食障碍导致的任何功能损伤。患者未出现并发症。

收集患者的暴食/清除日志,并在每次治疗开始前称重

治疗开始时,治疗师带患者到办公室为其称量体重,并询问她在过去 7 天内有多少次暴食和清除行为。该患者小心地保存自己的日志,并与治疗师分享这些信息。治疗师在患者的治疗图表上记录频

率，之后将与患者父母进行核对，以获得他们的观点。现在，治疗已经顺利进行，与大多数 AN 案例不同，我们可以合理地期望青少年和治疗师之间有更多的治疗关系。因此，与患者谈论过去一周发生的事件的时间相对较长，约 10 分钟。在这段时间里，治疗师会检查青少年对过去一周的进展有何感受，以及是否有任何问题她希望在召集父母参加治疗之前讨论。

对食物和饮食行为及其管理进行直接、定向、集中的治疗性讨论，直至饮食和称重行为正常化

治疗师： 我们有两周没见了。

父亲： 是的。

治疗师： 也许一个好的开始是查看吉尔的暴食／清除日志，只是为了向你们展示，她的暴食和清除行为仍然没有出现，她的体重几乎没有变化，在 122 磅左右（约 55.3 千克）。你们有机会看过吗？

父亲： 我们讨论了一会儿。

治疗师： 是吗？

母亲： 是的，我们谈了很多。当然，我一直在说："你把日志填好了吗？你把日志填好了吗？"上次我觉得你有点不耐烦地说，"填了，妈妈。"

吉尔： 你问了好多次了。

治疗师： 所以，你们已经更加一致地说，"你需要定期填写你的日志？"

父亲： 不是我，我没有，因为我还没有问她。但有几次我问她（母亲），我们有没有问过她，然后她（母亲）就问了她。

母亲： 嗯，我想一开始我们有点不愿意问她。我也不知道为什么，

	可能是我们不想说出来吧。但在过去的几周，我们更愿意开诚布公地谈这件事了，只是为了确保她填写了她的日志。
治疗师：	我想我们上次讲过这可能是件好事；我知道，肯尼先生，你说过，到了晚上，她会知道她必须把日志填好，这样做是有帮助的。（转向吉尔）那你感觉怎么样？
吉尔：	挺好的。
治疗师：	所以，看起来在整整两周内没有任何暴食和清除行为。为了让大家达成共识，你们同意吗？或者，你们对进食障碍有一些怀疑，认为吉尔没有报告所有的暴食和清除行为？
父亲：	实际上，我认为这次没有；我认为这次报告得很准确。
母亲：	是的，我也是。我认为它是准确的。她最近真的很忙，因为她快毕业了。有很多活动让我们都忙得不可开交，比如参加舞会，这些让她很忙。
治疗师：	当然。
母亲：	所以，我认为这次很准确。
治疗师：	太好了。你有没有过想要暴食或清除，但又忍住了的时候？
吉尔：	没有。
治疗师：	没有吗？
吉尔：	不太有，没有。
治疗师：	好的，听起来让自己忙碌真的很有帮助。
父亲：	我只是有一个问题。当我们谈到来这里的时候，她说现在又是零了，我说太好了。我当时心里就琢磨，我后来也跟她说了，我想知道这件事会不会就是那么个情况，我不想称之为风气或阶段，但是不是一种当它开始时，学校里很多孩子开始这样做了——"每个人都在做"的事情，只是为了减肥，她经历了这个阶段，也许她意识到这是有害的，现在她已经

聪明到不会这么做了，她克服了这个问题，知道不能这样做了。我不确定这种推测是否靠谱。

治疗师： 你对爸爸说的怎么看？

吉尔： 是的，我觉得学校里没人会说，"嘿，我们一起减肥吧"，但是……

父亲： 你问过那些女孩有没有……吗？

吉尔： 没有，我永远不会这么问。

父亲： 我在想，是不是女孩们聚在一起，一个女孩说："嘿，我这么做是为了减肥。"下一个人说，"也许我也会这样做。"接下来可能会有一部分女孩都在用这种特殊的方式来减肥。

治疗师： 好像有传染效应似的？

父亲： 是的，在某种程度上，当她们意识到——我不在乎她们，当吉尔意识到这可能造成的伤害时，她就会聪明地知道，"我不会再这么做了。"然后，她就会聪明地说，"我不会再这么做了，就这样。"那个小家伙，神经性贪食症，你说过它还会在那里的，但也许它比我想象的要弱小。

治疗师： 是的，我认为你的话很有说服力。它仍然会在那里，特别是在有压力的时候，它会抬起丑陋的小脑袋。即使听起来神经性贪食症的有害副作用已经触动了你内心深处，吉尔，我认为这很大一部分甚至发生在治疗之前，当你想着要去上大学，把精力集中在那里，而不让神经性贪食症围绕着你，现在需要摆脱它，但它仍然可能非常狡猾地悄悄逼近你。我觉得你没有发生任何暴食或清除行为是很棒的，但我也认为神经性贪食症仍然存在。这就是你们发挥作用的地方（转向父母），真正帮助到了她，所以她没有机会走上进食障碍的道路。我想我们可以谈谈你们作为一体，为帮助吉尔尽量减少她摆脱食物的机会所做的一切。你们能谈谈我们上次谈到的食物问题吗，那些被禁止的食物，那些更难处理的食物？

母亲： 嗯，你知道，一开始我们做了很多活动。我想，由于一开始贪食症状的严重程度，我们真的需要离开家，花几个小时做些事情。然后，我开始带她去商店，这样我们就可以一起选择食物。我们现在尽量减少这种活动，但我认为我们总是意识到要让她积极参与。例如，最近几个晚上我说，"你想和我一起散步吗？"因为有时我晚上会散步，她就会来。她不喜欢走路，就会去滑旱冰。现在，我们更专注于运动的作用，而不是试图让她忘记正在做的事情。但是，就像我上次说的，我确实会去商店，我仍然会有意识地购买食物。我觉得我不应该买某些食物，但我一直认为她需要学会如何把食物放在身边（而不是吃光），我认为她已经学会了。上次我去商店的时候，我确实买了饼干。

父亲： 是的，她确实买了——饼干一直在它们的固定位置。它们没有被移动，除非我把它们移开。我是说，它们还是在同一个地方，我们仍然把饼干放在同一个地方。

母亲： 我注意到了，我想这些都是我们注意到的。我已经把饼干放在橱柜里了，我们可以看到它们在逐渐减少，但是……

父亲： ……减少得很少。

母亲： 是的，很少，一周多都没吃完，但有几次，只有一两天过去了，饼干就没了，我想知道是否……

治疗师： 你会怀疑，想，"我想知道所有的饼干都去哪了""我想知道进食障碍是不是……"

母亲： 没错。

治疗师： 算是吧，谁拿了饼干？

母亲： 但我肯定，在过去的两周里，它们没有消失。或者，即使饼干没了，那也是……（指着丈夫）

治疗师： 不，不用担心（试着让父母感觉好点，因为当母亲指出他是"吃饼干的人"时，他看起来很尴尬）。

讨论并支持父母在重建健康饮食方面的努力

治疗师： （对吉尔）嗯，我想谈谈触发食物的问题，因为上周我们讨论了很多关于你们所有人都不应该把这些食物带到家里，因为它们对吉尔来说可能是具有挑战性的触发食物。上周我们离开的时候，你觉得很生气，比如"为什么我们不能直接把这些食物带回家呢？"我想知道，在过去的两周，当妈妈带你去商店的时候，你是怎么想的，你是否有一部分，进食障碍的那一面会说，"不，不要把那些食物带进家里。为什么我们不吃胡萝卜或芹菜之类让人感觉更安全的食物呢？"

吉尔： 不，我并不介意。

母亲： 但是你没有……记得吗，两个月前，我会买冰淇淋，每天晚上我都看到她吃冰淇淋。嗯，我们都对冰淇淋情有独钟。或者，我会买雪糕，同样我会想，"好吧，我们应该买一些零食"，我不会买很多，但我会买一点冰淇淋或饼干，我们买了同样的一包。我买了一包那种薄的小雪糕，我想我们已经有差不多一个月的时间了。嗯，你（对父亲）昨晚吃了一个。

父亲： 我吃了一个。

母亲： 我也吃了一个。所以，我能看到食物就在那里，而她并没有暴食，她可能只是吃了一点。

治疗师： （对吉尔）这就是我想让你吃的东西，所以你的父母有机会帮

	助你适量地吃这种食物。
吉尔：	我自己能行。
治疗师：	你自己能做到吗？好的，那我们就来谈谈你吃冰淇淋的那些时候。
吉尔：	我昨晚吃了一个雪糕。
母亲：	是吗？
吉尔：	晚餐后，对，就是你们吃晚餐的时候。
母亲：	好的。
父亲：	你曾经一次吃过两三个吗？
吉尔：	没有。
父亲：	我也是。
治疗师：	你们有共同点（开玩笑地说）。
父亲：	我也想知道，我们总是在谈论暴食／清除，暴食／清除。如果你真的暴食了，你可能会想，"我吃了它，我不打算清除，但我有了这些卡路里，所以我要通过运动消耗它。"
治疗师：	我一定要提出来。我知道，肯尼夫人，你也说过你觉得运动开始起到消耗卡路里的作用了，是这样吗？
母亲：	不，我不这么认为。
治疗师：	不是吗？好的。
母亲：	我想我们是一个运动型的家庭。嗯，我想大多数美国家庭都做运动，所以我不知道它是否起到了这个作用。我只知道，刚开始的时候，我去锻炼的时候，我一般不会叫她跟我一起去。最近几个月，我有时会说，"你想走走吗，要不要去？"还是那句话，她去不是为了代替清除，我觉得她去是为了摆脱疾病。
治疗师：	好的。（转向吉尔）我只是想知道进食障碍是否让你想，"好吧，我不会再清除了，但我要用另一种方式消耗食物热量？"

吉尔：	哦，不，我喜欢溜旱冰。
母亲：	不……
治疗师：	好吧，那很有趣？所以，这对你来说改变了一点？因为我知道以前你和我们的评估员一起做评估的时候，你谈到了你是如何打垒球的，因为过去你真的很喜欢打垒球，你是为了团队而打垒球，然后你更关注的是卡路里——"我燃烧了多少卡路里"，这感觉不一样吗？
吉尔：	是的，我是说……
母亲：	嗯，那绝对不一样。我想在1月和2月的时候，每天你都去约翰家举重，记得吗？
吉尔：	对。
母亲：	我想那是疾病最严重的时候。我没有意识到她经常运动，但我想那是她"我必须要消耗这些热量"的时候。我想她是一个无论如何都会锻炼的女孩，只是为了保持健康和控制体重，但我觉得这不是一件坏事。
治疗师：	你说控制体重，是什么意思？
母亲：	嗯，我的意思是，我觉得需要运动来保持健康和减轻体重，这没什么不好。
治疗师：	我想知道你们（父母）是否讨论过，对吉尔来说，你们觉得什么体重是合适的，以及她自己觉得什么体重是合适的？
母亲：	我们一开始谈过，记得吗？
吉尔：	很久以前？
母亲：	当这一切开始时，我们去看第一个医生时，她只有116磅（约52.6千克）。我记得医生说她以前来的时候——我想是秋天或春天的时候，她有126或125磅（约57.2或56.7千克），我没有意识到她已经瘦了10磅（约4.5千克）。这让我很担

心，我问她："你觉得自己胖吗？"你当时确实是这样认为的，记得吗？

吉尔： 对。

母亲： 但我认为她不再有那种感觉了。

吉尔： 是的。

母亲： 我担心是因为她的体重确实增加了 4～5 磅（1.8～2.3 千克），这可能是她需要的，而且她看起来很舒服。

继续区分患者和神经性贪食症的利益

母亲倾向于为吉尔说话，治疗师需要和这个青少年核实一下，看看她是否有母亲描述的那种感觉。这是很重要的，尤其是在治疗的这个节点，允许青少年有自己的声音，并与她确认她认为治疗进展如何。

治疗师： 现在这些都能引起你的共鸣吗？

吉尔： 对。

治疗师： 有时我知道神经性贪食症患者非常不愿意放弃他们的症状，即使他们知道这些症状是有害的，因为他们非常害怕自己会增加过多的体重。即使他们知道所有这些症状对他们来说都是危险的，他们还是喜欢这些症状的效果，这让他们维持体重。实际上，我们正在努力借助你的帮助使你的饮食变得正常，这样你的一天就不会有任何间隙，也不会有食物是你不能适量摄入的。这才是我们真正的目标。无论最终的体重是什么，都是你应该达到的，因为你在正常饮食中摄入了适量的脂肪和糖。

母亲： 有时，我想可能部分原因是她总是在做课外活动，她会在中午 11 点半或 12 点吃午餐。

吉尔： 12 点半。

母亲： 她会一直活动到下午 5 点半或 6 点，然后很饿，如果你没吃零食的话，这是可以理解的。而且，她也没吃午餐。她有段时间很喜欢吃麦片。

吉尔： 我喜欢吃麦片。

母亲： 她确实喜欢吃麦片，我的两个孩子都喜欢吃麦片。但我认为这并没有帮助。下午 6 点到家时，她已经饿坏了。所以，我们还做了一件事，当贪食症状出现的时候，我开始给她准备零食。在她去训练之前，不管是垒球还是啦啦队，她都会带些额外的零食，比如胡萝卜或芹菜，或者带一个苹果。即使现在打垒球，如果她有一场客场比赛，直到晚上 7 点或 7 点半才能回家，我也会给她多带一份午餐。所以，我觉得她已经学会了，她需要吃东西，哪怕是一点点零食，她也需要在一天中吃点东西。

治疗师： 听起来你在这方面帮助她很多，给她准备零食。

母亲： 她的胡萝卜和芹菜。

父亲： 再过一周她就放假了，这意味着她一整天都要在家。那我们该怎么办？我们是要确保她一整天都适量进食，比如少餐，还是……

治疗师： 我知道在这种治疗中，有时父母会想，"好吧，我们来这里是为了让你告诉我们具体该做什么，或者为我们安排一个营养师。"但你们知道得最清楚，你们是这方面的专家。你们在帕特里克（吉尔的哥哥）那边就做得很好。

父亲： 如果她放假了，她会像往常一样上午 10 点起床，然后她会吃一点早餐，接着我们需要谈谈，这样我们就会知道在早餐和随后的任何时间之间，（对吉尔）你需要吃点东西———些能让你有饱腹感的东西，饼干不能让你有饱腹感，需要吃点东西，这样（对治疗师）她就在进食，而以前她是上学去了，在那里她不能吃东西。

母亲： 嗯，假期的前几周我可能不在家。我要工作到 6 月中旬，所以白天她会一个人在家。

治疗师： 那么，我们如何解决这个问题呢？我很高兴你提出了假期的问题，因为吉尔的情况有所不同。学校是很结构化的。当然，（对吉尔）大学是有结构的，但不像高中那么有结构。高中是很有结构的，但在大学里，如果你不想上上午的课，你可以把所有的课都安排在下午，或者只上上午的课，不上下午的课。我认为这将是一个很好的机会，让你获得在没有任何结构的情况下创造一些结构的经验。

父亲： 我也是这么想的。比如说，无论那天你什么时候吃早餐，然后你会说："3 小时后我要吃点有营养的东西。"所以，如果你在上午 10 点吃了早餐，下午 1 点左右你打算吃一个苹果，这样你就吃了些有营养的东西，而不是说，"我现在不吃"，然后突然到了下午 5 点，你吃了一些不好的东西，想："好吧，现在我要吃 5 块饼干。"如果你把一天的饮食都安排好，我认为这就能消除吃 6 块饼干的诱惑。第一，你不会有那么大的压力，你不会想吃 6 块饼干。如果你一整天都吃对了食物，你就不会那么饿了。

治疗师： 当我听到你提到苹果时，你的意思是只吃苹果就是午餐吗？还是说苹果只是零食？

父亲： 我不知道她吃不吃午餐。

治疗师： 我明白了。所以，在这个时候……
父亲： 所以，现在你毕业了，你真的会和你的闺蜜们一起去塔可贝尔（Taco Bell）吗？
吉尔： 赛百味。
父亲： ……或赛百味。你会吃个三明治，那太好了，但如果你不吃……当你外出时，请确保每天都吃午餐。

在本次治疗中，父母对吉尔的期望非常合理，他们希望她能继续在日常生活和食物摄入方面做出健康的改变。父母双方在对每周事件进行分析时是不加批判的，并擅长一起头脑风暴，帮助吉尔提出关于健康饮食的实际解决方案。父母也很擅长帮助吉尔塑造她的饮食习惯，但适当地保持一定距离，不过多涉及其他活动，比如参加垒球比赛或与闺蜜出去玩。

对食物和饮食行为及其管理进行直接、定向、集中的治疗性讨论，直至饮食和称重行为正常化

治疗师： 当然，当你看到这张表上过去两周全是零的时候，那真是太棒了，这都归功于你们（父母）的共同努力。吉尔，你也正在学会战胜这个问题，不再有任何的暴食或清除行为。我觉得你也很相信自己战胜了进食障碍，以为它已经不存在了。但这是一个机会，当你们不在她身边的时候，帮助确保她吃了午餐。我认为我们真正需要做的是解决问题，确保你们知道你们是在帮助吉尔吃午餐。也许有时候，甚至可能大多数时候，吉尔会想："我想和朋友们一起去赛百味吃午餐。"但也可能有那么几天，她进食障碍的一面会让她觉得："哦，别

吃午餐了，你不需要午餐，你只会长胖，所以不要和朋友们一起去，就待在家里，什么都不要吃。"然后可能就会发生这样的情况，在一天结束的时候，就像你爸爸说的那样，你可能会吃很多你一直不让自己吃的食物。我知道，吉尔，当你在家过暑假且只想有自由时间时，这可能听起来并不是一个吸引人的选择。但与妈妈一起吃午餐怎么样？我知道这可能和你的工作安排有冲突，但是有可能吗？

吉尔：　不，我是说我有一大堆事情要做。我不打算坐在家里看电视，我总是有事情要做。

母亲：　是的，另一方面，我认为今年夏天，我并不是不同意你的观点，我认为夏天是她必须学会独处、学会自己选择食物的时候。

治疗师：　我同意你的观点。

母亲：　我很担心。我还记得我们去马萨诸塞州的那次，在宿舍里，你应该看到了那个美食广场。这让我很担心：她将面对和这个房间一样大的甜品区！我很担心，我希望她能够去那个美食广场两三次，并明智地选择食物。

治疗师：　我想这当然是我们的目标，我相信吉尔，你也有同样的感觉，但我认为我们还需要几周的时间来帮助她，然后我们才能进入那个场景。我认为这是她去上学前的目标——她有机会自己吃午餐或诸如此类的，但现在我认为我们仍处于早期阶段，尽管她目前没有任何暴食和清除的行为，但我只是希望把框架建立得更完善。

父亲：　那也许，晚餐的时候我们可以问："你今天吃了两顿饭吗，早餐和午餐？"即使午餐只有一个苹果，那也是午餐，也许一个苹果还不够，但即使在晚餐的时候，我们也可以说："你吃了几顿饭？"

治疗师： （对吉尔）你呢，你觉得一个苹果就够了吗？这能支撑你吗？
母亲： （插话）不，我觉得不够。
父亲： 就像这样，我一整天不吃东西。我整天都在忙，然后当晚上结束时，我会一口气吃完很多东西。
治疗师： 哦，我明白了。
母亲： 我们想的是，如果她上午10点半或11点才起床，她就吃早餐，她确实吃早餐了。她会吃一碗麦片或一块松饼，如果我买了的话，她可能会吃一些咖啡蛋糕。那时候已经11点半了，那什么时候吃午餐？可能在下午3点或3点半。但之后我们可能会在下午5点或6点吃晚餐。实际上，我发现自己在夏天也会这样做：我不吃午餐，因为在夏天，我会在上午9点或9点半起床。我并不是说我们从不吃午餐，因为我们也会吃。有时，我们会吃午餐，会烤热狗或玉米卷；有时，我们会在周末吃午餐，但是……
治疗师： 嗯，我想我从你那里听到的是，午餐不是很丰盛，或者午餐是比较少的一顿，而晚餐更丰盛，这很好，每个家庭都有不同的方式。有些人中午会多吃一些，有些人则吃晚餐。
母亲： 是的，更重要的是一个时间框架。
治疗师： 让我们想想。在考虑你们家庭结构和运作方式的基础上，她该怎么安排早餐、午餐、晚餐，以及在路上的一些零食呢？所以，晚餐通常是在下午5点或6点左右？
父亲： 夏天通常比较晚，因为……
吉尔： 晚上7点或8点。
父亲： 是的，因为天还亮着呢。
治疗师： 好吧，那似乎有帮助，因为你可以在下午3点左右吃午餐。
母亲： 我不知道她是不是写下来了，你是这么想的吗？我们需要一

	个方法来监测她吃的东西？知道她是吃得太少还是太多？
治疗师：	你要确保她吃了你认为适合她年龄段的午餐。
父亲：	我觉得这不是个好主意，因为你会有同样的倾向说，"哦，我周末会把它写下来"，所以你不会把它写下来，你不会记得的。我觉得她的目标是确保她每天吃三餐会容易得多。
吉尔：	我饿了就会吃的，而且有足够的食物……
父亲：	是的，在她晚上睡觉前，我们可以问她："你今天吃得怎么样？"她会说："嗯，我吃了早餐，吃了零食，但我没有吃午餐，我们晚餐吃了这个。"然后我们就聊这个。在晚上交流也会有帮助，因为当她一整天都在海滩时，她可能不会写下来，所以只看记录反而会遗失很多信息。而在晚上，我们可以直接对话，不是说"你有没有暴食或你有没有清除"，而是"你吃了吗？"如果她说她没有吃早餐或午餐，只吃了一顿饭，那么我们就可以说，"好吧，明天的目标是吃三顿饭"，另外你还可以吃零食。
治疗师：	我敢打赌吉尔肯定会这么做。她会希望能吃完那三顿饭，并准确地告诉你，但我认为这种病真的很狡猾，它会让你措手不及。尤其典型的是，它会悄悄降临到你身上。我认为这尤其困难，因为它影响到了像吉尔这样努力、认真的人，从你对她的描述和评估来看，她是一个诚实的人，所以没有理由不相信她所说的一切。但进食障碍真的可能会让她隐瞒或不透露当天发生了什么。所以也许，如果她没有吃午餐是因为进食障碍说"不要吃午餐"，或者可能因为她有很多事情要做，所以那天不方便，那么在一天结束的时候和你们交流可能对她来说很有挑战，因为她不想让你们失望，她可能会为此感到羞愧，或者她不想让你们觉得她没有好转。进食障碍

促使她做这些事情。如果我知道进食障碍已经被彻底根除了，或者我们有什么灵丹妙药，那当然没问题，但我确实认为我们需要找到一种方法让吉尔对我们之间的合作感到舒服。你们可以放心，她正在吃午餐，而对吉尔来说，你不会觉得自己像被关在监狱里一样。

母亲： 我想，我一想到夏天就要来了，我就有些担心，因为我觉得她的关键时刻是晚上，那是她容易暴食的时候。周末，她也会出去，然后回家，在我睡了之后，那是她暴食的时候，所以对我来说那是一个关键的时间。并不是说我不关心她吃午餐，但我们如何监控她的午餐时间或确保她吃午餐会有什么帮助呢？

治疗师： 我明白你的意思。也许，肯尼先生，你是一个适合谈论这个问题的人，因为你的模式是白天不怎么吃，晚上吃得更多。但我敢打赌，如果有一天你吃了早餐或午餐，你晚上就会吃得少一些，因为你一整天都有规律地摄入这些食物。所以，吃午餐的想法是为了让她的饮食正常化，这样从生理上讲，她就不可能在下一顿饭时感到太饥饿。

母亲： 有道理。好的，这是一个很好的观点，我明白了。

治疗师： 你同意吗？

父亲： 我同意。

治疗师： 但我也想在晚上解决她的问题，因为那听起来很危险。

母亲： 我本以为问题出在晚上，但是，其实是在我睡觉之后发生的。我有试过熬夜。

吉尔： 是的（咯咯地笑）。

治疗师： 当然，因为周围没有人，这是她容易屈服于暴食欲望的黄金时间。

父亲：　嗯，我的问题是，如果她晚上 11 点回来，而这个家伙出来……

治疗师：你一直叫它"这个家伙"，我喜欢"这个家伙"，而不是"进食障碍"。

父亲：　这家伙出来了（指的是进食障碍）。如果她吃了一些我认为更有营养的东西，比如胡萝卜而不是饼干……她可以吃 10 根胡萝卜让这个家伙回去，而饼干呢，她要吃 10 块饼干才能让这个家伙回去？你不觉得如果她能对自己说，"如果我多吃点好东西，这家伙就不会出来了"，会有帮助吗？

吉尔：　我回家就吃胡萝卜吧。

父亲：　是啊，你不觉得胡萝卜可能会……

吉尔：　对，我觉得这是个好主意。

父亲：　即使她吃了 10 根胡萝卜，我认为这家伙也不会说，"去把 10 根胡萝卜吐出来"，但我认为这家伙会说，"去把 10 块饼干吐出来"。

吉尔：　我觉得这是个好主意。

母亲：　我觉得这是个好主意，但我在笑，因为我在想她会不会那样做。

吉尔：　我可以。

母亲：　我猜她会想吃饼干，而那个家伙可能会让她想吃饼干。

吉尔：　不，我可以，吃点有营养的东西，但我只想到了胡萝卜。

父亲：　好吧，我们可以在睡觉前耍点小把戏。如果我们要去睡觉，而她很晚才回来，我们可以把饼干挪开，然后贴个小纸条。她晚上很晚才回来，睡觉前吃点健康的东西也没什么错。

治疗师：当然。

父亲：　或者吃一些芹菜，我觉得那也挺好的。

吉尔：　那太好了。

治疗师：是的，我只是想确保，吉尔你能控制好这个家伙，因为我听到你的父母现在很担心你要去上大学，那里有一个美食广场，我敢肯定那个广场在他们的脑海里被放大了 10 倍。

母亲： 是啊。

父亲： 就像威利·旺卡的那种建筑①。

母亲： 你应该看到了，记得吗？那个甜品屋？

治疗师： （对吉尔）我想我听到的是，如果我说错了，请纠正我，他们是想让你有吃这些食物的经验，而且它们都不是不好的食物。没有不好的食物，重要的是你吃的量。（对父母）我很喜欢你们说的话。你们想确保女儿摄入足够营养，就像你们希望帕特里克（吉尔的哥哥）确保他摄入足够的矿物质、蛋白质和脂肪，所有这些东西一样。我想你们会希望她有一些吃饼干和冰淇淋的经验，不是吃三份冰淇淋，而是一份冰淇淋。我相信，吉尔你也会想要这样。

吉尔： 当然。

治疗师： 或者，也许不想。

吉尔： 是的，我喜欢冰淇淋。

治疗师： 所以我认为，当你们在场时，这些都是她尝试吃这些食物的机会。这样，如果她感觉到进食障碍那个家伙想让她吐掉刚刚吃掉的东西时，你们可以在那里说："嘿，我们能做些什么来帮助你克服这种冲动呢？"

父亲： 那你怎么跟她说呢？她吃了一点之后，就倾向于上楼。

治疗师： 我们来谈谈这个问题。

---

① 威利·旺卡（英语：Willy Wonka）是一个虚构角色，首次登场于英国作家罗尔德·达尔于 1964 年发表的儿童小说《查理与巧克力工厂》中，以及其 1972 年的续集《查理与大玻璃升降机》和多部基于这些书籍的电影。在故事中，他是旺卡巧克力工厂的古怪创办人和所有者。——译者注

吉尔： 我最近没上去。我的意思是,大部分时间我都待在我的房间里,因为我必须一直整理房间。
治疗师： 但也许有机会摆脱它。
吉尔： 我想有可能。我的意思是,你们可以听到马桶冲水的声音,但通常我在整理我的房间,因为(东西太多了)你甚至看不到地板。
母亲： 或者在小憩。
吉尔： 对,或者在小憩。

这对父母成功地将疾病和女儿分开,也对她表现出一种非批判的态度。例如,父亲把进食障碍的症状称为"出现的那个家伙",或者"那个小家伙,你说过它还会在那里,但也许它比我想象的要弱小",而母亲在提到贪食症状时会用"它"。这种非批判的立场在多大程度上是由于他们在疾病发作前的关系,或是治疗师在治疗开始时就成功地帮助父母理解这种疾病,这将很难确定。尽管如此,在治疗师始终以非批判的立场为榜样的情况下,父母双方都能够以相当"严格"的态度来遏制女儿的神经性贪食症,而不牺牲他们与女儿的良好关系。关于父母如何将幽默与限制进食障碍的规则相结合的一个很好的例子是父亲的这段话:"好吧,我们可以在睡觉前耍点小把戏。如果我们要去睡觉,而她很晚才回来,我们可以把饼干挪开,然后贴个小纸条。她晚上很晚才回来,睡觉前吃点健康的东西也没什么错。"

继续修正父母和兄弟姐妹的批判

治疗师： 但有时进食障碍,我不是说你就是这样,吉尔,我知道有些年轻女性会在房间里呕吐,找到一个袋子,然后用这种方式处理它。这是一种非常狡猾的疾病,我知道这听起来很恶心,你们(父母)认为她永远不会那样做,而吉尔你会想,"我永远不会那样做",但有时可能会有强烈的冲动。即使有一段时间那个小家伙去度假了,但它也会回来工作,因为它可以变得那么强大。所以,让我们想想那些时候,比如她吃完之后,你们能做些什么来帮助她呢?也许,你们不能完全依赖吉尔来提议"我们去散步",因为她可能会感到矛盾,一边听从小家伙,一边听从她健康的一面。你们能想到些什么?我想让你们感觉到你们正在帮助她适量地吃这些食物,并意识到她可能会对此感到内疚。

父亲: 主要是我们很难在那里,如果你说的是晚上,我们三个在晚上 8 点坐在一起的情况很少见。我们什么时候能一起呢?我们三个会一起吃晚餐的概率有多大?然后,在晚餐之后,要么安排一些事情,要么聊一聊,只是这样我们就知道,嘿,我们刚刚结束了,也许谈到那个小家伙,谈到呕吐,谈到任何事情,只是为了谈一下,让我们知道。(转向吉尔)我认为如果你提醒自己,或者我们提醒你,那么你就会倾向于不想这样做,因为我们刚刚谈过。

母亲: 我想我们一直都在这样做——在关键时刻,比如晚餐后,我们的存在产生了很大的影响。我通常都在家,就像我一开始说的,我觉得我必须带她离开家,比如去购物或玩拼字游戏,我们确实这样做了。所以,有几周,我们做了一些激烈的活动让她忙起来。但现在我们又回到了只是我们在场,只有我们在那里的状态。

治疗师: 这会有帮助吗?

母亲: 是的,这对我们很有帮助,我们也会交谈,因为一开始我们不会谈论这件事。并不是说我们谈了很多，而是我们愿意谈。我们也很乐意跟她说："你怎么样？"她会说，"很好。"我想当我说"你怎么样"时，是我说话的方式。我不必说，"进食障碍怎么样？"她知道这与"你今天过得怎么样"不同。当我们说"你怎么样"时，她知道我们的意思。

治疗师： 所以，这是一种特殊的语气，意思是"那家伙怎么样？"

母亲： 是的，还有"你还好吗？""你在填写日志吗？"我们俩都做了很多这样的事情，我们也能看到她做得很好，处理得很好，她已经进步了很多。

以上的对话是两位不批判的父母的一个很好的例子，他们对女儿及其克服神经性贪食症的努力充满赞赏。他们成功地将疾病与女儿分开，并在日常生活中做出了一些实际的改变，以确保他们在身体和情感上都可以为吉尔克服进食障碍提供帮助。在随后的对话中，他们的积极基调仍在继续。

继续区分患者和神经性贪食症的利益

治疗师： 的确如此。我知道很多治疗都集中在你的父母如何帮助你克服进食障碍。但我也想承认，我们（在暴食/清除日志中）看到零的原因是，你也真的想从中得到改善。你真的在努力不暴食和清除。我不想说我们已经走出困境了，我认为这就是为什么我们要考虑，特别是随着夏天的到来，事情将变得更加没有结构性，我们如何帮助确保你们目前所取得的进展继续下去。所以，我们正在沿着这个上升的轨迹前进，而不是下降。

父亲： 我想夏天会更危险，因为在冬天，在我看来，当你穿很多衣服、很多毛衣、很多裤子的时候，你就不会那么在意自己。夏天很热，你穿的都是短裤和短上衣，所以你会更多地关注自己。如果你不喜欢你所看到的，你会抓狂。那会不会让你暴食？我认为这在夏天更为关键。

治疗师：这是个很好的观点。

母亲：这一点我也同意。还有那个非结构性，如果这个词可以这么说的话。

治疗师：是的，这两点。

母亲：夏天非常没有结构性。我知道她会外出的。她现在已经18岁了，对我们来说要放手真的很难。

治疗师：我认为，吉尔，知道这是一种暂时的治疗，对你很有帮助。我们知道你已经18岁了，让父母来控制你生活的这一部分，监控你的饮食或者你吃完要去哪里，这似乎有些另类。但我也认为，在尊重你想要晚上和朋友出去的愿望的同时，可以有一个平衡。前提是你们知道她已经吃了一顿丰盛的晚餐，并且在她吃完之后监控了1小时左右，确保她没有暴食，也没有催吐。那么好吧，她可以和朋友出去玩了。这对她来说可以是一种奖励，因为我不希望你觉得这一切都是对生病的惩罚；你不得不每个夏天晚上都和父母一起看电视或玩拼字游戏，尽管我知道你们的关系很好。

母亲：我认为这是个好主意，我很高兴你这么说。实际上，我又在想夏天的事了。从孩子们小的时候开始，作为一名老师，我记得9月来临的时候，我会想，"我很高兴夏天结束了，因为我们又需要有结构的生活了。"我们的夏天通常都是很松散的，现在我明白你的意思了，我们需要让我们的饮食更有结构性。

治疗师：我认为，帮助吉尔对你们来说是一个很好的练习，这样她在

	大学的时候就可以自己学习,大学的环境比高中要松散得多。你们可以放心,她会在马萨诸塞州吃正餐和零食,而不是在白天限制饮食,然后又出现进食障碍,不得不暴食和清除。她肯定不想这样,你们也不希望这样。
母亲:	我认为另一件好事是我们和吉尔关系很好,等她真的上大学了,我们仍然会谈论这件事,即使只是在电话里。我们俩都会说:"嗯,你过得怎么样?"她就会明白我们的意思了,我相信她会对我们坦诚相待。
治疗师:	前提是进食障碍已经有所缓解。
母亲:	嗯,没错。

在前面的对话中,治疗师很好地赞扬了患者和父母为对抗进食障碍所做的努力。然而,她也提醒了这个家庭,他们还没有"走出困境"。治疗师正在帮助家庭提前计划更无结构性的时间(夏天),并帮助他们头脑风暴,想出如何在这些时期帮助吉尔的方法。这也是引入了吉尔即将在秋天离开家去上大学的话题(治疗师稍微提前了一步),通过这样做,帮助家庭计划夏季,并将其作为吉尔即将离家去上大学的跳板。引入这些话题也将治疗逐渐推向了第 1 阶段治疗的结束;治疗师提出了更常在第 2 阶段和第 3 阶段讨论的话题。在这些对话中,治疗师还表现出对青少年的极大尊重,并提醒她第 1 阶段的干预措施是暂时的。

讨论并支持父母在重建健康饮食方面的努力

治疗师:	让我们想想晚餐。你们有晚餐后的计划吗?因为那是危险地带。一旦她吃了有营养的东西,也许这是一个很好的机会,

你们可以让她吃一些自己很难克制的食物，即使她已经吃过了，比如冰淇淋或饼干。听起来，晚餐后是一个危险的时刻。你们能集思广益，想办法解决这个问题吗？吉尔，你也有发言权，我们希望这是一次合作。

父亲： 嗯，一种方法是晚餐结束时间推迟1小时。所以，如果我们在7点15分吃完饭，我们可以说，"好的，等等，我们哪儿也不去，我们还得谈点什么。"或者，我们会这样做，在吃完饭后的接下来半小时，我们要一起做点什么；"这次你想做什么？出去散散步，还是坐在这里洗碗聊天？"我们必须保证，在接下来的45分钟里，从最后一个人吃完饭开始，我们会在一起，无论是做些什么，比如在附近散步、洗碗、玩拼字游戏，总之做一些事情。这顿饭的结束就是当我们做完这些事的时候，然后我们就完成了。

母亲： 因为那1小时或45分钟是最关键的时间，你是说让她忙起来或者让我们看着她？

治疗师： 是的，这样你们就可以放心地知道，"她吃了一顿很好的晚餐，而且没有吐出来。"我们要确保她吃下去，让那个小家伙没有任何可乘之机。它可能在场，但你们会说你在这张桌子上不受欢迎。

父亲： 我想，即使你吃了晚餐，然后做些能让你活动的事也不错。

治疗师： 比如散步之类的？

父亲： 是的。

治疗师： 这当然是一个选择。你觉得怎么样，肯尼太太？吉尔，我也想听听你对爸爸说的话的看法。

母亲： 我想我内心的一部分是这么想的，（转向吉尔）我可以问你，当你进行清除行为的时候，是在晚餐后吗？

吉尔：　　不，有时候是，但不经常。

治疗师：　通常不是晚餐后吗？

吉尔：　　如果我晚餐后吃了很多饼干，可能会吐，但如果我吃了比如火鸡三明治，就不会。

母亲：　　通常不是清除晚餐，而是清除一些甜的东西？

吉尔：　　如果我后面吃了东西，我通常会清除，但我现在不这样做了。

母亲：　　通常是晚餐后的食物。

治疗师：　当然。

母亲：　　所以，如果晚餐在晚上 7 点结束，她更可能在晚上 7 点半开始，她会吃一份冰淇淋或一些饼干。我记得她有 5 次进厨房拿东西。我们谈到她的暴食量并不是很大，但对她来说很多，就是这样。所以，可能在晚上 9 点或 10 点的时候，或者更晚的时候。但我之前听你说过，我们需要建立规律的饮食模式，因为如果你一整天都不吃东西，你会很饿。我们一直都知道，其中一部分就是要建立更好的饮食习惯和摄入足够的营养。

治疗师：　另外，把一些冰淇淋和饼干融入晚餐中，这样它们就不会被视为禁忌食物，或者你剥夺了自己太多的权利，当你有机会时，你会觉得，"我不能只吃 1 块饼干，我必须吃 10 块饼干。"如果你们在晚餐时吃了甜点，你们和她在一起，进食障碍让她觉得"如果我只是吃了晚餐就好了，但是甜点让我吃多了"，那么你们陪着她。如果她有那种感觉，她就没有机会去摆脱它。她也会有适度地吃这些东西并且接受的经验。吉尔，你感觉如何？我想和你父母谈谈，但我也想听听你的看法。你爸爸认为饭后有多种选择是可以的。

吉尔：　　是的，那挺好的。通常，我不知道，周末的时候我会在那里吃饭，然后准备出去。我真的不想在那里待到晚上 9 点，然后说:"好了,现在我要准备出去了。"
治疗师: 但为了确保万无一失,你愿意这样做吗?
吉尔: 我不会去清除的,真的,我不想待到晚上9点,然后才开始准备出门。你们真的觉得有那么重要吗?需要确保我把意大利面留在肚子里?我不知道,我可以很容易地吃完晚餐,然后去洗澡,准备出门。
母亲: 我想我学到了重要的是确保我们正常饮食。
吉尔: 正常饮食?
母亲: 是的,在正常时间正常吃饭。
吉尔: 我们已经做了很多。
母亲: 我认为这很重要。而且你知道,我们是非常亲密的家庭,我们一起做事情,甚至在晚餐后的第1个小时,我们都是不自觉地这样做的。
吉尔: 是的,我们通常会做一些事情。
母亲: 我们通常会洗碗,尤其是现在外面天气很好,每个人都在做自己的事。你(爸爸)可能在洗车,我可能在浇花,而她(吉尔)可能正在看电视。
治疗师: 听起来你们已经是关系亲密的一家人了,这样做不会让你们感到惊讶。因为有时候对某些家庭来说,会变成这样:"我们绝不可能花时间待在一起!"
吉尔: 是啊,我们不需要像"好吧,现在我要和我爸妈出去玩了"。
治疗师: 我很高兴你提到了这一点。
吉尔: 这很正常,那我们就不用担心(这个问题)了。
母亲: 我希望她有选择。
治疗师: 当然。
母亲: 因为当我对她说"你想去散步吗"的时候,她可以选择。我想去散步，我尝试锻炼身体。有几次她说"不"，我不想强迫她，但有几次她说"好"，甚至上周六，我们也去了。

吉尔： 滑旱冰，嗯，我去滑旱冰了。

母亲： 我们去了柳条公园，然后周日我们去了森林保护区。所以，我必须接受有时她不想和我一起活动，这也发生在制作相册的时候。

吉尔： 有时我有心情，有时又没有。

母亲： （重复）有时她有心情，有时又没有！

治疗师： 能不能有一个折中的办法？有时候，和妈妈出去散步或者和爸爸一起做一些事情真的没啥吸引力。你可以自己做些事情，但你的父母会知道进食障碍不会让你上楼把食物吐掉？我知道我们现在在和一个健康的吉尔说话，所以这看起来很荒谬，就像"我不打算扔掉我的意大利面，那我们为什么要讨论这个？"但它真的很阴险，它会出现然后突然袭击你，我觉得我们真的需要解决这个问题。这并不一定是你们编制的一些图表，比如"好吧，今晚我们要玩拼字游戏或学习一门语言"，但我认为有一定的结构是很重要的，这样你们就能确保进食障碍不会潜入并让她去清除什么。

母亲： 我想另一件正在发生的事情是，也许这就是我们有这种感觉的原因，我想我们所有人都能认出这个小家伙。

吉尔： 是的。

在前面的对话中，治疗师仔细地帮助父母和青少年找到一种方法，这种方法是，在饭后他们（父母）可以花时间和吉尔待在一起，以防止做出清除行为。每个人都很谨慎地想办法做到这一点，而不会让吉尔感到受惩罚。治疗师一定要征求吉尔对父母建议的回应。尽管她起初抗议了一下，但这并没有持续很长时间，这个家庭的良好本性使他们所有人都得出结论，他们是"相当亲密的一家人，可以一起做事情"。这部分会谈的重点是帮助家庭考虑规律饮食的实际问题，以及在试图帮助吉尔克服疾病时想出如何纳入禁忌食物的办法。

通过回顾进展来结束第 1 阶段治疗

治疗师： 这是很大的进步。

母亲： （指的是吉尔的进步）我觉得她正在做到，而且我和他也正在做到。我们开始能够看到了，它一直在那里，所以我们非常关注它。当我确实需要对她说，"我想让你现在和我一起待 1 小时"的时候，那是因为我意识到那个小家伙正坐在她的肩膀上。

吉尔： 对的。

治疗师： 我认为这非常正确。你们的关系很亲密，我认为在某些情况下，你们可以感觉到吉尔的困难，但我也认为在我们目前所处的这个阶段，如果你给疾病一个机会，它就会抓住。吉尔，我希望你能够去上大学而且没有任何症状，这样你就不必担心了。你现在正在处理它，你的父母说过，"我们真的想要现在就解决这个事"，所以这不是问题。它仍然存在，但我们真的一起做了一些很好的工作。

母亲： 我已经感觉到我们做了一些很好的工作。我认为这很好，我们都知道每周来听和谈论这个是很重要的，因为你所说的话。我们都明白它可能会回来，也许我们变得有点自满了。

治疗师： 嗯，我认为你们已经取得了显著的进步，甚至在治疗开始之前，你们就已经非常努力了。但是，我发现有一种倾向是变

	得自满，觉得一切都解决了，但它仍然在房间里。
母亲：	这就是为什么在接下来的几个月里，治疗仍然是必要的。
治疗师：	对，没错。当然，这个过程是分阶段的，所以你的父母花更少的时间来监督你在做什么，或花时间和你一起参与一些活动，目的是转移小家伙的注意力。我认为现在最重要的是不要给进食障碍任何喘息的空间。我很高兴你提出了即将到来的夏天的问题，因为我觉得……
母亲：	因为那会有很多变化。
治疗师：	你说得对，很多变化。
母亲：	我想接下来的几周会很有趣，因为她基本上只剩下，什么，两天了吧？她下周有期末考试，然后下周五毕业。
治疗师：	好的，那么本周让我们考虑继续共同努力，尝试做到这一点，然后我们可以讨论夏天来临时午餐的安排。就像我说的，这需要合作，吉尔，这也不应该是坐牢，因为这是夏天，也是你上大学前的最后一个夏天。这很重要，但我也想认识到控制这个疾病的重要性。
母亲：	我想，在我们所有人中，她觉得自己已经痊愈了，对吧？
治疗师：	这很好，太棒了。
母亲：	我想我们也支持这一点，但我觉得他和我更……还有你，我们三个都不太愿意说她100%痊愈了。但我觉得她是觉得自己痊愈了。
治疗师：	那太好了，我认为这太棒了，我们只需要确保进步持续下去。让我们加强我们的努力，解决这个问题，这样疾病就不会复发了。我的一个家庭说，"我们只想扼杀它，确保它再也不会回来，永远不再有机会存在。"今天就到这里，非常感谢你们的到来，我期待着两周后再见。

治疗师以积极的态度结束了这次会谈，因为患者正在取得良好的进展，每个人都认识到了这种改善。不过，治疗师给予了一些提醒，认为进食障碍并没有完全消失，这一观点也得到了父母的认同。这是非常典型的第 1 阶段的治疗，患者显示出良好的进展，治疗师已经开始把事情向前推进一点，因为谈到了即将到来的更加自由的夏季，以及患者将在秋季去上大学。如果进展继续保持这种趋势，这个家庭可能会在第 1 阶段再进行几次治疗，当每个人都认为进展顺利后进入第 2 阶段的治疗。在第 2 阶段，他们将共同努力把饮食控制权交还给吉尔，并逐步取消餐后监督。这些问题及其他问题将是接下来几章的主题。

第 10 章

第 2 阶段：帮助青少年独立进食（第 11～16 次治疗）

患者同意与父母合作，坚持均衡的食物摄入，没有暴食和清除行为，以及家人对治疗取得的进展感到欣慰，这些都标志着第 2 阶段治疗的开始。与第 1 阶段治疗的情况一样，治疗师建议父母：第 2 阶段治疗的主要任务是继续努力改善孩子的健康状况。此阶段的治疗重点依旧是进食障碍症状，仍在家庭环境中进行，不过现在家庭环境的紧张和压力已有所减轻。与此同时，治疗师现在可以开始提出更多与青春期有关的一般性问题，只要这些问题与进食障碍症状直接相关（如青春期、同伴关系和性心理发展）。虽然直接解决青春期发展问题是第 3 阶段治疗的主要目标，但治疗师应该在第 2 阶段结束时慢慢过渡到这些问题。

为了加强青少年的自主发展并巩固家庭在第 1 阶段取得的成功，增加对治疗师的独立性是很有必要的。因此，第 2 阶段的治疗一般需要间隔 2～3 周。治疗师在每隔一次治疗开始时继续对患者进行称重，并在每次治疗中收集暴食 / 清除日志。然而，对治疗帮助的需求是可变的，治疗师可能会发现，在这个阶段每次治疗之间的间隔在 1～6 周不等。

第 2 阶段治疗师的态度与第 1 阶段大部分时间表现出的严峻态度不同。因为患者及其家人在建立健康饮食和减少贪食行为方面取得了成功,所以治疗师变得更加乐观和充满希望。从发展的角度来看,BN 可以被视为扰乱了正常的青春期进程(如增加的独立性、同伴关系的重要性、个人的学业或职业目标)。在第 2 阶段,治疗师开始将对进食障碍症状的关注与青少年生活中发生的相关事件结合起来,因为青少年开始有更多机会获得独立性和同伴关系——在学校、参加舞会或约会时,如何解决不受限制地进食、暴食或清除的问题。治疗师可能要解决的具体问题取决于青少年的年龄和成熟度,以及父母监管能够安全撤除的速度。然而,下文描述了治疗师可能采用的一般治疗程序指南。

通常,在接近第 2 阶段治疗开始时,患者对治疗师的态度已经发生了变化。在治疗最开始的时候,患者对治疗师的态度比较谨慎,甚至有时充满敌意;而到了第 2 阶段,其态度通常变得更加友好和更容易接受。如果父母相信治疗师在他们与 BN 的斗争中帮助了他们,这种增加的信心可能会激励他们,帮助他们不仅解决了贪食症状带来的直接问题,还能在青少年活动的背景下帮助他们的孩子开始处理与饮食相关的问题。在第 2 阶段接近尾声时,患者将在适当的年龄水平上掌控自己的饮食和体重相关行为,治疗师应该后退一步,让父母和青少年在治疗中承担更核心的角色。这样,治疗师和家庭就可以在接下来的治疗过程中识别并增强青少年的优势和技能。在某些情况下,患者和家庭现在已经准备好迎接那些因为 BN 的出现而被打断的青春期挑战。再次与同龄人保持一致,不再过度关注 BN 的想法和行为,患者可以开始与青春期、同伴关系、心理自主、性心理发展及其他青春期的典型问题作斗争。此时,父母可能会发现他们能够后退一步,看着女儿以更强的独立性处理这些问题。

治疗师对第 2 阶段家庭准备情况的评估

以下标准是一般指南，通常表明已准备好开始第 2 阶段治疗：

- 患者能够在很大程度上避免暴食和清除行为（如每月暴食 / 清除少于 1~2 次）。
- 体重稳定在可接受的标准范围内。
- 患者按时进食，不需要父母过多参与，父母反映让患者按时进食已经没有明显的困难。
- 父母报告说，他们觉得能够帮助患者管理其贪食行为；也就是说，父母表现出一种能够应对该疾病的如释重负感。

治疗团队在第 2 阶段的变化过程

第 2 阶段的治疗团队（家庭治疗团队 + 咨询团队）保持不变。在这一阶段，由于对医疗问题的即时关注已经减少，医生可能会减少见患者的频率。通常情况下，医生可能每隔 3~4 周见患者一次，并在发现新的医疗问题时通知治疗师。治疗师则会报告行为进展，并在任何时候出现症状恶化时通知医生。服用药物的患者通常在此时已经达到了稳定剂量，与医生一样，儿童精神科医生的会面频率也会相应减少。治疗师和儿童精神科医生之间的联系应保持在合理的间隔，具体取决于关注程度，以确保药物和治疗的最大收益。随着进食障碍症状的消退，治疗开始类似于通常的青少年家庭治疗，咨询团队（如儿科医生或营养师）的参与可能变得次要。然而，贪食症状的反复可能需要更定期地重新启动咨询团队。因此，所有团队成员都应及时了解患者的进展情况。然而，从第 1 阶段到第 2 阶段，家庭治疗团队成员之间的关系在本质上始终保持不变。

第 10 章 第 2 阶段：帮助青少年独立进食（第 11~16 次治疗）

第 2 阶段治疗的主要目标是：
- 维持父母对进食障碍症状的管理，直到患者有证据表明其能够以健康的方式独立进食。
- 恢复青少年对食物和体重的控制。
- 探讨青少年发展问题与神经性贪食症之间的关系。

为了实现这些主要目标，治疗师应采取以下干预措施：
- 在每次治疗开始时给患者称重，并收集暴食／清除日志。
- 继续支持和帮助父母管理进食障碍症状，直到青少年能够很好地自主进食，不再有暴食和清除行为。
- 协助父母和青少年协商，将饮食控制权交还给青少年。
- 鼓励家庭成员检视青少年发展问题与青少年神经性贪食症发展之间的关系。
- 继续修正父母和兄弟姐妹对患者的批判，特别是与将饮食控制权交还给患者的任务有关的批判。
- 继续协助兄弟姐妹支持患病的同胞。
- 继续强调青少年自身的想法和需求与神经性贪食症相关的想法和需求之间的差异。
- 以积极的支持态度来结束第 2 阶段治疗。

虽然这一阶段所有治疗的治疗目标都是相同的，但随着家庭接近这一阶段的结束，每次治疗的重点会有所不同。例如，治疗开始时可能与第 1 阶段非常相似，以回顾饮食习惯和贪食症状为主要目标，但重点将逐渐转向规律、健康饮食的自我维护，因为这一方面的控制权将交还给患者。最后，当治疗从第 2 阶段过渡到第 3 阶段时，治疗师将开始更多地关注青少年发展问题。

在每次治疗开始时给患者称重，并收集暴食/清除日志

为什么

与前一阶段一样，利用患者的暴食/清除日志持续密切地监测其暴食和清除行为（每次治疗）以及体重（每隔一次治疗），是向患者和家属提供进展反馈的重要机制。

怎么做

在这个时候，患者和治疗师应该已经建立了更融洽的关系，因此检查暴食和清除行为就变得越来越可以接受了。分享这些脆弱信息的亲密感，也能够带来整体上更大的信任感。随着这一阶段的开始，青少年通常更愿意讨论其希望因遵守父母对健康饮食的要求而获得奖励，并重新获得对这一过程的控制权。治疗师应该对这些愿望持开放态度，但不要立即承诺采取相应的行动，而是向患者保证父母对食物和体重的控制最终会结束。治疗师的暴食/清除记录表记录了这一目标的进展，从而提供了一个机会来帮助生成对家庭迄今为止所取得成就的现实看法。另一方面，治疗师可以假设，并不是治疗中发生的所有事情都与患者的暴食、清除行为和体重稳定有关，特别是在这个治疗阶段。因此，随着这一阶段的持续，对这些检查的重视程度也可能会下降。

继续支持和帮助父母管理进食障碍症状，直到青少年能够很好地自主进食，不再有暴食和清除行为

为什么

在第 2 阶段的早期，保持健康饮食和避免贪食症状仍然很难做

到，因为通常无法完全停止暴食和清除行为。因此，治疗师必须确保父母不要松懈，继续努力重建健康饮食，杜绝暴食和清除行为。尽管该任务与第 1 阶段描述的非常相似，但治疗师需要注意到此处重点的转移。在第 1 阶段，治疗师的任务是直接帮助和指导父母让女儿以健康的方式进食；而在这里，治疗师的角色更多地转向更大的授权。也就是说，治疗师在促进父母对进食障碍的管理方面会稍微退后一步，不再扮演一个积极的角色；相反，治疗师的目的是增强和巩固父母对自己在重建女儿健康饮食的过程中做出恰当决定的能力的信任。这种转变尤为重要，因为接下来的治疗任务是支持父母与女儿协商如何将饮食控制权交还给女儿。

怎么做

治疗师在开始这一阶段的治疗时，与第 1 阶段的目标是一致的：系统地回顾和加强父母在重建女儿健康饮食方面的努力。治疗师坚持要求父母在恢复三餐均衡饮食的努力中保持一致，直到其确信患者不再怀疑父母的能力和决心，以防止患者再次重回导致贪食行为的异常饮食模式。目前，治疗师仍将重点放在 BN 症状上。治疗包括对饮食相关事件仔细、彻底的回顾。这些回顾现阶段的目的是检查父母用来帮助女儿开始更独立地控制饮食的方法。只要适用，家庭的康复策略应该成为讨论的主要内容。例如，治疗师应该询问每个家庭成员过去一周发生的事情，以及其是如何完成重建健康饮食这一任务的。如前所述，采用相同的**循环提问**方式，验证每个家庭成员的回答，确定他们对事件的描述。应该仔细检查其中的差异，因为他们的澄清有助于治疗师选择和强化父母必须采取的改进努力的步骤。与以前一样，治疗师应该利用这几次治疗来促进父母在营养和均衡饮食方面的认知，并强化他们为实现健康饮食、减少暴食和清除行为所做的努力。

让青少年参与这一过程中也非常重要，需要考虑"这对她有什么好处"。治疗师帮助家庭找到激励合作的方法，促进青少年重新参与适龄活动，特别是与同龄人的互动。例如，父母现在鼓励女儿参加聚会、舞会和约会。在这一阶段，经常会出现这样的问题：患者什么时候适合恢复锻炼？锻炼的频率和强度是怎样？虽然在 BN 中没有关于如何处理该问题的明确规则，但一般的指导原则是建议吃足够量的食物，有足够的能量来运动，同时避免运动成为一种清除的手段。应用这一指导原则，通常意味着青少年可以每周运动几次，但每次不超过 30 分钟。如果青少年参加的是竞技运动队，通常安全的方法是每周逐渐增加锻炼的频率和持续时间。由于 BN 会出现骨质缺乏和骨质疏松（Zipfel, Lowe, & Herzog, 2005）（虽然这些问题的实际发生率尚不清楚），所以在父母放手监管这些活动时，需要强调注意在运动时可能出现的损伤。

协助父母和青少年协商，将饮食控制权交还给青少年

为什么

在第 2 阶段，重建健康饮食的任务（如第 1 阶段所述）将继续进行，但重点会逐渐发生变化。很快，在第 2 阶段时，治疗师将引导家庭放弃对患者饮食的控制。这种转变只有在患者体重稳定、饮食习惯健康、贪食症状基本得到控制，并且治疗师确信即使父母开始放松警惕，改善也会持续发生时才能开始。一旦患者基本摆脱了与 BN 相关的行为，就会鼓励父母允许患者在与其青春期发展水平相适应的情况下，逐步增加独立性。例如，高中生患者的父母可能会允许她和朋友在校外吃午餐，而在第 1 阶段，他们要求她在上学期间也必须回家吃午餐。此外，逐渐减少父母的监管应该作为一个试验期，观察青少年能否自

己妥善处理饮食问题，而不会再次出现阻碍其进步的进食障碍症状。

治疗师的目的是帮助父母和青少年在双方同意的基础上谨慎地将与饮食相关的活动责任从父母移交给青少年。这一过程是在每个家庭独特的饮食活动习惯或仪式背景下进行的（这些习惯是在饮食障碍改变家庭的用餐时间之前形成的），并根据青少年的年龄及其康复程度来进行。虽然父母会向治疗师寻求指导，了解如何继续将进食的控制权交还给患者，但最终应该由父母与患者合作来决定如何进行这一过程。这是一个微妙的策略，因为治疗师需要平衡患者的参与（她可能会抓住机会重获食物选择的权利）、父母的参与和治疗师在决策过程中的角色。

怎么做

父母可以选择通过多种方式逐渐减少对这一过程的控制。例如，让患者在用餐时自己盛食物，而父母继续监督这项活动。或者，父母也可以允许青少年在食物选择上有更多的控制权，只要选择的食物是健康和足量的。另一种方法是父母让患者自己决定每天的一两顿饭，同时仍然监管当天的主要正餐。在康复过程的这一阶段，家长会暂停对患者饭后或去卫生间的监管。最终，父母和患者会希望达成与年龄相符的决定，这些决定要符合每个家庭在食物采购、食物准备、家庭聚餐与个人责任和口味等方面的独特规则。

鼓励家庭成员检视青少年发展问题与青少年 神经性贪食症发展之间的关系

为什么

一旦饮食不再是讨论的唯一焦点，治疗师就会帮助家庭协商那些一直被推迟到现在的青春期的重要问题，但仅限于那些与饮食和体重控制直接相关的问题（如在学校吃饭、为正式舞会购买礼服）。总的来说，我们鼓励患者尽可能快地参与到与年龄相适应的社交活动中去。根据发病年龄的不同，BN 症状通常会干扰患者正常的社会心理和性心理发展的某些方面。例如，患有 BN 的青少年通常会对自己的身体和性吸引力产生歪曲的担忧，导致其有时会避免约会或回避任何涉及穿着暴露的活动（如去游泳池）。在第 2 阶段，治疗重点更直接地放在理解 BN 症状与青春期生活困境（如约会、聚会、舞会礼服）之间的关系上，以减少这些正常的青春期事件在维持 BN 中的显著作用。

怎么做

在持续关注进食障碍的背景下，可以开始探索这些问题的一个例子是青少年的约会。虽然约会本身代表了青少年发展中的许多重要问题（如个性化和性心理成熟），但患者只有在不再关注饮食的情况下才能成功地走上这条道路。在治疗的该阶段，治疗师不会讨论青少年行为中更一般性的问题，而是集中讨论所有相关人员是否放心患者在与伙伴外出就餐时能够做出适当的食物选择。治疗师应该让父母和患者在治疗过程中解决问题，就餐厅的选择和外出约会时要点的食物制订一个计划。此外，患者还应事先制订一个计划，以防止自己的暴食或清除行为。这样，父母的焦虑就会减少，患者也不用在约会时通过少吃来向他人展示其可以控制饮食和体重，而是可以专注于照顾自己从进食障碍中恢复的脆弱身体。

继续修正父母和兄弟姐妹对患者的批判，特别是与将饮食控制权交还给患者的任务有关的批判

为什么

第 4 章讨论了家庭批判可能是导致较差治疗结果的普遍原因。

在第 2 阶段的背景下，治疗师如何处理任何来自家庭的批判，取决于家庭成员对青少年在恢复自主进食时所发表的言论。随着患者开始重新获得对饮食的控制和自主权，父母和兄弟姐妹对她的责备可能会重新出现，从而削弱她的最大努力。批判性的回应可能会破坏患者回归健康饮食的努力，加剧贪食症状，并引发更强烈的对接受家人帮助的抵制。有时，随着青少年变得更加独立，其会表达更多对父母权威的反抗，这反过来又会引发父母的批判。因此，在第 2 阶段，治疗师需要将重点放在尽量减少父母和兄弟姐妹的批判上。

怎么做

修正父母和兄弟姐妹批判的基本机制已经在前文中阐述过了。在这一阶段，尤其是当青少年被鼓励重新开始自主进食的时候，治疗师可以通过以下示范来表达对她努力的认可和接受，例如：

"你付出了很大的努力来控制自己的暴食。现在，我们只需要关注剩下的几个问题，这些问题让你很难完全停止暴食。"

或者：

"似乎你的父母对你有很高的期望，虽然你在某种程度上希望能够满足他们，但从另一方面来说你可能会觉得你永远无法实现它们。这可能会让你和他们有时候感到沮丧，甚至你们还会爆发冲突，尽管你们的目标是一致的——那就是帮助你回到青少年的正常生活中去。"

另一方面，如果治疗师需要解决青少年不合理的对抗行为，可能会问：

"你的父母这样多地干涉你的饮食，一直是一件令人难过的事，不是吗？你会不会觉得你现在有时和他们吵架，是因为对他们的干涉感到不满？"

继续协助兄弟姐妹支持患病的同胞

为什么

前面的章节详细说明了兄弟姐妹在治疗中的关键作用，以及为什么他们应该支持患病的同胞。然而，随着患有 BN 的青少年的状况明显好转，兄弟姐妹可能会觉得他们的工作已经完成了。的确，在第 2 阶段，帮助青少年忍受父母对饮食行为的控制这一方面的具体支持需求确实减少了。但青少年尚未完全康复，仍然需要支持，尤其是当她争取更多自主权的时候。在此过程中，兄弟姐妹在帮助她保持进步这一方面仍然很重要。

怎么做

前文已经阐述了让兄弟姐妹参与的策略。此时，通常只需要在每次治疗中继续提出这个问题并进行简短的讨论。治疗师可能会询问每一个兄弟姐妹："你有做什么让你妹妹（姐姐）这周感觉更好吗？"详细探讨兄弟姐妹行为背后的想法，以及生病的青少年对他们努力的感激或缺乏感激，是很有帮助的。如果患者有哥哥或姐姐一起参加治疗，他们在这一阶段就会特别有用，因为他们往往能够认同患者在青春期的更多典型挣扎（现在贪食症状已经不是中心问题），并能支持她对更大独立性的需求，理解她的青春期困境。

继续强调青少年自身的想法和需求与神经性贪食症相关的想法和需求之间的差异

为什么

继续强调 BN 相关思维（对体重、体形和食物的极端重视）与青少年自身信念之间的差异仍然很重要，以明确家长和青少年在成长与发展的共同目标。然而，在这一阶段，家庭和患者通常能更清楚地看到 BN 思维与青少年关于独立性和同伴社会关系的典型关注问题之间的分歧。继续区分 BN 思维和常见青少年关注问题的理由与之前一样，是为了减少青少年对自己患上 BN 的羞耻感，并鼓励家庭将问题视为 BN 而不是青少年本身。

怎么做

治疗师通过促成青少年与父母之间的协商，强调 BN 相关思维和目标与青少年自身目标之间的差异，使青少年能够安全地从父母那里重新获得对饮食相关活动的控制。因此，治疗师鼓励青少年为自己的康复设定目标；例如，重获因 BN 导致的严重营养不良而被剥夺的参加学校夏令营的权利。此外，治疗师还应探讨未能实现这些目标的情况，以激发青少年自身希望区分自己与 BN 的愿望。

以积极的支持态度来结束第 2 阶段治疗

为什么

与之前的会谈一样，治疗师在会谈结束时的态度是温暖且通常是祝贺性的，以便尽量减少内疚感、无力感和自卑感。通过保持积极和鼓励的态度，治疗师也帮助确保家庭成员继续感受到被重视，这有助于他们坚持治疗，即使在感到疲惫或转向其他紧迫问题时。

怎么做

与之前的治疗一样，治疗师总结了家庭的主要成就，同时指出了不足之处。为了在家庭准备离开时高效而温暖地结束治疗，治疗师可能会这样说：

"你们今天做了非常棒的工作，找到了帮助女儿准备下周重返学校的方法。你们也明确表示，你们有时会因她要求马上完全自主而受到挑战。在接下来的两周里，当你们与该问题作斗争时，请记住，你们是与神经性贪食症作斗争，而非彼此。"

治疗师会在离开治疗室时用心地和每位家庭成员告别，以使每个人都能持续感到被认可和重视。

治疗结束后的回顾

与第 1 阶段的所有治疗一样，主治疗师应该继续定期与团队其他成员一起跟进治疗进展，以确保所有人都同意进展如预期般进行，并能及时发现任何新问题。

第 2 阶段治疗的疑难问题解答

💡 如果患者对父母的努力表现出新的抵触情绪，该怎么办？

一些患者因为之前有过暴食或呕吐后感到压力和焦虑减轻的经历，可能会抵制父母对这些行为的控制及希望重建健康饮食习惯的任何进一步的努力。治疗师应该利用这个机会来说明 BN 所造成问题的严重性，以强调父母有必要继续坚持对这些行为的控制。例如，治疗师可能会提醒父母持续呕吐的医学并发症，如低钾、脱水、牙齿脱落及食管撕裂。这种干预的目的是再次引发父母的焦虑，让他们重新振作起来，努力让其青春期的孩子建立健康的饮食习惯。

💡 如果患者恢复了饮食的独立性，然后重新开始节食、暴食和清除的循环，该怎么办？

在这一阶段，患者及其父母应该为 BN 周期性地反复出现而做好准备，并告知治疗将给他们提供应对方法，以帮助处理未来暴食行为的复发。周期性的贪食症状可能是预后不良的征兆。为了减少出现周期性模式的可能性，非常重要的是不要过早地让患者恢复独立进食。尽管父母如何将控制权移交给患者的选择应该在理想情况下由父母和患者共同决定，但治疗师应该就这一过程的时间和节奏提供建议。然而，如果患者在恢复对饮食的控制后，重新回到节食、暴食和清除循环，则可以向所有人表明这一步还为时过早。治疗师应该迅速恢复父母的能力，让他们重新建立对女儿饮食的控制。治疗师和父母应该努力**不要表现出惩罚性的态度**。毕竟，是治疗师和父母错误地判断了患者是否准备好了在没有持续监管的情况下独立进食。然而，治疗师应该注意的是，如果向独立进食的过渡是经过双方仔细协商的，那么重新出现节食、暴食和清除的情况应该相对较少发生。

💡 如果父母开始过度依赖治疗师来解决问题，该怎么办？

在整个治疗过程中，治疗师会加强父母的能力，让他们自己找到解决方案，以恢复女儿的健康。对大多数父母来说，这种策略增强了父母的自我效能感，支持了他们的独立性。然而，一些父母可能仍会在咨询和建议上依赖治疗师，而这会削弱他们自身的力量。在这些情况下，治疗师将在第 2 阶段的几次治疗中帮助父母解决问题，使他们有机会找到自己的解决方案。

💡 恰当地关注并包含青少年主题的最佳方式是什么？

治疗师可能急于将治疗转向不同的重点，并在重建健康饮食与停止暴食和清除行为仍然过于薄弱时引入青少年主题。此外，患者可能会将对 BN 的注意力转移视为重新尝试暴食行为的潜在机会。这种转变将是令人遗憾的，因为这意味着治疗师将再次回到适合本阶段第一个目标的干预措施，即对 BN 患者进行一致的父母管理，并不可避免地延迟治疗过程。另一方面，治疗师也有机会在第 3 阶段处理青少年发展问题，而不会被分散注意力。治疗师应让家庭和青少年放心，这些主题或问题将在第 3 阶段得到控制、管理和更好的探讨。

💡 治疗师如何保持专注，保持整个家庭的参与，并从容地走向第 3 阶段？

这可能是治疗的一个难点，因为所有相关方（即家庭和治疗师）在几个月内一直专注于 BN 症状后，可能已经筋疲力尽。在患者的 BN 得到控制后，治疗师可能需要抑制自己和家庭想要减少进一步治疗的欲望。然而，正如之前所说，我们认为 BN 在某种程度上干扰了正常的青少年发展，而成功治疗的重要部分是确保患者在父母和兄弟姐妹的帮助下，重新顺利地度过青春期。无论这是一个简短而有限的过程，还是一个更复杂和详细的过程，治疗师的目标是确保患者成功回归青春期（这是第 3 阶段的核心重点）。

小 结

大多数被推迟到现在的青少年发展问题将在第 3 阶段得到更彻底的探索。当以下情况出现时，表明患者和家庭已经准备好进入第 3 阶段：

- 患者在没有父母监管的情况下规律饮食。
- 贪食症状不复存在，体重维持在理想体重（IBW）的 95%～105% 之间。
- 家庭可以讨论与饮食无关的青少年发展问题。
- 患者与同龄人表现出很强的联结。

当这些进展指标满足后，治疗师将开始将家庭工作转向更普遍的青少年发展问题上，从而开始进入第 3 阶段治疗。

第 11 章

第 2 阶段的治疗行动

本章提供了一个第 2 阶段治疗的案例。首先,简要回顾了过去一周左右的情况,在此期间治疗师有机会单独与青少年见面。在治疗的这一阶段,患者的饮食得到了很好的控制,有更多的空间让其和治疗师谈论一般性的事件和顾虑。父母在大约 10 分钟后加入治疗。根据使用的具体干预措施,这一阶段的治疗被分为不同部分,就像这一阶段的大多数治疗过程一样。此外,随着治疗过程的展开,会谈对话中会增加解释性的注释,以突出治疗师心中的特定目标。

作为提醒,本阶段治疗的三个主要目标是:
- 维持父母对进食障碍症状的管理,直到患者有证据表明其能够以健康的方式独立进食。
- 恢复青少年对食物和体重的控制。
- 探讨青少年发展问题与神经性贪食症之间的关系。

为了实现这些主要目标,治疗师应采取以下干预措施:
- 在每次治疗开始时给患者称重,并收集暴食 / 清除日志。
- 继续支持和帮助父母管理进食障碍症状,直到青少年能够很好地自主进食,不再有暴食和清除行为。

- 协助父母和青少年协商，将饮食控制权交还给青少年。
- 鼓励家庭成员检视青少年发展问题与青少年神经性贪食症发展之间的关系。
- 继续修正父母和兄弟姐妹对患者的批判，特别是与将饮食控制权交还给患者的任务有关的批判。
- 继续协助兄弟姐妹支持患病的同胞。
- 继续强调青少年自身的想法和需求与神经性贪食症相关的想法和需求之间的差异。
- 以积极的支持态度来结束第 2 阶段治疗。

注意，尽管上述干预措施都是第 2 阶段中的一部分，但这并不意味着治疗师将有机会在每一次治疗中实施每一种干预措施。例如，在接下来的案例中，患者的弟弟没有参加第 2 阶段的治疗，所以在这一治疗阶段很少有机会帮助弟弟继续支持姐姐。此外，丽莎的父母对她没有任何批判，治疗师也很少有机会来修正批判。因此，接下来的治疗行动案例能够为治疗师展示大部分（但不是所有）的典型第 2 阶段的干预措施。

临 床 背 景

丽莎是一名 18 岁的白种人女性，被诊断为 BN。她的身高是 63 英寸（约 1.6 米），体重是 138 磅（约 62.6 千克），BMI 是 24.5 kg/m^2。丽莎说她希望自己的理想体重是 100 磅（约 45.4 千克）。她和父母还有弟弟住在一起。丽莎因 12 个月前开始的贪食症状而到诊所就诊，同时她报告说，她每天暴食一次，催吐两次。丽莎没有服用泻药、利尿剂或减肥药，但在过去的 1 个月里，她大约每周进行一次补偿性运动。此外，丽莎经常在社交场合喝酒，尽管她最近喝得少了。在治疗开始前的几个月，丽莎每天要抽一包半的烟，但后来减少到每月一两包。她声称自己没有上瘾。丽莎月经规律，也没有口服避孕药。她否认有因进食障碍导致的任何功能损伤，也没有出现其他并发症。然而，她开始服用艾司西酞普兰①20毫克进行治疗，这是之前的医生为治疗"焦虑和情绪"症状开出的处方。丽莎和家人都更倾向于维持使用该药物及其剂量水平。

在每次治疗开始时给患者称重，并收集暴食/清除日志

治疗开始时，治疗师将患者带到自己的办公室，让她在那里称体重，并询问她在过去7天内有多少次暴食和清除行为。虽然这些数字被仔细记录在治疗师的暴食/清除记录表上，但在治疗的这一阶段，这些行为和症状在很大程度上都已经得到了控制。因为治疗已经进入后期阶段，更多的时间花在过去一周左右的一般性事件上。这段短暂的时间仍然是治疗师与青少年单独见面的唯一时间，提供了一个继续与她建立关系的重要机会。

治疗师：过去的几周过得怎么样？
丽莎：我周六去看了表妹的体操比赛，真的太久了——好像，大概是多长时间？我在那里待了将近10个小时。
治疗师：哇，你们全家都去了吗？
丽莎：没有，只有我、姑姑和表姐。然后，周日是姑姑的生日，所

---

① 艾司西酞普兰（Lexapro），一种选择性5-羟色胺再摄取抑制剂类抗抑郁药物，通过调节大脑神经递质水平改善情绪和焦虑症状，适用于多种精神障碍治疗。——译者注

以我们出去吃晚餐，还不错。我几乎每天都上午 9 点起床。

治疗师：哇！保持规律的作息时间很好，也会帮助你在规律的时间吃规律的食物。

丽莎：是的，我做得很好，只有两次我没有醒来。

治疗师：太好了，你是怎么做到的？

丽莎：闹钟。

治疗师：你买了那个新闹钟吗？

丽莎：不，我用的是旧闹钟。

治疗师：嗯。

丽莎：但是，是的，我醒来就饿了。大多数时候我都会在上午 6 点半左右醒来，就好像我体内有个时钟或什么东西能把我叫醒一样。

治疗师：所以，你醒来的时候感觉饿了？

丽莎：是的。

治疗师：这是不是意味着你吃早餐更容易了？

丽莎：一点点。

治疗师：很好。你每次起来都吃早餐了吗？

丽莎：是的。

治疗师：太好了！那真是太棒了！这么说你吃到三顿饭了？

丽莎：是的。

治疗师：还有吃什么零食吗？

丽莎：是的，我晚上吃了全麦饼干和一些其他的东西。

治疗师：听起来不错。

丽莎：是的。

治疗师：恭喜你！

丽莎：谢谢。

治疗师： 这真是巨大的进步啊。我知道开始真的很难……

丽莎： 是啊，嗯……

治疗师： 是妈妈帮助你起床还是你自己就可以做到？

丽莎： 有时妈妈会帮助我，但并不总是，我不太睡懒觉，而且如果我醒来，我就不想继续赖床了。

治疗师： 嗯。

丽莎： 我会下楼去吃早餐。嗯，我的意思是，我不能再睡了。

治疗师： 嗯，很好，真的很棒。这似乎是控制饮食和睡眠模式的最后一道难关了。

丽莎： 嗯。

治疗师： 你真的很努力地控制自己的饮食和睡眠模式。真的很棒，祝贺你！有出现过暴食和清除行为吗？

丽莎： 嗯，没有。

治疗师： 恭喜你！到现在已经4周了，一直没有暴食或清除行为。

丽莎： 是的。

治疗师： 哇，你吃了三顿饭，吃了零食，听起来你真的做了很多。很好，你想看看体重吗？

丽莎： 当然。

治疗师： 你有什么预期吗？

丽莎： 可能更多，更重，更重一些。

治疗师： 这是你所期待的吗？

丽莎： 我不知道以前是什么情况，所以……我忘记了。

治疗师： 实际上是121磅（约54.9千克）。我们的体重可能会在正常范围内波动，但最近有点下降，下降到了一个较低的水平。你一开始大约是138磅（约62.6千克），现在降到了126磅（约57.2千克），大约减了12磅（约5.4千克）。

丽莎： 好的。
治疗师： 你觉得体重变化的原因是什么？我知道你之后体重有上下波动。部分原因可能是波动，也许还有其他原因？
丽莎： 也许是消化食物的问题，也许是我的新陈代谢在起作用？我不知道。
治疗师： 我认为这是一个合理的解释。
丽莎： 嗯。
治疗师： 你觉得你的饮食既丰盛又健康吗？
丽莎： 是啊，我吃完就觉得饱了。
治疗师： 你有没有忽视过强烈的饥饿感，或者你觉得自己在正餐时间吃零食，而不是吃正餐？
丽莎： 没有，但我有两次在傍晚吃饭，因为我白天没有吃。
治疗师： 所以，你补偿了当天没有早点吃的饭？
丽莎： 是的，我补偿了。
治疗师： 嗯，很好，那太好了。好吧，我去叫你父母来。在我们让他们进来之前，你还有什么想谈谈的吗？
丽莎： 没有。
治疗师： 关于餐食你有任何想提的吗？
丽莎： 没有。
治疗师： 好的。

经过 5～10 分钟的交谈之后，治疗师邀请其他家庭成员到办公室加入他们。治疗师通常会通过与父母分享她的暴食/清除记录来开始治疗的这一部分，以使患者的报告与父母对这一周的印象相一致。如前所述，在治疗的这一阶段，很少会把时间花在此报告上，因为患者进展良好，饮食基本在她的控制之下。

继续支持和帮助父母管理进食障碍症状，直到青少年能够很好地自主进食，不再有暴食和清除行为

治疗师： 所以，你们的印象是，事情进展得很顺利？

母亲： 非常好。我们现在就像处在山顶上，心情很好。

治疗师： 上次见面后，你们在家里有特别注意到什么吗？

母亲： 她似乎一直吃到深夜，或多或少又开始吃麦片或燕麦片了，偶尔会吃肉饼或汉堡，这是她平时很少吃的东西。

丽莎： 不，我没有吃汉堡，我吃的是肉饼。

治疗师： 好吧。

母亲： 我想她大体上感觉好多了。

治疗师： 你们注意到她吃的食物种类变多了。

母亲： 是的。

治疗师： 她起得早，这意味着她在吃早餐。

母亲： 对。

治疗师： 她吃早餐时也饿了吗？

母亲： 是的，她很饿。我的意思是，她不是去吃苹果，她是去吃一碗燕麦片什么的，甚至我都没有给出建议，所以你知道她真的好多了。

治疗师： 所以，你们计划的一些事情，比如早上叫丽莎起床、设置闹钟，是有效的吗？

母亲： 是的。我想这是她下定决心的结果，她必须这么做。真的奏效了，你感觉好多了，不是吗？

丽莎： 是的。

母亲： 因为你定好了闹钟，所以你做到了。我们花了一些时间才弄明白，但现在我们更好地知道如何平衡睡觉和吃饭的时间。

治疗师：	我觉得你们真的做到了。我觉得那次治疗的大部分内容都集中在"我到底要做什么"的计划，以及你们要怎么告诉她。
母亲：	是的。我觉得她晚上睡得更好了。
丽莎：	我绝对睡着了。
治疗师：	嗯。
父亲：	是的，她马上就睡着了。
母亲：	嗯。

在上面的对话中，治疗师询问了丽莎在父母的控制下进食且不暴食和清除的困难程度。治疗的基调是积极乐观的，因为丽莎的进步非常显著。

协助父母和青少年协商，将饮食控制权交还给青少年

治疗师：	我真的认为，调整好睡眠和饮食是需要克服的最大也是最后一个障碍，因为一段时间以来，你的暴食和清除行为已经得到了控制。从一开始，你们一家人就能够在丽莎的饮食中加入新的食物，如果我没弄错的话，她自己一直也能做得很好。
母亲：	嗯。
治疗师：	所以，听起来你们过去所做的事情，比如监管饮食和在餐后监督丽莎，确实对暴食和清除行为有所帮助。到现在已经有1个月左右没有暴食和清除的症状了，这是很好的，而且你确保你吃了饭吗？
母亲：	是的。她似乎也运动得更多了。
父亲：	是的。

母亲： 我想这可能对睡眠有帮助。
治疗师： 嗯，上次我们谈了一点如何进行一些锻炼。（对丽莎）在运动方面你的（父母）帮助你什么了吗？妈妈做了什么？
丽莎： 嗯，第一天我们去散步，仅此而已。
母亲： 丽莎几乎一直在地下室锻炼。
父亲： 我想那是有帮助的。
治疗师： 你们认为丽莎自己做了很多这样的事情吗？还是因为你们一直在帮助她？
母亲： 绝对是靠她自己。
父亲： 是的。
母亲： 我想她觉得自己又独立了一些，就像以前一样。我真的这样觉得。她在很多事情上都让我参与，但我想她似乎变得更独立了，这对我们所有人来说都是一种很棒的感觉。
治疗师： 你看到丽莎在哪些方面变得更独立了？
父亲： 嗯，她更愿意出去，就像这次旅行一样，而且她是主动提出的。
治疗师： 所以，你们两位在活动中帮助她的时间少了，她变得更主动了？
母亲： 当然。
父亲： 哦，是的。
治疗师： （对丽莎）你同意吗？对于你父母说过的这些话？
丽莎： 是的。我父亲帮我制订运动计划，所以我不会做得太多。
治疗师： 这有帮助吗？
丽莎： 我真的不需要帮助了，我不想。
治疗师： 所以，这是你父亲帮你做的一件很正常的事，但并非专门针对吃饭方面？

丽莎：	是的。
治疗师：	好的。
治疗师：	看来情况好多了。这是一种自然的发展过程，你们已经在放手了，甚至在我们开始谈论这件事之前你们就这么做了。但我觉得效果很好，（对丽莎）你的反应也很好。
母亲：	（对丽莎）我想你已经准备好起来了，是吗？
丽莎：	是的。
母亲：	我们下周看看情况如何，等她离开我们，和她的表兄妹们一起玩的时候。
治疗师：	听起来这将是一个很好的机会来真正测试她的独立性。
母亲：	真的。她不会和我婆婆住在一起。她会住在大楼里的一间公寓里，所以他们会在食物方面自己照顾自己。她会有很多独立的时间，她要照顾自己，确保自己服用艾司西酞普兰，确保自己吃东西。
治疗师：	艾司西酞普兰的服用情况怎么样了？
母亲：	挺好的。你知道，她只服用了 5 毫克，这对她来说似乎已经足够了。她只是觉得自己不需要更多，如果她不需要，为什么还要给她更多呢？

在这段对话中，治疗师正在探索父母在减少持续监管的情况下对丽莎管理自己饮食行为的准备程度。在这种情况下，父母已经在试探丽莎是否有能力更加独立，并计划通过一次探亲旅行来测试她的能力。治疗师对这个决定很满意，因为所有迹象都表明父母的计划是合理的。如果治疗师对此有所担忧，可能会进行更深入的询问，但不会削弱父母的决策能力。

鼓励家庭成员检视青少年发展问题与青少年神经性贪食症发展之间的关系

治疗师：我认为现在，我们正处于第 2 阶段的末尾。第 1 阶段的重点是让你们减少暴食和清除行为，特别是清除行为，同时也努力增加食物的种类，确保丽莎有适当的正餐和零食。我认为你们所有人在这方面做得很好。第二阶段的重点是把这些问题的控制权交还给丽莎。听起来这正在发生。即使在此过程中，在食物方面，事情也在继续变得更好，因为你已经可以加入早餐。听起来我们已经到了第 2 阶段的最后阶段，一切又回到了丽莎的掌控之中。（对丽莎）你下周就要走了，要靠自己了，听起来还挺顺利的，你同意吗？

丽莎：是的。

母亲：我认为我们意识到她需要坐下来和我们一起吃晚餐其实是件好事。我想，作为一个神经性贪食症患者，这不是一件容易的事情。她会抽离，或者宁愿一个人待着。当她坐在餐桌旁的时候，她会和我们互动，和我们一起吃饭。我觉得这是在帮助她过程中取得的很大进步，因为她已经有一段时间没有和我们一起吃饭了。

父亲：但你知道她想。

治疗师：现在家庭聚餐怎么样？

父亲：家庭聚餐吗？恐怕还是那句空话（大笑）。

母亲：是啊，她和我们一起吃饭的次数多了。

治疗师：这是个开始。

母亲：然后，她还是要确保自己留了足够多的食物——她会带一点"在路上"吃。她会坐在餐桌旁做这些，我在厨房，而且如果我们谁从餐桌上起身得早……

父亲： 哦，她就开始了……我们得在这等她吃完。

母亲： 她说："我还没吃完呢。"

治疗师： 你丈夫和儿子就这么起身离开了？

母亲： 嗯，当他们吃完了——他们不喜欢坐着。

治疗师： 那你们是怎么决定吃什么的呢？怎么做的？

母亲： 我想这主要取决于我。你知道，我几乎知道每个人喜欢什么，以及他们想怎么吃。这主要是由我来决定。

治疗师： 所以每个人吃的东西都一样吗？

母亲： 是的，差不多。

治疗师： 所以你们大多数时候都在一起吃饭？

丽莎： 嗯。

治疗师： 你们吃的东西是一样的吗？

母亲： 是的，沙拉……蔬菜。

治疗师： 所有的饭菜都是你准备的吗？

母亲： 差不多。丽莎有点喜欢做饭，你知道，她会准备一些吃的。

治疗师： （对丽莎）真的吗？

丽莎： 是的。

母亲： 对，她会做蔬菜或主菜之类的。

治疗师： （对丽莎）你会对每顿饭都要做些什么提出意见吗？

丽莎： 嗯，有，她会问我晚餐想吃什么。

母亲： 有时我们会在网上点。我们有一天晚上做了干贝鸡，另一天晚上做了炖菜。

治疗师： 你们会去超市买东西吗？

母亲： 大部分时间我自己去，但我通常会问她是否需要什么。

治疗师： 你对这个安排满意吗？

丽莎： 我挺满意的。

治疗师： 你也会参与选择食材和准备工作吗？

丽莎： 是的。

治疗师： 好的。

母亲： 即使我不在，她也会这么做的。你知道，如果我今天不在家之类的，她就会做些吃的，这样她今天就有吃的了。反正前两餐她都会做。

治疗师： 对的。那么前两餐会怎么吃呢？

丽莎： 第一顿我吃沙拉，第二顿我吃蔬菜。

母亲： 但是在晚上 9 点以前。

治疗师： 你们没有和她一起吃早餐吗？

母亲： 没有……

治疗师： 还有午餐，你们具体在哪里吃？

母亲： 大部分时间在家里。

治疗师： 那分量呢，你是怎么决定的呢？你是自己决定的吗？

丽莎： 嗯，这要看我是否吃饱了。

治疗师： 这是晚餐吃的吗？这是你自己准备的，还是谁准备的？

母亲： 这是好还是坏？我们只拿我们认为能吃的东西。

治疗师： 每个家庭都不一样。

母亲： 是的。

治疗师： 在这个阶段，丽莎应该自己盛菜。

母亲： 她知道自己能吃什么，不能吃什么。

治疗师： 我觉得一切都很好。你又开始社交了，我觉得这是非常大的一步，这是你取得巨大进步的一个很好的标志。还有其他计划吗？你在做什么呢？我知道你下周就要走了，那之后你有什么计划吗？

丽莎：	我没有任何计划。我的意思是，明年秋天我不能待在家里。
父亲：	很好……我真的这样觉得。我们希望她能在一所安全的学校待上一年，如果她想去离家几个小时的大学，她可以去……
母亲：	……只要我们能在她有任何与神经性贪食症相关的问题时赶到她身边。
父亲：	关键是要在过程中做出好的选择。
治疗师：	丽莎对此怎么看？
父亲：	嗯，她想走得更远。她对学校的选择不满意，但我们希望她留在附近……
母亲：	……即使只是6个月，到明年1月或2月，只要我们感到放心，她也感到放心。但她在学业上给自己施加了很大的压力，我们得在身边多支持她一点。
父亲：	如果这行得通，那她就会努力去她选择的另一所学校。
母亲：	或者，她甚至可以在春季学期转学——那就太好了。
治疗师：	听起来你们俩意见一致。
父亲：	我们是的。
母亲：	我们只是还不知道她想要什么。等她下周走了，我们再看看她是怎么做的。
父亲：	嗯，你不一定非要上大学。
丽莎：	不，爸爸，我必须得上。
母亲：	嗯，我不知道。如果你感兴趣，我们可以看看别的，比如时尚，或者你感兴趣但不需要上大学的东西。有些人就不想上大学。你对历史这么感兴趣，我觉得这是一件好事，这是一个很好的退路。
父亲：	你可以做任何你想做的。
治疗师：	丽莎，你听到后的反应是什么？

丽莎： 我不在乎，但我想了解更多。
治疗师： 你现在知道你不想做什么了（指的是待在家里）。
丽莎： 是的。
治疗师： 你对你不想做什么已经很明确了？
丽莎： 都一样，我的意思是……（大笑）
父亲： 因为如果你想去上大学，你最好告诉我们，你想去哪里，因为你得让我们知道。你不能在最后一刻才告诉我们。
治疗师： 你想过这个问题吗？
父亲： 这不是高中了，所以……
丽莎： 嗯，我只是不知道我想做什么。

在这些对话中，治疗师开始鼓励家人帮助丽莎恢复正常的社交生活，这种社交生活因为需要处理她的进食障碍而受到干扰。治疗师的目的是在第 2 阶段的早期治疗中把丽莎的社交生活问题提上议程，但不一定要仔细探讨。随着第 2 阶段治疗的推进，治疗师将会进一步深入探讨这个问题。

协助父母和青少年协商，将饮食控制权交还给青少年

治疗师： 在这一早期阶段，尝试协商丽莎日益增长的独立性是一件困难的事。每个家庭都会找到不同的合作方式，并弄清楚下一阶段该怎么做，因为饮食失调确实会打乱很多正常活动。因此，丽莎在该阶段参与各种适合她年龄的活动是很重要的。丽莎，你开始通过外出、和朋友共度时光、更多地进行社交来真正参与这些活动。我知道，我们已经在几次治疗中讨论过这个问题，关于提前计划和你会从中得到什么。我认为每

个家庭都会找到不同的办法为接下来会发生的事达成一致，而弄明白这件事是家庭的职责所在，但有时这很困难。你们已经在很多不同的方面进行了协商：首先是在饮食方面，围绕着暴食和清除行为，找到一种方法来监管饮食，但又不会造成太多干扰。你们已经就如何把控制权交还给丽莎进行了协商，而现在大学这个问题是下一道难关。

母亲：我们需要让她在某个地方感到舒服，如果她感到舒服，我们也对她放心，那么她就会好起来的。

父亲：我想我们应该列一个你想去的地方的清单。

治疗师：我看到你们做得很好的一点是在艰难的抉择中继续努力。作为父母，你们为丽莎提供了大量不同的选择，帮助她在食物和进食方面做出新的选择。还记得那时候吗？在最开始的时候，我们还在讨论进食障碍的问题，努力想办法增加丽莎的餐量，确保食物是健康的、有营养的？一开始提出的很多选择并不完美，但你们找到了非常好的方法让事情向前推进。你们提到的一些建议听起来像是做出正确选择的好方法。

父亲：嗯，我们在这里帮助她做任何她想做的事。

治疗师：你觉得怎么样？

丽莎：可以。

母亲：我们需要知道你的想法，然后我们会尽力帮助你实现目标。

父亲：还有，别去图森（指旅行或大学选择）。好吧，你可以把它列在名单上，排在很后面（笑）。

母亲：我们要列出那个清单。你甚至可以去奥兰帕克，那里有很多选择，你只需要意识到它们的存在。我认为我们很擅长识别选择。

治疗师：我认为你们在这方面做得很好，你们在协商中发挥了非常重要的作用。我觉得你们对彼此的敏感是非常有意义的。很明显，甚至从一开始，你们就很擅长与彼此相处。尤其是作为父母，你们非常了解自己的女儿，了解她为了继续向前需要什么，以及你们能如何支持她做到这一点。

母亲：嗯，有一段时间我们真的非常困惑。约翰和我已经束手无策了。

父亲：一年前，我们的状况糟透了。

母亲：确实如此。

治疗师：事情就是这样，进食障碍会让你感觉好像不知道自己在做什么。

母亲：太可怕了。

治疗师：嗯，重要的是继续前进，把控制权交还给丽莎，并弄清楚下一步该怎么做。治疗的最后阶段关注的是青少年的问题，以及你觉得被进食障碍干扰了的其他事情。我首先会回顾一下什么是青春期的发展，下次治疗我们会详细讨论这个问题。然后，我们将在最后 4 次治疗里集中讨论你们认为重要的问题。现在我们是第 15 次治疗，但我觉得事情进展得很顺利，我们可能不需要做完整的 20 次治疗？

父亲：拜托，我们还是希望完成全部 20 次。

母亲：大家都不着急。

父亲：我突然想到，如果事情变糟或发生了什么事怎么办？我们该怎么办呢？

治疗师：嗯哼，答案是什么呢？

父亲：我不知道。

母亲：你会一直跟进她的进食情况吗？

治疗师：我认为父母有这种感觉是很常见的，这是很多人在治疗接近尾声时的一个问题。

母亲：	不过，我想她已经意识到，按时吃饭不会让她长胖。如果我说错了，请纠正我，丽莎。她吃了很多东西，甚至有时吃点冰淇淋或其他甜点。有几周，她会掉一两磅（0.5～1千克），然后保持不变。你知道，她的体重一直保持在某个范围内。
治疗师：	是的，她饮食规律，能够保持健康的体重。
母亲：	像个正常人一样。我希望她知道自己能战胜进食障碍。我不知道，我不知道她什么时候离开我，周围的人……我不知道……我觉得当我不在她身边时，会有些不同。
丽莎：	更瘦的人？你是这个意思吗？
母亲：	不，我指的是那些不吃饭或只吃快餐的人。

在这次对话中，治疗师用外化的方式帮助这个家庭看到BN对他们和丽莎的生活造成了多大的影响。治疗师还讨论了在确保父母理解他们责任的同时与丽莎协商这些改变的有效性。在第1阶段和第2阶段，与患有BN的青少年进行协商的次数要比与患有AN的青少年频繁得多。协商是解决青少年和父母之间分歧的方法之一，可以最大限度地减少紧张和批判。

以积极的支持态度来结束第2阶段治疗

治疗师：	我认为在后期我们会越来越关注这个问题。我想有一点非常重要，需要牢记在心，那就是要意识到你们在此治疗过程中所做的一切。我只是一个引导者，因为该过程一直在你们的家庭中进行。从一开始，你们就是做所有事情的人。当你们前来治疗的时候，你们意识到出了什么问题。你们把丽莎从学校接出来，并让她马上接受了治疗。在整个治疗过程中，

你们作为一个团队发挥了积极的作用。我认为这正是使治疗成功克服进食障碍的关键。

母亲：但问题是，当她搬出去后……怎么办？

治疗师：对。

母亲：没有我们的帮助，她能够在那里好好吃饭吗？

治疗师：（对丽莎）你有什么回应吗？

丽莎：完全可以。

父亲：嗯，目前来说是完全可以，但是在她搬出去之前，她还有5个月的时间来巩固她的进步。

母亲：是的，而且她必须意识到我们仍然在那里支持她。

父亲：我们只是想确保我们离她很近。

治疗师：你们已经注意到丽莎的思维方式发生了一些重大变化。你们说的是希望她的思维更加清晰。是的，你们还有很多时间来巩固这些成果。但在某种程度上，你们已经看到这种情况发生了。从一开始，丽莎就表现出了态度上的转变，从那时起，这种转变有增无减，我认为记住这一进步很重要。现在你们也在说不要离她那么远，这样你们就可以在现实中提供支持，同时你们也能参与丽莎的生活。所以，你们想从这个角度出发来谈。

父亲：是这样的。

母亲：我想她已经准备好向前看了，不再和我们这么亲近。你知道……她在那种情况下很难，我们在那里，你知道她可以让别人进来宿舍或者什么的，和男孩子一起打扫房间，没有太多的隐私，室友来来往往。他们都是19、20岁，你知道，这对她来说非常尴尬。

治疗师：这样的生活安排行不通吗？

母亲：	是的，是时候改变了，而且我觉得她真的很想念学校。
治疗师：	你想帮助她回到那个世界吗？
母亲：	是的，你得冒点风险，你知道，她只是得知道我们在那里。
治疗师：	你们做得很好，你们所有人都做得非常好。我知道我已经说过很多次了，但我对你们真的印象深刻，作为一个家庭，你们能这么快、这么高效地做这件事。你们非常了解我们在处理的是什么问题。而且，你们真的在这方面做得非常出色，付出了 100% 的努力。
母亲：	谢谢。
父亲：	谢谢。
母亲：	有人告诉我一个有神经性贪食症女儿的母亲的故事。那个母亲谈到，你会一直想着这个问题，想着她是否在好转，直到有一天你完全忘记她曾经有过神经性贪食症。我真希望能快点到那时候（笑）。
治疗师：	你们现在处于哪个阶段了？
母亲：	我们想的次数少了很多，有时甚至会忘记这件事。

治疗师以热情和乐观的态度结束了治疗。这段简短的回顾就像是第 2 阶段首次治疗的收尾总结：它为之前的工作指明了方向，并展望了未来的工作。下面的章节概述了第 3 阶段的目标和干预措施，并以一个实际治疗的最后一段案例作为结束。

第 12 章

第 3 阶段：青少年发展问题
（第 17～20 次治疗）

在本章中，我们将讨论第 3 阶段的目标、干预措施和时间安排。治疗师可以预计在该阶段可能会花费比分配的 4 次治疗更多的时间，特别是在那些从第 1 阶段到第 2 阶段进展相对顺利和迅速的情况下。然而，我们通常假定第 3 阶段本身并不是青少年问题的解决方案，而是在 3～5 次治疗中讨论这些家庭特有的问题。我们的目标是让家庭成员能够在问题出现时，具备解决这些问题的能力。在本章中，我们还将对青少年发展与进食障碍的关系进行一般性的讨论，作为对这一阶段要解决的总体问题类型的介绍。最后，我们将重点讨论在这种类型的治疗中如何进行结束阶段的管理。

当患者的贪食症状消失、热量限制减少、体重稳定，并且关于饮食的决策权完全由青少年掌握时，第 3 阶段就开始了。换句话说，父母和青少年都对青少年能够控制自己吃什么、什么时候吃、是否吃而感到放心。这个评估取决于青少年的年龄及每个家庭在饮食方面的具体规则和习惯。这一阶段的核心目标是培养健康的青少年和父母的关系，在这种关系中，疾病不再构成互动的基础。这一目标包括在其他所有方面，努力实现适当的代际界限，以及父母需要在子女即将离家之际重新安排他们作为夫妻的生活。关注父母的职业和娱乐兴趣，也是该阶段的一个合理焦点。与 AN 的情况不同，大多数患有 BN 的青少年都具有与年龄相称的独立性，所以在个人自主性问题上的关注相对较少。

在这一阶段，治疗可能会对青少年的离家、独立和性心理发展等问题进行讨论，因为青少年与父母的关系不再纠缠于进食障碍。每个家庭都会有其独特的问题，治疗师应让家庭决定在会议中讨论哪些问题。治疗师通常帮助父母认识到他们可以有个人的优先事项——他们可以作为夫妻和个人寻求自己的道路，而他们的孩子将越来越多地在他们的生活中扮演不同的角色。这些最后的治疗并不是要解决这些问题；相反，它们旨在帮助父母向孩子传达这些事情是父母所关心的，而他们作为夫妻会处理这些问题。

第 3 阶段的准备工作

第 3 阶段是一个短暂的阶段，其特点是确信贪食症状基本消失，而且这些症状很可能不会复发。因此，症状不再是讨论的重点。然而，治疗师仍需处理进食障碍可能再次出现的担忧。此外，尽管患者可能仍然对体重和体形问题有些担忧，但对此类担忧的讨论不再充满焦虑。如前所述，当贪食症状消失、体重处于正常范围内（如果这是一个问题的话），并且健康饮食的责任已经交还给患者（考虑到她的年龄，这是适当的）时，青少年就已经准备好进入第 3 阶段。青少年与父母的关系不再集中在症状相关的行为上，可以开始讨论一般的青少年发展问题（如离家、独立、性心理发展）。

在这些治疗中采用的技术是基于患者及其父母在治疗师指导下日益增加的自主性，这种自主性在前两个治疗阶段得到了发展。也就是说，与治疗师的治疗间隔越长（间隔 3～4 周）相较于 BN 症状主导日常生活时，家庭预计能更好地应对青少年的一般性挑战。从这个意义上来讲，家庭和患者已经准备好将青春期的问题视为一个发展过程，支持青少年从父母的控制中获得最终的自主和解放。

在第 2 阶段较为乐观的情绪基础上，家庭往往会感到更有精力和兴趣去处理更普遍的青春期问题，这些问题往往比 BN 更容易处理。由于他们成功地帮助女儿重新建立了健康的饮食习惯，现在整个家庭对她在青春期的成功充满希望。这并不意味着对于女儿从孩子到青年人的身份转变不会有一种失落感，事实上，这种失落感可能确实是需要探讨的主题之一。然而，这些治疗的乐观情绪，支持了这个家庭的能力，以应对青春期的持续挑战。

在整个治疗过程中，治疗师一直对青少年保持支持的立场，同时小心地将她与 BN 的症状表现区分开来。特别是在这一阶段，治疗师为她日益增长的合理的自主需求，提供了充分的支持。如果治疗师在早期阶段成功地与患者建立了联结，那么其任务就会简单一些。这一点强调了在早期治疗过程中，避免只关注父母，而应将青少年视为自己康复过程中的积极参与者。为了让最后一个阶段发挥作用，治疗师继续强化早期的联盟是很重要的。

最后，这个短暂的阶段只能直接讨论一些主要问题和挑战，如约会、离家、选择大学。这种时间限制促使家庭和治疗师在治疗期间优先处理最重要的问题，同时承认家庭在治疗之外可能要考虑的其他问题。从这个意义上来说，该阶段构成了对从进食障碍中康复的青少年的针对性家庭治疗。

与从第 1 阶段过渡到第 2 阶段以及从第 2 阶段过渡到第 3 阶段的情况一样，治疗师会向家庭宣布过渡；换句话说，治疗师会让家庭知道何时已经取得了足够的进展，可以"毕业"到治疗的下一个阶段。当青少年和父母从第 2 阶段过渡到第 3 阶段时，治疗师会简要总结最后这一阶段的主要内容。特别是，治疗师会明确指出，尤其是对青少年来说，回顾贪食症状和给患者称重不再是该阶段的核心内容，因为假设这些问题已经不再是治疗的重心。

这一治疗阶段的主要目标是：
- 确定青少年与父母的关系不再由贪食症状来定义。
- 与家庭一起回顾青少年的发展任务。
- 结束治疗。

为了实现这些主要目标，治疗师应采取以下干预措施：
- 与家庭一起回顾青少年问题，并示范如何解决这些问题。
- 让家庭参与回顾青少年问题。
- 界定并探讨青少年主题。
- 询问父母作为夫妻有多少专属于两人的时间。
- 为未来可能出现的挑战和问题做好准备。
- 结束治疗。

青少年发展与神经性贪食症

BN 的 FBT 第 3 阶段在结构上与在 AN 中使用的非常相似，不同的是，与青少年 BN 患者相比，治疗师通常处理 AN 患者更早期的青春期问题。许多患有 BN 的青少年在接近治疗完成时进入青春期的后期阶段（请参阅下文对青春期阶段的回顾）。例如，规划大学和职业生涯，以及获得在家庭之外建立更有意义的人际关系的技能，这些可能是在最后治疗阶段讨论的成熟话题。一般来说，这一阶段的特点是对同龄人情感和性亲密的愿望增加，以及对来自家庭支持的需求减少。在这一治疗阶段可能出现的挑战来自某些领域的残留问题，如对父母或家庭在情感或身体上的持续过度依赖，对身体意象、性和亲密关系的持续焦虑。所有这些问题都可能受到 BN 的负面影响。例如，一个患有 BN 的青少年可能特别不愿意与伙伴展示自己的身体，因为担心自己体形无法被接受。FBT 不仅能帮助那些对支持女儿发展恋爱关系感到焦虑的父母，也能为那些可能阻止女儿探索职业或教育机会（这些机会让青少年离家在外）的父母提供助力。父母也必须完成与孩子青春期过程相关的发展任务。以下是一些在治疗过渡阶段可能对父母有所帮助的建议：

- 培养一些仅涉及夫妻双方的活动、兴趣和技能，以构建父母角色的后期生活。
- 发展作为夫妻的身份（如不仅仅是作为父母的身份）。
- 探索将父母的角色、工作、休闲兴趣和学习与家庭中正在成长的年轻人的兴趣和需求相结合的方法。
- 接受成长中青少年的性发展、性取向、性兴趣方面所具有的独特生理和情感特征。
- 放弃那些适用于儿童早期发展阶段的技能、态度和活动。
- 发展个人能力，提高青少年将父母视为成长中个体的能力。

每个话题都可能成为治疗第 3 阶段的一个主题。如果父母未能完成这些任务，可能会使青少年更难完成向成年的过渡。治疗师可以利用这一清单来确定在治疗阶段中对夫妻进行干预的具体重点。

第 3 阶段的团队合作

团队合作可能会从第 1 阶段发展到第 3 阶段，因为在主要治疗干预之外的团队成员的参与将会减少。通常，当患者成功进入第 3 阶段时，儿科医生早已减少对患者的监控，因为记录的进展表明青少年在医学上是安全的。然而，很有可能（也应该鼓励）患者继续维持这些关系，至少直到治疗结束。治疗团队成员之间的关系（如治疗其他共病的协作治疗师），仍然像以前一样活跃和重要。当家庭走向治疗结束时，他们可能会尝试让其中一名或两名治疗师参与到家庭动态中来破坏这一过程。同样，对已经在该患者和家庭的康复上投入很多的治疗师来说，结束治疗也可能是困难的。治疗团队可以帮助更清楚地识别这些问题，从而系统地进行处理。

与家庭一起回顾青少年问题，并示范如何解决这些问题

为什么

由于许多年轻的 BN 患者在处理一般的青少年发展问题时会遇到困难，所以在贪食症状减轻后，帮助她们及其父母重新回到青春期的正轨上是很重要的。在极少数情况下（与 AN 患者相反），严重的贪食症状可能需要青少年患者暂时离开学校。在这种情况下，由于克服 BN 所需的行为、心理和医疗需求，她可能会继续依赖父母。由于青少年在几个月甚至几年的时间里与 BN 作斗争，其可能无法完全与同龄人保持同步。在贪食症状消退后，这些其他问题可能需要得到解决。可以预见，这一领域的需求范围很大，而能否成功解决这些问题将取决于患者个人及其家庭应对这些问题的资源。例如，在一个相对没那么复杂的案例中，健康饮食的建立比较顺利，家庭问题较少，帮助青少年重回正轨可能相对简单。另一方面，如果在第 1 阶段和第 2 阶段中重新建立健康饮食的过程不顺利，或受到共病、其他家庭或个人问题的影响，则可能需要在第 3 阶段进行更多的工作，以解决这些

具体的共病问题及其对青少年持续发展的影响。在这一最后阶段，患者对其在重建健康饮食过程中所受对待的愤怒，也可能成为关注的焦点。父母承认他们能为女儿的不满做些什么是很有帮助的，因为她可能觉得自己被剥夺了某些东西。必须强调的是，这里描述的方法更适用于病情不那么复杂、在第3阶段已经稳固重建健康饮食的患者。非常复杂的病例很可能需要额外的青少年家庭心理治疗，而在这种情况下需要处理的问题可能远远超出本手册所提供的纲要。

怎么做

治疗师应该通过回顾患者及其父母迄今为止共同取得的进展来开始这一阶段。通过这种方式，治疗师应揭示治疗早期由治疗师、青少年或其父母所识别的相关挑战。这些问题在治疗过程中被推迟，以便专注于解决不健康的饮食行为。通过将父母引导到青少年发展的主题上，治疗师可以确定一系列需要考虑的主题，并帮助确保将最相关的挑战纳入讨论。对于情感上更为敏感的问题，如性发育和性行为，如果家庭试图回避这些问题，可能需要特别强调。在治疗的这一部分，治疗师以近乎独白的方式传递这些信息是很常见的。

让家庭参与回顾青少年问题

为什么

让父母参与对青少年问题的回顾，因为这些问题与孩子的发展有关，有助于父母和青少年识别并明确关注的领域。这可以向父母证明，他们帮助青少年克服 BN 的技能对其他非进食障碍问题也有帮助。以这种方式让父母参与进来，还可以帮助青少年在治疗师的支持下根据自身年龄和治疗所处的这一后期阶段，引导父母把握好参与的尺度。它还有助于通过重复和使信息更具有个人相关性，来强化治疗师刚刚进行的关于青少年发展的迷你演讲的内容。

怎么做

正如在第 2 阶段结束时谈到的，治疗师和家庭现在可以解决一些已确定的青春期问题。例如，治疗师可能会提到，在治疗早期，患者抱怨父母很少让她自己做决定，"几乎所有事情都是这样"。在治疗的那个阶段，治疗师并没有要求青少年详细阐述。然而，第 3 阶段是更彻底地审视这些问题的合适时机。例如，治疗师可能会问青少年：

"让我们再多谈谈你的感受，你的父母不允许你自己做很多决定，或者任何决定。你能再跟我多讲一些吗？"

同样，家长可能会被要求对女儿所说的话给出他们的想法，陈述他们对家庭决策的看法。这样的讨论给了治疗师一个机会，来帮助家庭探讨决策和适龄自主的问题，以及如何解决这种困境。如果治疗师能够识别出所有家庭成员提出的问题，这是很有帮助的。要做到这一点，需要治疗师从治疗过程的一开始就对第 3 阶段可能出现的问题保持警惕，并将这些问题记录下来，以便在第 3 阶段中用作具体的例子。重要的是，治疗师要让父母和青少年能够就青少年发展的特定问题（如约会、离开家的时间、离家）达成一致。这种讨论类似于第 1 阶段所采用的策略，即让父母与青少年合作，共同应对 BN。这里的目的是让父母和患者一起探讨青春期的过程，鼓励他们以自己认为合适且适用于自己家庭的方式来认识和处理这些问题。

在确定了部分关键问题之后，治疗师会花几分钟时间，概述所有青少年家庭可能会遇到的问题类型，比如过了宵禁还不回家、被发现喝酒、尝试娱乐性的毒品，或者告诉父母他们与伴侣发生了性关系，这有时是有帮助的。这种概述既有助于使患者和家庭的青春期过程正常化，同时也为家庭提供了有关这一常规过程的教育机会。接下来，治疗师应该尝试将患者及其父母发现的问题融入所呈现的青少年发展的整体计划中。这应该是一个互动的过程，让父母将自己过去的问题纳入整个青少年发展计划中。例如，治疗师应该要求父母谈谈他们自己在青春期的经历。认识到他们自己在青春期所面临的挑战，可能会帮助他们更好地理解女儿的挣扎。治疗师应该在此过程中提供指导，但也应该允许青少年与父母进行大部分的讨论。

界定并探讨青少年主题

为什么

既然 BN 行为已经成为过去，为了帮助家长找到管理青春期过程的方法，治疗师应该在解决问题方面提供有针对性的帮助，这可以作为他们完成治疗后在家中努力的模板。重要的是，父母和青少年需要在没有饮食问题干扰或成为沟通焦点的情况下，探讨一些青春期的问题。家庭成员需要认识到，既然进食障碍已经不复存在，他们确实有能力处理更多的一般性问题。

怎么做

通过在早期治疗阶段使用的循环提问策略，可以实现划定和探讨青少年主题的任务。这种技术涉及整个家庭，并有助于"具体化"问题。有关问题的细节必须显现得足够多，以便为治疗师提供材料进行解释。当然，到目前为止，治疗师将对家庭如何处理（或不处理）某些问题有一个深刻的理解。这种知识提供了相当大的优势，因为家庭处理饮食和体重问题的方式可能与处理其他青少年问题的方式类似。例如，如果确定一个主题是患者在发展友谊的过程中需要得到支持，治疗师可能会首先分别询问父母对家庭外朋友重要性的看法。接下来，治疗师可以询问青少年是否同意父母的看法，以及是否觉得父母在发展友谊方面给予了支持。如果还有其他青少年家庭成员，也应该征求他们的意见。当家庭成员描述他们的想法和经历时，治疗师应该做好准备，在出现问题时提供帮助。例如，如果很明显父母过于限制了，治疗师应该问父母为什么他们觉得有必要限制女儿，以及什么会让他们更开放地接受她发展家庭外的友谊。接下来应该进行讨论，以使治疗师、患者和父母就如何在父母担忧的情况下让发展友谊变得更容易这一问题达成一致。

询问父母作为夫妻有多少专属于两人的时间

为什么

既然进食障碍的紧迫危机已经过去，父母也要成功地培养他们自己的关系，这一点很重要。大部分治疗都鼓励父母在面对女儿的BN困难时采取联合行动，这可能已经成为一段时间以来夫妻相处的主要方式。然而，为了既支持女儿增加适当的自主权，也支持他们自己的关系，治疗师有必要关注父母的需求和他们的关系。

尤其是这种治疗和这一阶段的治疗，并不是试图为夫妻提供一个简短的治疗，也不是试图完成一个针对青少年发展的全面家庭治疗。相反，这一阶段的目标是帮助父母认识到在女儿恢复健康并顺利进入青春期发展的新背景下，他们需要重新审视自己的关系及关系中的需求。如果治疗师认为适当且必要，可以设定适度的期望来处理父母之间的关系，特别是如果夫妻之间存在重大关系问题时。这种干预不应构成伴侣治疗，如果需要解决重大关系问题，应进行专门的治疗。然而，在许多情况下，进食障碍及其治疗是父母关系脱轨的根源。在这些情况下，治疗师仅指出可能需要解决的潜在问题，就足以使事情走上正轨。另一方面，在进食障碍发生之前就存在的父母问题，可能为了女儿的健康而暂时搁置。这些问题可能会在此时重新出现，但本手册中的治疗方法可能无法解决这些类型的问题。相反，夫妻可以寻求其他治疗，治疗师应帮助促成这种转诊。

怎么做

为了实现这一治疗目标，治疗师应该询问父母，他们在一起度过的时间、他们一起做什么事情，以及这种模式与他们在 BN 出现前的相处情况有何不同。治疗师不需要提出关于如何改善这种关系结构的具体想法，而是应该鼓励夫妻双方自己探讨这些问题。治疗师应明确表示，这并不是转向伴侣治疗，只是试图鼓励夫妻更多地思考他们之间的关系，以及作为夫妻如何共度时光。如果讨论演变成父母之间的严重不和，治疗师当然会进行干预，并为他们提供适当的伴侣咨询转介。

为未来可能出现的挑战和问题做好准备

为什么

为了支持家庭，治疗师帮助家庭成员找到应对未来困境或挑战的方法是很重要的。治疗师的这种努力不仅传达了对家庭的持续投入，还提供了在问题出现时的具体解决方法。

怎么做

治疗师可以对未来可能会遇到的问题提供一些指导；例如，患者即将离开家上大学或工作、父母如何帮助促进这一阶段的过渡、在本治疗阶段中没有时间探讨的针对性问题（如与父母过于亲密的依恋关系，或父母对患者交友的担忧）等。治疗师需要注意把握时间和重点——这是治疗的一个简短阶段，青少年发展问题的回顾应优先于其他问题。因此，该特定的治疗干预不应超过一次治疗的时间。重要的是，让所有家庭成员都有机会参与和讨论，治疗师应引导对话，让每个在场的家庭成员都有机会表达他们对如何应对未来困境的看法。尽管如此，患者和父母的问题可能会在讨论中占据主导地位，正如该阶段的早期治疗中一样，不过这种情况可能会有所减轻。

结 束 治 疗

为什么

与在治疗开始时问候家人一样，以尊重的方式结束治疗的过程也同样重要。此过程应该明确地结束治疗关系，并对青少年及其父母传达真诚的信心，使他们相信在未来如果出现问题时，他们能够成功应对。按照本手册中描述的家庭模型进行的青少年 FBT 大概会持续 6 个月。尽管早期的治疗干预最为密集且间隔最短，但在治疗的后期阶段，与家庭的互动虽然频率减少，但仍然重要且有意义。早期治疗中，治疗师利用自己的权威，使家庭认识到疾病的严重性，从而与治疗师建立起密切的关系。在第 2 阶段和第 3 阶段，我们付出了巨大的努力来减少对治疗师的依赖，同时增强患者和家庭的自主功能，以实现成功消灭疾病的最终目标。这里采用的结束方法并非特定，但关键的是，家庭有机会回顾整个治疗过程，讨论复发预防，与治疗师告别，治疗师也有机会在分离的过程中传达乐观态度和支持。

怎么做

在最后一次治疗时，治疗师应该预留大约一半的时间，通过与每位家庭成员告别来结束治疗。这种结束仪式应该与首次治疗时对每位家庭成员的重要而细致的问候相呼应。应重视每位家庭成员的参与，对代表家庭所做的工作给予充分的赞扬。治疗师的举止态度应该是真诚的温暖、令人安慰的品质和适度的乐观。每位家庭成员都应该有机会向治疗师告别。治疗师的目标是鼓励家庭顺利前进，并成功地应对未来可能出现的任何问题。

这次治疗的主要方法是倾听。治疗师要求每位家庭成员回顾其从开始到结束的治疗经历。治疗师可以通过划分治疗的各个阶段，并强调每位家庭成员在过程中出现的某些问题来帮助推动这一过程。此过程应该从父母开始，其次是患者和兄弟姐妹，应注意包括所有家庭成员，但必要时，父母和患者可能会占用更多时间。治疗师必须仔细安排这次治疗的时间，以确保用于回忆的时间不超过分配时间的一半。可以使用的具体策略包括要求每位家庭成员描述自治疗开始以来，BN 和家庭功能方面发生了怎样的变化。家庭成员提供的例子越具体，每个人就越能清楚地知道到底发生了多大的变化。该过程还可以帮助家庭成员确定继续工作的方面和需要改进的方面。

第 3 阶段治疗的疑难问题解答

💡 如果家庭在亲子沟通中坚持使用贪食行为并保持对食物和体重的关注，该怎么办？

可能在一些家庭中，即使最严重的贪食症状和相关担忧已经过去，他们仍然存在一种持续的模式，并将对暴食和清除行为的担忧作为彼此沟通的方式。在这些情况下，治疗师的目标应该是找出这种关注仍然存在的原因。例如，父母过分担心疾病没有得到解决，他们发现除了担心进食障碍之外，很难以其他任何方式与青少年建立联系。在这种情况下，治疗师会重申对青少年临床状态的现实评估，并通过心理教育试图让父母放心，他们的女儿确实变好了。治疗师会把谈话从疾病的话题引开，并以非常直接的方式向父母指出实际的讨论话题。这样的关于青春期的讨论，可能有助于让家庭重新关注更合适的问题。在此节点上，治疗师可能会发现，直接探讨整个家庭对贪食症状的关注，对于更好地理解这种持续性的关注是有帮助的。

💡 如果父母否认青少年存在其他问题或困难，该怎么办？

有些家庭很难承认，除了 BN，他们的家庭可能还存在其他问题。如果是这样的情况，很重要的是治疗师需要引导父母和青少年认识到治疗师所发现的任何问题领域。使用本章"界定并探讨青少年主题""询问父母作为夫妻有多少专属于两人的时间"所描述的治疗干预中提供的一般性回顾策略，来讨论与青少年相关的典型问题，可能会有所帮助。这样，治疗师能够以一种非病理化的方式来识别任何有困难的问题，并且以不批判家庭的方式来讨论这些问题。

💡 如果父母不参与对青少年发展过程的回顾，该怎么办？

与回顾青少年发展过程的治疗干预相关的一个可能问题是，治疗师可能会成为一个关于青春期的讲师。因此，治疗师可能会无意中创造出这样一种场景，即治疗师进行了大部分的谈话，而父母（在某种程度上也包括青少年）没有直接参与这些青少年问题的回顾。虽然治疗师应该被视为青少年发展过程领域的专家指导，但这种讨论应该是与家庭的合作讨论，以提供互动的机会。如果治疗师发现自己处于这样的位置，则可以将焦点转移到父母自己的青春期经历上，以此作为一种邀请父母参与讨论的方式。治疗师直接要求父母重温自己在青少年时期遇到的一些挑战是很有帮助的。这不仅有助于让他们成为讨论的一部分，也有助于父母重新审视自己的策略，帮助他们的女儿应对类似的挑战，尽管这些挑战发生在 30 年后。

💡 如果父母不认为与孩子分开、夫妻花时间独处对培养婚姻关系有价值，该怎么办？

很少有伴侣认为他们不需要与孩子分开，而拥有作为夫妻单独相处的时间。然而，在患者是独生子女的家庭中，伴侣可能不太愿意与孩子分开。在这种情况下，提醒父母女儿很快就要离开家，可能是一个很好的让他们和孩子分开进行活动的尝试。

小　结

在相对没那么复杂的青少年 BN 患者中，治疗师应该尝试在 6 个月的时间里（大约 20 次治疗内），结束对 BN 的治疗。如果此时仍存在与进食障碍无关的遗留问题，如未解决的共病或特定的青少年发展的挑战，治疗师应做出适当的转介以继续治疗。然而，根据我们的经验，绝大多数患者都成功地在这一特定的时间段内结束了治疗。在下一章中，我们将呈现一个实际案例，该案例将演示第 12 章中概述的大部分策略和挑战。

第 13 章

第 3 阶段的治疗行动

在本章中，我们提供了在第 3 阶段初期的治疗示例。会谈以简要回顾患者及其家庭所取得的进展开始，提醒他们治疗的三个阶段，并指出他们正在进入治疗的第 3 阶段（也是最后一个阶段）。由于在治疗中取得了令人满意的进展，治疗师从回顾青少年发展及其与患者的相关性开始。

这一阶段治疗的主要目标是：
- 确定青少年与父母的关系不再由贪食症状来定义。
- 与家庭一起回顾青少年的发展任务。
- 结束治疗。

为了实现这些主要目标，治疗师应采取以下干预措施：
▪ 与家庭一起回顾青少年问题，并示范如何解决这些问题。
▪ 让家庭参与回顾青少年问题。
▪ 界定并探讨青少年主题。
▪ 询问父母作为夫妻有多少专属于两人的时间。
▪ 为未来可能出现的挑战和问题做好准备。
▪ 结束治疗。

临床背景

贝丝是一名 15 岁的白种人女性,被诊断为 BN。她的身高是 63 英寸(约 1.6 米),体重是 127.8 磅(约 58 千克),BMI 是 22.7 kg/m^2。贝丝的理想体重是 115 磅(约 52 千克)。她和父母住在城郊。她的三个哥哥都离开了家,不住在一起。贝丝的贪食症状持续了 8 个月,每天两次暴食、催吐。未报告使用泻药、利尿剂或减肥药,但偶尔也有补偿性运动。贝丝月经周期正常,未口服避孕药。她否认有因进食障碍导致的任何功能损伤,也没有出现其他共病症状。

与家庭一起回顾青少年问题,并示范如何解决这些问题

治疗师: 我们已经完成了第 1 阶段和第 2 阶段的治疗,现在我们要进入第 3 阶段,正如我们之前讨论的那样。你们女儿的进食障碍让我们把所有的时间都放在这个问题上,直到她不再被暴食和催吐所困扰。由于她在过去的几个月里没有任何暴食或清除行为,现在我们可以着手解决一些被搁置的其他问题。因为女儿正处于青春期,所以你们可能也知道还存在很多其他的问题,不仅仅是处理进食障碍。你们养育了三个青春期的男孩,所以你们知道那是怎么回事,但对一个女孩来说,可能会出现更多的问题。首先,我想讲一下青春期的三个不同阶段,并在接下来的治疗中我们会讲到青春期的每一个阶段。其中一部分是了解贝丝在每个阶段是否出现了特定的问题。(转向贝丝)还有一部分是理解你的父母也曾经是青少年,他们的(笑)青春期是什么样的,和你的相比又如何。所以,请耐心听我讲这个部分。正如我所提到的,我们可以

把青春期看作是由三个不同的阶段组成的：12～14岁是青春期的早期阶段，主要与青春期的身体变化有关。下一个阶段是青春期中期，通常是14～16岁。虽然我们用年龄划分这些阶段，但孩子们可以在不同的年龄跨越这些阶段。青春期中期，同龄人在青少年的生活中占据越来越重要的地位。当同龄人变得非常重要的时候，爸爸和妈妈可能会觉得自己被放在了次要位置。这一阶段还包括她对性的思考，以及思考她想和谁约会——这些类型的经历。我看到爸爸翻了个白眼，所以我们有很多话要谈，对吧？（笑着说）

以上对青春期的概述（以及下文的延续），是治疗师可以提供的简明描述的一个例子，以引导家庭了解可能存在的其他问题。这种特殊结构的优点是相对直接的，同时提供了清晰的发展点，家庭可以用来确定他们自己的关注点。

让家庭参与回顾青少年问题

父亲： 是的，我们在周末就有过一次经历。

治疗师： 是的（笑），所以你知道这是青春期中期的一部分。我认为你们的女儿正处于青春期中期和后期之间，通常是16～19岁，她关心的是步入成年并能够做出独立的决定：上大学、进入工作环境、进入长期的人际关系——简而言之，如何成功地从青少年过渡到年轻的成年人。就像我说的，我们将依次讨论每个阶段。我认为，除了贝丝的经历，想想自己的经历对你们（父母）来说会很有帮助。从很多方面来看，我们能到达治疗的这一阶段真是太好了，在座的每个人都为帮助贝丝做了很棒的工作。贝丝,你变得越来越好了,作为一名治疗师,我很高兴我们现在能谈论其他事情,因为那些对你有伤害的症状已经得到控制。这是一个机会,可以把这些被搁置的问题向前推进。这些问题非常重要,然而,在很多情况下,进食障碍占据了首要位置。进食障碍让青春期的孩子没能像没有进食障碍的人那样前进。也就是说,或许我们应该从第一个阶段开始,即青春期的早期阶段,该阶段主要与青春期和相关的生理变化有关。(转向父母)我提到你们已经历过三个男孩的青春期,但你们应该知道青春期对女孩和男孩的影响是非常不同的,尤其是在我们的文化中。女孩们被期望适应这一阶段,或者说,如果她们在该阶段发育过早,就会被认为好像有什么不对:她还太小,不应该经历这些,或者她太早熟。这被认为是不正常的。而男孩则不同:人们期望他们早熟,如果他们长得更高、更壮,那么这是可以接受的。相比之下,在这种文化中,女孩的外貌在某种程度上受到严苛的评判。青春期可能是一个艰难的发育阶段,尤其是对患有进食障碍的人来说。所以,我不知道你们是否愿意谈谈你们的经历?当然,你们可以谈论任何你们觉得舒服的事情,特别是在这个阶段,当你们的身体发生了变化时,你们是如何应对这些变化的。别担心,你们都有机会发表意见(大家都笑了)。

尽管这可能有点像独白,但治疗师以相关的方式涵盖了基本内容,仔细回顾了青春期的各个阶段,以及为什么这些信息对于家庭和他们在治疗这一阶段的讨论是相关的。尽管治疗师将大部分讨论重点放在了父母身上,并希望他们开始谈论其青春期经历,但首先回答的是贝丝。

贝丝： 很糟糕。

治疗师： 嗯？

贝丝： 嗯，那是我开始长胖的时候，也是我被取笑最多的时候。

治疗师： 是你的同龄人取笑你，还是你的……

贝丝： 对，还有我的哥哥们。

治疗师： 当你开始进入青春期的时候，你就开始减肥了吗？

贝丝： 不，我五年级就来月经了。

治疗师： 所以你当时……

贝丝： 我五年级的时候体重是130磅（约59千克），和我现在的体重差不多。

治疗师： 好的。

贝丝： 所以，那段时间非常艰难，主要是因为我不习惯注意自己的体重。和三个哥哥一起长大，你首先要融入他们。

治疗师： 当然。

贝丝： 他们吃什么你就吃什么，他们做什么你就做什么，但女孩不能像男孩那样吃东西。

治疗师： 对的。

贝丝： 所以，我必须弄清楚这些，但我的父母就是那种让你光盘的人。

治疗师： 光盘俱乐部？

贝丝： 我到现在还没摆脱那个习惯，我没法不把东西吃完，对我来说，那可能是最艰难的阶段。

父亲： 你什么时候减肥的？

贝丝： 七年级至八年级之间的暑假。因为我第一次接受心理治疗是在九年级的冬天。

父亲： 那是因为你有一些不吃东西的时候吗？

贝丝：　主要是妈妈让我去做心理治疗，因为我开始有不吃东西的时候。
父亲：　当时你是……神经性厌食症？

父亲对女儿进食障碍的发展明显缺乏了解。治疗师并不认为这是他缺乏兴趣或者不关心的原因，这恰恰反映了这个家庭将"女性问题"与"男性问题"分开的程度。不过，父亲现在对女儿的病史越来越了解了。父母没有谈论他们自己的青春期，而是让女儿探索她青春期的早期阶段和她进食障碍的发展。

贝丝：　没有，治疗师说我很好……不是神经性厌食症……她说体重低于 100 磅才是神经性厌食症。
治疗师：你差点就到了那个边缘。
所有人：是啊。
母亲：　她是 101 磅（约 45.8 千克）。
贝丝：　我是 105 磅（约 47.6 千克）。
父亲：　她减肥减得太厉害，身体都不行了。
治疗师：这是怎么发生的呢？你提到那对你来说是一个艰难的阶段，因为你的哥哥们吃什么你就吃什么，然后你开始意识到……
贝丝：　我不知道，发生得太快了，就在一个月的暑假期间。我体重减轻了很多，在一个月内肯定瘦了 10~15 磅（4.5~6.8 千克）。在五年级至七年级的时候，我的体重已经下降了一些，大概 10 磅，所以当时我的体重下降到了 120 磅（约 54.4 千克），然后在一个月的时间里我的体重降到了 105 磅。
治疗师：哇，通过节食还是别的方式？
贝丝：　是的，我突然想起来了，我当时可以连续好几天都不吃东西。
治疗师：（转向父母）你们知道发生了这样的事吗？

父亲：	知道，她以前是一个结实、胖胖的女孩，总是因此被无情地取笑。主要是她班上的几个孩子。后来，她的身体稍微发育了一些，开始有了女人的身形。她本来就是一个可爱的女孩，所以一些男孩开始注意到她。青春期的男孩，嗯，他们不太聪明。
治疗师：	是的（笑）。
父亲：	我们可以想象那些男孩会想："她其实还挺好看的。"所以，一旦她看起来有点漂亮，他们就更会用取笑她的方式来引起她的注意。
治疗师：	我明白了。
贝丝：	这是他的想法……
父亲：	什么？
贝丝：	那是你的想法。
父亲：	嗯，我的意思是，天哪，如果有人声称……他们经常想引起你的注意，他们只是……
贝丝：	在我减肥之前并不是这样。
父亲：	不，我的意思是，当你越来越瘦的时候。你瘦得越多，他们就越取笑你。这本没有任何道理，但事实就是这样。
贝丝：	不，他们取笑我最多的时候是我三年级至五年级，那时我最胖。
父亲：	可是，当你开始减肥的时候，他们还是一直取笑你。
贝丝：	是啊，但没有更糟。
父亲：	不，也许不是，但他们是出于别的原因取笑你。那些男孩比她大，他们只是想引起她的注意。
母亲：	是的，但有时女孩比男孩更过分。
治疗师：	怎么说？
贝丝：	不，男孩子总是更糟。那些女孩从没那么欺负过我，我的意思是，她们偶尔会有一两句评论。当我五年级开始打篮球时，

我的绰号就是"胖子"。

治疗师：你在开玩笑吧？

贝丝：没有。我不知道我怎么得到这个绰号的，不过是真的。

父亲：但是，当她开始减肥，身体开始发育，像个女人一样时，她真的很高兴。她得到了很多关注，甚至有几位妈妈会说，"是啊，她真的在变漂亮。"她们会告诉我们关于她的事情，你知道的。但似乎一件事情促成了另一件事情。她喜欢自己的样子，她喜欢得到关注，所以她就更进一步了。

贝丝：嗯，我想我真的不知道节食到哪里可以停止，可以吃什么来保持这样的平衡。我真的不知道——我仍然在与之斗争，但很难找到能停下来的平衡点。我只是太害怕体重涨回来了——见鬼，长胖更容易，你知道的。我想，"我已经减下来了，为什么不继续做呢？"

治疗师：是啊，而且你很害怕体重反弹。这并不让人开心，成为……

贝丝：……胖子

治疗师：……被取笑的对象，是的，这就是青少年的难处。孩子们可能会非常残忍，说一些让你无法不理解为刻薄或更糟的话。

父亲：我是说，这太愚蠢了。现在，她的体重降到了 110 磅（约 50 千克），甚至看起来有点苗条……在我们看来，她开始变得苗条了……你知道，我们当时还可以接受。最开始我们看到她低着头走路，然后我们听到孩子们仍然很刻薄，我们想："哦，这太愚蠢了。"他们只是想引起她的注意。

贝丝：嗯，直到我能看到自己整个胸腔的肋骨和骨盆的骨头。

治疗师：哇。

父亲：是的，我记得那个时候。

母亲：我的意思是，他们的嘲笑已经太过分了，所以我跟一个我很尊敬的老师谈了谈。

贝丝： 是啊，糟糕的主意。

母亲： 我告诉她发生了什么事，她告诉我贝丝需要脸皮厚一点，而他们对此无能为力。

治疗师： 真的吗？这可真令人失望。

贝丝： 对孩子来说，如果你训斥他们，他们只会做得更多。

母亲： 有时，去找权威人士会让事情变得更糟，但我认为这是一个需要解决的情况。你知道，他们很恶毒。我回到家——那时我刚开始工作，发现她坐在椅子上哭。

贝丝： 我不记得哭过那么多。

母亲： 你哭了很多次。

贝丝： 没有。

母亲： 你经常这样做，贝丝。

贝丝： 你看，我记得我大概哭过一两次，但从来没有他们说的那么多。

母亲： 但是你会想，既然她被取笑得那么厉害，他们（老师）总会注意到并能说些什么吧。我们有个儿子被欺负了，他对我们说，"请什么都别说，因为那只会让事情变得更糟。"

贝丝： 是的。

治疗师： 贝丝，你当时的想法是什么？

贝丝： 嗯，如果孩子们发现你告诉了别人，他们就知道这事对你有影响，他们会更多地取笑你，因为他们知道这能影响到你。

父亲： 随着体重的减轻，她恢复了一些活力——至少我们认为是这样，而且她篮球打得很好，她成了团队的领袖。她不仅看起来瘦了，也更漂亮了，而且她是班里的领头人，这对她有一定的帮助。孩子们开始崇拜她打篮球。在那之后，她真的对自己有信心了。

值得注意的是，这里首次讨论了与 BN 发展相关的一些触发事件。在其他治疗类型中，这可能是治疗开始的地方。在没有 BN 出现的行为和想法的情况下研究这些触发事件，会改变青少年和父母讨论这些事件以及思考其过去和当前重要性的能力。同样重要的是，要注意到贝丝在这次治疗期间增加的提示。治疗师不允许父母在没有询问她是否同意的情况下谈论他们的青春期。随着治疗接近尾声，治疗师将越来越多地征求青少年的意见。

治疗师： 真的吗？
贝丝： 是的。我猜有一点吧，我不知道。
治疗师： 任何人听到侮辱都很难接受。
父亲： 她走在走廊上，男孩子们总是想引起她的注意。
治疗师： 那么你爸爸说的是……他们这样做是为了吸引你的注意，因为他们喜欢你吗？听起来，这就是为什么你说那些青春期的男孩既不太聪明也不太机灵，无法欣赏贝丝。
贝丝： （笑）那是他的想法，我不知道。
父亲： 我不知道……她刚刚做出了这个巨大的改变，从……
贝丝： ……又矮又胖的孩子。
父亲： 嗯，好吧，我不打算这么说……
贝丝： 这是事实。
父亲： 然后她开始减肥，她不知道在哪里停止。

界定并探讨青少年主题

回顾贝丝进食障碍开始的那段时间似乎是她青春期发展中的一个重要主题。然而，在这里，借助康复的优势，贝丝和家人现在可以仔细地探讨她进食障碍的起源，以一个比治疗开始时更健康的心理状态来进行剖析，因此他们更有可能从这种讨论中受益。

治疗师： 为什么呢？这也许是值得讨论的话题。你说过很难找到这种平衡。我敢肯定，你说的是得到很多关注或积极的反馈……

贝丝： 噢，是的。

治疗师： ……因为减肥。所以这很难。我们都喜欢听到别人对自己的积极评价，所以我们会继续做让我们得到积极关注的事情。

贝丝： 而且很难觉得自己已经够好了。即使在体重105磅的时候，我还是总能找到我想甩掉的脂肪。

治疗师： 是的，这是一个永无止境的追求。

贝丝： 现在依旧如此。我仍然对自己不满意，但我想我永远不会满意。我从来没有那么自信过（笑）。

母亲： 总有地方太小或太大，是吧？我不认为有哪个女人会说她对自己的外貌完全满意。即使是模特，也没有人会说她们对自己的外貌完全满意，因为我认为没有哪个女人会对自己的外貌完全满意。

治疗师： 嗯，你提出了一个很好的观点。有一个术语叫"规范性不满"，指的就是这种情况。在我们的文化和其他文化中，永远不会对自己的外貌完全满意已经成了常态，我认为这种现象在女性中尤其明显，尽管它在男性中也存在。我想有一些男性杂志是不久前才出现的，比如《男性健康》（*Men's Health*）。你应该看起来像某种特定的样子，但我认为这对女性来说尤其困难。这也是为什么青春期早期的这一阶段是关于接受身体发生的这些变化。正如你爸爸所说，你应该看起来像个青春期少女，一位有曲线的年轻女性，等等。

贝丝： 不，实际上我在八年级的 4 月就开始有催吐行为了，那是在我结束治疗后不久。

治疗师： 是治疗神经性厌食症，因为减肥过度？

贝丝： 是的，我想我是从那年夏天开始的。起初并不频繁，大概一个月一次，然后就逐渐加重了。

父亲： 在我看来你当时看起来还不错，然后你又增了几磅，我觉得，"啊，她没事了。"我们现在正在为此付出代价。

治疗师： （对母亲）你觉得呢？

贝丝： 是啊，妈妈，你对那次治疗有什么看法？你觉得那是必要的吗，还是觉得没那么严重？

父亲： 我不知道，她总是……

贝丝： 为什么不让她先说呢？

母亲： 我一直都是谨遵医嘱行事的人，如果他们说"你得这么做"，我就会照做。他（父亲）总是说我们其实不需要那样做，我们可以这样就会没事的。但她（贝丝）在抗拒，她不喜欢这样。

贝丝： 我一点都不喜欢。

母亲： 她不喜欢她的治疗师。她不想去，所以我们达成协议，一旦她再次来月经，她就可以结束治疗。

贝丝： 大约两周或一个月后……

治疗师： 你月经恢复了？

贝丝： 是啊，所以我说："好了，我受够了。"

治疗师： 所以来月经对你来说是救命稻草，是吗？

贝丝： 是的。

母亲： 我感觉我在同时跟她和她爸爸斗争。

治疗师： 你不喜欢那样，因为你觉得自己被夹在他们中间？

母亲： 是的。

贝丝： 一天晚上，在我接受了一周的治疗并且体重增加了 3 磅（约 1.4 千克）后，我就开始崩溃了。

治疗师： 真的吗？

贝丝： 我无法控制地想："我不想再这样下去了！这太糟糕了！我要变胖了！"她想让我增重，大概 10 磅吧。

治疗师： 那一定感觉很糟糕吧？

母亲： 是的，她很害怕。

贝丝： 我怕得要死（笑）。

治疗师： 因为 10 磅感觉像 100 磅？

贝丝： 我想，在我现有的体重上再加 10 磅简直是疯了，我只是……呃……我非常抗拒。

父亲： 嗯，她的身体需要规律运作，所以她得增点重，做点什么，才能使功能更好些。

贝丝： 这很糟糕，因为我穿的是 1 码的衣服，我已经有很多这个尺码的衣服了。

治疗师： 哇。

贝丝： 是的，然后（笑）……随着我体重的增加，你懂的，我知道我需要更大的尺码，但是……你不能承认自己体型更大了。

治疗师： 你觉得你应该能穿上它们，因为你曾经能穿上。这种疾病让你认为那是合适的尺码，或者那是你身体应该的状态，即使所有其他迹象都表明那是不健康的。

母亲： 她很努力才有今天的成果，她只是不想这么快就放弃。

治疗师允许青少年和家人探索她疾病的根源，但会继续将讨论带回围绕 BN 发病的事件。

治疗师：如果我们特别考虑一下你当时所处的青春期阶段，你的身体变化，当治疗师说你需要增重 10 磅时，你是怎么想的？

贝丝：我当时正努力准备进入高中，没有人想进高中的时候是个胖子，因为那是行不通的。我知道这一点，所以我就……我非常努力才有今天的成果，我不想放弃。体重增加让我觉得，"我做这一切是为了什么？这简直是荒谬。"

母亲：但后来你开始剧烈运动。我的意思是，她爸爸和我必须阻止她，如果她因为天气原因不能出去，她就会爬楼梯。她会爬上楼梯，然后一路下到地下室，再上来，再下去，你没法阻止她。很长一段时间，她就是一直在楼梯上跑啊跑。我们不得不说，"歇会儿吧"，你已经挺好了。

贝丝：我每晚会运动一两个小时。

母亲：哦，至少一两个小时。然后，她会去地下室，我们会听到她做开合跳。在我们上床睡觉后，还会听到她在楼上做更剧烈的运动。她可能会多吃一点，但之后她试图通过运动把这些都消耗掉。

治疗师：我明白了，所以这是一种补偿。

母亲：是的。

治疗师："如果我必须吃东西，我会尽可能多地运动，以确保我不长胖。"

母亲：对，最后我们不得不说，"慢下来！"

父亲：嗯，运动——尤其是剧烈的运动，会在大脑中产生一些东西，当你无法放松时……

贝丝：你会产生内啡肽。

治疗师：它们给你的身体充电。

父亲：她会很生气，因为我早早关灯。我喜欢乖巧文静的女儿。

贝丝：他想要每个人都晚上 9 点前上床睡觉。

父亲：　是的（笑）。

贝丝：　别让我开始抱怨。

父亲：　她在楼上，灯还开着，你能听到她在楼上跑来跑去，我会告诉她，"如果你要运动，你可以在晚上早些时候运动，这样你就可以放松一两个小时，然后上床睡觉。"

贝丝：　作为一个青少年，我说："不，我想运动的时候就要运动。管你喜不喜欢都得接受。"

父亲：　当我们正在和运动作斗争的同时，我们开始明白为什么马桶会坏了——是因为催吐。

治疗师：听起来你是在试图调节这个有自己想法的身体？

贝丝：　是啊，但是它就是不合作。

治疗师：我猜你们俩（对父母），在给她一些明智的建议方面提供了帮助。

母亲：　嗯，我们尽力了。

治疗师：你们都做了哪些尝试？

贝丝：　唔，不管他们说什么，我都不会做。

治疗师：是这样吗？

父亲：　不，我们不知道该怎么处理这件愚蠢的事情。

母亲：　约翰会试着和她谈，她就会……

父亲：　每当我跟她沟通交流的时候，我们就会发生争吵。

治疗师：是和运动有关的事情吗？

贝丝：　和一切有关的事情！

父亲：　她会像割草机一样冲我发火的！

贝丝：　我只是看着他，心想，"他怎么可能了解运动，还有饮食！"

治疗师：感觉有点虚伪。

贝丝：　我只是不明白他怎么知道自己在说什么。

父亲：我踢了 4 年的足球。
贝丝：是啊，但是男生的新陈代谢和女生的大不相同。
父亲：嗯，我是说就增重、减重和塑形而言——我都经历过。
贝丝：对男人来说。
治疗师：嗯，这很有趣。
父亲：这太极端了。

由于讨论有些偏离正轨，治疗师转向这位母亲，试图征询她在青少年时期有关体形和体重的经验。

治疗师：这很有趣。你知道，运动员也会有进食障碍和提高成绩的问题，所以男性当然不能幸免，尤其是从事体育运动的年轻男性。但在这个房间里还有另一位女性，你的妈妈，她也经历过相同的发育阶段。我想知道你是否介意和贝丝分享一下你的想法和感受，关于她所经历的这些事情。我不是故意让你为难的，真的不是。如果你不愿意，可以选择不去接这个"烫手山芋"。
母亲：在我成长的过程中，直到我高中毕业，我从来没有为体重烦恼过。不过那时人们对女孩的接受度更高——我的意思是，我穿 11 或 12 码的衣服，但我还被认为是比较瘦的女孩之一。而不像她努力试图穿进 5 码的衣服，所以……
贝丝：试图？！谢谢你，妈妈（笑）。
母亲：那时对瘦的追求没那么夸张。但我高中毕业后，体重增加了一些。在遇到约翰之前，我减了一些体重，否则他就不会和我约会了，因为我觉得我很胖。但他一看到我瘦了，就对我产生了兴趣。

治疗师： 真的吗？
母亲： 是的，那是真的，他告诉我的（笑）。
父亲： 是的，我知道。
母亲： 他在一场足球赛上看见我了。
父亲： 我在一场足球赛上看到她，然后……
母亲： 你觉得我有点太胖了。
父亲： 我最初是见到了她的姐姐，她嫁给了我最好的朋友。他们结婚更早，所以我们就是这样认识的。我一直都在关注她。
治疗师： 没错，在婚礼上——我记得你们在之前的一次治疗中谈到过。
父亲： 是的，她大四的时候来过我们的一次足球赛，然后……
母亲： 我有一点胖。
父亲： 有一点，我想。我真的不记得我当时是怎么想的。
母亲： 你告诉过我一次。
父亲： 我想我确实觉得她有点胖，但那只是，你知道的，那时候我只是个傻小子。你看到的第一眼，就会想到性。（窃笑）我的意思是，你知道我的意思吗？因为不管你喜不喜欢……
贝丝： 但是，我们一定要在现在说吗……我要去拉伸一下。
治疗师： 你只是觉得不舒服了。

当父母开始谈论他们自己的青春期和性觉醒时，贝丝感到非常不舒服并想要离开。治疗师立即发现了这一点，并试图对她的不适表示共情。不过，她的父母会继续讨论约会的问题。

父亲： 那就是高中男生关注的东西，我的意思是管他呢，他们啥都不懂。
母亲： 我知道我确实有问题，就像贝丝一样，我在学校经常被人取笑。

治疗师：	因为你的体重或其他问题被取笑吗？
母亲：	不是因为我的体重，不是，是其他的原因。
治疗师：	好吧，所以你知道那是什么感觉，或者你可以和正在经历的女儿共情。
母亲：	哦，七年级的时候，有一次我不得不躲在厕所里，因为当我穿过体育馆的时候，他们就开始叫我的名字。
贝丝：	我不知道他们为什么会这样。
母亲：	嗯，我是个书呆子。
治疗师：	那种埋头好学的人。
母亲：	是啊，然后他们就开始叫我……
治疗师：	在我看来，被称为书呆子是件好事。
母亲：	但是他们开始这样叫我，所以我就躲在厕所里，然后从另一个方向出去了。我也被取笑过。
治疗师：	回到老师说的，"哦，你只是需要脸皮厚一点。"我知道人们会这么说，但说起来容易做起来难。
母亲：	那很难做到。
治疗师：	在很多方面，人们可能会说，"好吧，那么他们的脸皮需要薄一点"，或者他们需要变得更敏感。
母亲：	当她说出这些问题时，我感到很难过。我想，也许如果我参与进去，表现得更加坚定……也许是我没有足够地保护好我的孩子。
贝丝：	没用的。
治疗师：	你有这些想法，你认为那样至少会有帮助。
贝丝：	不，老师不会做任何事，即使他们做了，也只会让事情变得更糟。孩子们只会更糟糕，所以你什么也做不了。
治疗师：	你感觉有点无力，我相信约翰你也一样。

父亲：	当然。之前，在贝丝还在和神经性厌食症作斗争的时候，我们有个儿子那时在读大一或大二，也在被人欺负。我们真的很担心事情会失控，所以我们就跟校长说了。
母亲：	是啊，但我们什么也没做，直到他开始带着瘀青回家。
治疗师：	真的吗？
父亲：	我们只是咬紧牙关，知道时间会解决一切的。到了大三的时候，这种情况开始消失，他变得坚强起来。他大三和大四的时候状态一直都很好。这孩子以前真是让人操碎了心。
母亲：	我看见有人走上前把他的耳朵拧起来，约翰不得不把我拉住。我真想上去把那人耳朵扯下来。
治疗师：	当然。
母亲：	他有什么权力这样对我的孩子？这是最令人伤心的事情……
贝丝：	是啊，但如果你那样做……哦，我的天哪！
母亲：	我知道，我知道。
贝丝：	你知道会发生什么。
母亲：	但是你知道，作为父母，你只想过去为你的孩子做点什么。
父亲：	我总是拦住她。
治疗师：	你说过你很关心你的儿子和贝丝。你看到儿子身上可见的瘀伤，这非常可怕，但在很多方面……
母亲：	但是我们没有看到她的。
治疗师：	是的，她的创伤是在内心。这两者都非常严重……没有一个比另一个程度轻的说法，显然它们都留下了伤疤和瘀青。
父亲：	我们的大儿子读完了高中，他是班里的领头人之一，一切都很顺利。
贝丝：	他有点呆。
父亲：	什么？

贝丝： 他就是这样！

父亲： 他是，但他没有经历这些。

贝丝： 是的。

父亲： 他侥幸逃脱了……一切都对他有利。第二个儿子，杰里米，就是我们发现出了问题的那个。

贝丝： 吉姆（大儿子）有个特点，他不在乎合不合群。我的意思是，他有自己的朋友圈，大概有三四个朋友，他们都觉得自己是笨蛋（笑）。这也没关系，但是很难再找到一群愿意当笨蛋的朋友了。

父亲： 但是杰里米……

贝丝： ……只是想融入。

父亲： 他很敏感。我们和几个老师之间发生了一些摩擦，他们说了些非常刻薄、非常愚蠢的话，我们现在仍然和这些老师相处不好。当他参加"学术碗"（一种知识竞赛）的时候，老师们说他不够聪明。老师当着他的面这么说，我们得到了一些第一手资料。

治疗师： 老师直接对他说了这些吗？

母亲： 一个老师说："我们把杰里米放进名单里吧。"另一个老师在其他孩子面前说："我觉得他不是很聪明。"这是他最后一次参加"学术碗"比赛。第二年，他还在同一所学校又尝试了一次。

父亲： 同样的事情发生了三四次，他真的对自己失去了信心。等到第三个儿子乔也到这个时期的时候，我们想，"哦，对这个孩子我们该怎么办呢？"但我们总是尽量不干涉他们的生活。

贝丝对她的父母，尤其是她的父亲，做出了一般性的评论，认为他们没有给青春期的孩子们更多的"空间"。虽然这些问题在早期治疗中很难讨论，因为进食障碍与父母的监护问题纠缠在一起，但现在这个家庭有机会更多地从健康挑战的背景下看待这个问题，因为他们的女儿已经恢复健康，即将迎来她的 16 岁生日。

贝丝： 呃。

治疗师： 贝丝，你觉得他们过于干涉了是吗？

贝丝： 是的，我想，我不知道。我想就像他们说的那样——我知道我妈妈去找过吉姆的教练，因为他在打篮球的时候被嘲笑了，还有……

母亲： 是爸爸。

贝丝： 总之，有人做了这件事，这只会让事情变得更糟。我想可能当我为人父母的时候我会理解，我会想要保护我的孩子，但你必须明白这是孩子们必须自己渡过的难关。父母出面说点什么，只会让事情变得更糟。

父亲： 这确实对他有一点帮助。就像我说的，校长召集了几个老师，所以他们……

贝丝： 是的，但在那之后，当老师不注意的时候，情况就变得更糟了。

父亲： 好吧，一段时间后情况就有所缓解，然后他长大了，成熟了，那两三个欺负他的霸凌者就停止了。

治疗师： 我认为我们正在揭示的是青春期的下一个阶段，正如我在刚开始谈到的，这是关于同龄人和融入集体的重要阶段。认为同龄人的想法比父母的想法更重要，而你接受了他们的一些价值观。

贝丝： 当然。

治疗师：	说到介于青春期中期和后期的孩子，贝丝努力想表达的一是同龄人的想法确实会产生很大的影响，二是为人父母实在太不容易了。就像你（对母亲）说的，每次你看到这些霸凌者对女儿说刻薄的话，你们俩都会想"我想揍他"，或者你想告诉他管好自己，又或者其他的什么。
父亲：	亲眼见证青春期的中期是令人痛苦的。这是最糟糕的。因为你看到你的孩子做愚蠢的决定只是为了融入集体，你能看到，非常明显，这不难看出。
贝丝：	我想知道你们是否还记得自己的青春期中期……
母亲：	哦，当然。
父亲：	那甚至可能让事情变得更糟！但是，贝丝，谢天谢地，在过去的几个月里，我们偶尔会看到一个有关所有事情的好的决定。
治疗师：	只是偶尔吗？
父亲：	嗯，她做了一些愚蠢的决定。
母亲：	想要融入他们是很难的。你知道，真的是这样。
治疗师：	当然。
贝丝：	尤其是在温内卡这样的小镇，所有的孩子都是一起长大的，一起上幼儿园，一直在一起。我和他们在一起只有4年，我一直试图融入，变得像他们一样……
治疗师：	我明白了。
贝丝：	而他们在一起那么久了，这几乎是不可能的。
治疗师：	我完全可以理解你想融入和顺应的愿望。除了正常青少年需要顺应和融入外，还有一个障碍就是他们一同经历过这么长的岁月，你一定想过，"我真的得原路返回，弥补失去的时间。"
父亲：	温内卡真的是一个……
贝丝：	他们很傲慢。

母亲：	这是一个傲慢的城镇。
治疗师：	是这样吗？
所有人：	是的。
治疗师：	我得提醒自己记下来：永远不要去温内卡。
母亲：	如果你住在那里，你觉得他们的城镇是最伟大的，那没问题。但是融入它是非常困难的。
父亲：	没什么，他们只是……
治疗师：	……一个紧密联系的团体。
母亲：	是的。
治疗师：	而且高中的青少年就已经很会拉帮结派了。
母亲：	是的。
父亲：	我认为孩子们上不同的小学是件好事。我已经说过好几次了：对他们来说，去一所新的高中会很痛苦，但他们会在大学里有优势，因为他们已经适应了所有的变化。
母亲：	这确实让他们上大学时更容易一些，因为他们已经尝试过融入一个地方了。
贝丝：	我无法想象，哦天哪，和同样的孩子一起上学，直到大学，然后走出校门，进入社会。
治疗师：	是的，所以这样看来，这是不幸中的万幸。
贝丝：	不过我现在还看不出来。
母亲：	虽然现在很难看到。
治疗师：	比起积极的一面，这更像是一个勉强的安慰。
治疗师：	上大学是一件值得期待且令人兴奋的事，如果你能顺利度过青春期的中期阶段。
父亲：	和同龄人在一起时，她经常小题大做。有一天晚上她出去了，回到家后对我们大哭大闹，抱怨说按她朋友说的去做有多么

重要，比如开车把她送到路边。我是说，这太愚蠢了，但她还是大发雷霆。

治疗师： 你还记得那天晚上吗？

贝丝： 哦，非常清楚。

治疗师： 你还记得你的父母很生气吗？

贝丝： 是的。我理解他们生气的原因，但要融入仍然很难，而且在温内卡也没什么可做的。那里只有赛百味和麦当劳，仅此而已。

治疗师： 嗯，作为父母，这对你们来说变得非常困难。我们讨论了在这种文化中作为女性并以最小的创伤度过青春期的感觉。我认为在当今这个时代，成为一个青少年非常困难，请原谅这个双关语，但这可能是一杯令人讨厌的鸡尾酒。父母以某种方式为孩子们提供酒精，而孩子们则按照他们想要融入的方式喝酒。我想，你们俩都很难知道……

父亲： 太可怕了。

治疗师： 你们打算到哪里去定居或者安定下来……

父亲： 我们的第二个儿子，他只想离开这里到外面生活，我们就说，随便吧。

治疗师： 好的。

父亲： 当你有一个十六七岁的孩子，他绝对拒绝做你想让他做的事，一意孤行，而且他意志又足够坚强时，你对此没有任何办法。

治疗师： 对的。

父亲： 你不能伤害他，也不能限制他，即使你想这么做——他和我们一样高了，你也不能这么做。你没有任何选择。我们会到这一步，我会到这一步，我一直想把他踢出家门，但不知道该怎么办。过了几年，贝丝也这样了，她也打破了一些规则，但她没有那么糟糕。她也会叛逆，但她没那么糟糕。

治疗师： 听起来，这是来自爸爸的高度赞扬。
贝丝： 呃。

在第 3 阶段早期的这次治疗中，治疗师很高兴父母能够回顾他们之前的经历——他们自己的青春期和他们养育青春期儿子的经历。这一阶段将要讨论的一般主题在最后的一组交流中有所暗示。虽然患者的哥哥们都不在家了，但如果他们可以的话，治疗师可能会要求他们中的一个或多个参与这一阶段的治疗。因为他们可能会分享他们在青春期遇到的一些挑战。如前所述，并不是所有的问题都能在一次典型的治疗中得到解决。

结束治疗

和所有的治疗一样，治疗师会做一个结束总结，虽然在这个案例中很简短。

"好吧，这些都是我们将在接下来的治疗中继续讨论的问题，所以我们将在不同的阶段之间跳跃，我们在下一次治疗中离开一个阶段并不意味着我们不能回到这个阶段。谢谢你们如此坦诚和公开地谈论这些事情，我期待三周后再见到你们。"

在治疗的最后阶段，关于进食障碍的讨论不再是治疗的核心。讨论将主要集中在青少年的发展和未来如何在生活中前进的方式，主要靠自己应对挑战，但在需要或适当时也会得到家庭的帮助。在最后一章中，我们提供了一个案例研究，向读者展示一个成功治疗青少年神经性贪食症的完整过程，涵盖所有三个阶段。

第 14 章

一个已完成案例的总结[1]

最后一章的案例展示了如何寻求家庭的帮助和青少年的合作，使青少年恢复健康的饮食模式。此案例的治疗相对而言并不复杂，大多数情况下都能按照计划进行。我们称这位青少年患者为简，简在就诊时只有 17 岁。她是一个相对适应良好的年轻女孩，已经在建立自我身份和独立性方面取得了进展。事实上，她的独立性带来了一个独特的挑战，即如何让一个年轻的成年人接受一种仍然需要父母协助她康复的治疗。简的案例很好地展示了这种微妙的治疗"舞蹈"，以及治疗师如何成功地争取简及其父母的帮助，共同合作，促成她的康复。

提 出 问 题

简，来自一个完整的双亲家庭，她是两个女儿中最小的一个，今年 17 岁，有 4 年的进食障碍病史。她报告自己在儿童时期和青春期前期都有过超重史。13 岁时，她体重 200 磅（约 90.7 千克），开始严格节食，减掉了 100 多磅（报告称体重为 95 磅，约 43 千克）。从

---

[1] 本案例的一个版本最初发表于勒格兰奇、洛克和迪梅克的论文中（Le Grange, Lock, & Dymek, 2003）。英文版版权所有 © 2003 心理治疗促进协会（Association of the Advancement of Psychotherapy）；简体中文翻译版版权所有 © 上海科学技术出版社有限公司。经许可改编。

13～15 岁开始，她的体重稳定在 95 磅左右。她有闭经的情况，符合神经性厌食症的诊断标准。15 岁时，她开始暴食，并通过催吐来清除食物。简的母亲打电话给我们诊所预约做初步评估。患者体重是 126.7 磅（约 57.5 千克），身高是 5 英尺 5 英寸（约 1.65 米），BMI 是 21.1 kg/m^2，她报告每周 4 次暴食发作，平均每天两次催吐。通过检查发现，她还符合目前主要的心境障碍和恐慌障碍的诊断标准。简和她的父母都不太愿意接受家庭治疗，并要求个体治疗。不过，简被随机分配到家庭治疗组中，她和父母在 6 个月的时间里进行了 20 次手册化的 FBT。大多数家庭治疗都是由简和父母共同参与进行的。简的姐姐是一名大学生，在她回家休息的时候，她也参与了其中的两次治疗。这个家庭拒绝接受任何共病的治疗，并声称之前的精神药物治疗"没有帮助"。

案 例 建 构

尽管简的父母担心她的暴食和催吐行为，但考虑到女儿的年龄，他们还是希望父母的参与程度不要"越界"。父母不干涉的教养方式，以及简在青春期后期生活的大部分方面都是半独立的，都对基于家庭的治疗方法构成了潜在的挑战。父母之间的关系如何，以及他们过去处理简的问题的经历尚不清楚，特别是他们是否能很好地作为一个团队共同帮助简克服神经性贪食症也仍是未知。从实际的角度来看，父母各自不同的职业道路和他们对上司的时间承诺，给家庭治疗的可行性带来了额外的不确定。治疗的最初目标是与居住在同一家庭的所有家庭成员会面，以便对患者及其家庭进行评估。简的姐姐在外面上大学，学校放假时她才会在家，因此没有参加治疗。具体而言，早期治疗的目标是帮助父母找到一种方法来帮助简进食，从而开始重建健康进食模式的过程。

治 疗 过 程

治疗师的初始任务之一是开始确定并加强父母在管理孩子进食障碍方面的权威。与青少年神经性厌食症不同，这种权威是分散的，并具有更多的合作性质，因为许多有神经性贪食症的青少年似乎比有神经性厌食症的同龄人更独立。父母帮助青少年进食，确保在规律和适当的时间间隔内摄入健康的食物，并找到防止暴食和催吐的方法。为了实现这一目标，父母双方必须作为一个团结的团队开始重新建立健康的饮食模式，以便有效应对进食障碍的症状。

除了评估进食障碍，初始阶段的目标还有就进食障碍的性质和严重程度对家人进行教育，尤其是与暴食和催吐有关的隐匿性和羞耻感。治疗师会强调，青少年是植根于家庭中的一分子，因此让父母参与进来作为克服神经性贪食症的主要资源通常是最有帮助的。在第1次治疗中，简的父母以女儿的年龄和她外出的时间（如在学校，或在乐队练习）为由，质疑他们是否能够控制女儿的饮食。不过，她的父母还是被这种进食障碍的潜在危险充分动员了起来，他们同意按照治疗师的建议继续治疗。尽管简对父母的介入感到有些焦虑，但她也表示松了一口气，因为她可以在一些关于食物的决定上得到帮助，这对她来说是非常困难的。治疗师还向简明确表示，这种治疗实际上非常尊重她，父母的任务是帮助她克服进食障碍，这样她就可以在青春期和成年初期不受进食障碍的影响和困扰。治疗师也通过采取这种立场来提高父母对疾病严重性的焦虑，并将疾病外化，以动员父母承担起责任。第1次治疗结束时，治疗师会要求家庭成员在下一周进行一次野餐形式的午餐，其中食物应该包括甜点（或任何在患者禁忌食物清单上的食物，这些食物通常会引发暴食）。

第 2 次治疗的主要目标是继续评估过程，一边吃饭一边观察这个家庭，这样治疗师就能更多地了解简为健康进食所做的努力。这家人带来了潜艇三明治、薯条和汽水。在大部分时间里，他们看到简吃得很少。治疗师帮助父母确定了对一个青春期女性来说健康的食物量，并鼓励父母帮助简吃适量的三明治和少量薯片，这二者都在简的禁忌食物清单上。治疗师的任务是帮助简说出她关于吃了"太多"或吃了"错误的食物"的想法和感受，并帮助父母理解她在面对吃了薯片后不断上升的焦虑和内疚时努力不去催吐的内心挣扎。反过来，父母的任务是理解这对简来说是多么困难，理解她对这些行为的内疚和羞愧，并帮助她在饭后不进行催吐。

通过回顾这一家人的饮食习惯，我们了解到简的母亲主要负责买菜和做饭。然而，由于日程冲突，这家人实际上很少在一起吃饭。简一开始拒绝吃早餐，抱怨说"这让我感到恶心"，并经常逃避和母亲一起吃晚餐，说她已经吃过了。治疗师鼓励父母找到一种共同努力的方法来克服这些障碍，并确保简能够规律地获得足够的营养。尽管简一开始很不情愿，且时间安排也很困难，不过她的父母很快就帮助她建立了规律的进食模式。治疗师对这家人的尝试给予了很大的鼓励，到第 4 次治疗时，简已经能有规律地每天吃健康的三餐。在第 1 阶段治疗的剩余时间里，我们与简及其父母一起仔细回顾了他们在过去一周中所做的努力，以确保简不仅每天吃健康的三餐且避免暴食或催吐行为。然而，在花时间陪伴她并"监督"她的餐后活动方面，只取得了部分的成功。不出所料，简自我报告说，她发现父母的监管很有帮助，但他们的监管只减少了一部分催吐行为。在其他时候，当她感到心烦意乱且父母不在身边时，她还是会催吐，并且她意识到这种催吐更多是为了处理令人痛苦的情绪，而不是对体重增加的实际担忧。由于简的进食很快恢复正常，第 1 阶段的剩余时间被用来协助父母帮简找到更健康的方式来管理她的情绪，从而减少催吐行为。到第 7 次治疗时，简的催吐次数减少到每周一次。

当简的进食行为恢复到健康模式且催吐明显减少时，治疗进入了第 2 阶段。此时，治疗师的任务是引导父母不再直接参与简的进食决定，并让她在饮食上体现出她在生活其他方面所获得的独立性。在父母在场的情况下，通过催吐来管理情绪的问题仍然是讨论的中心，父母要鼓励并帮助简通过健康的方式来处理困难的情况或情绪，而不是通过催吐。例如，简经常因不同的人际关系问题感到非常沮丧，并发现自己通过呕吐来"麻痹"自己的痛苦。治疗师鼓励简的父母在这些情况发生时与她讨论，并帮助她找到更健康的解决方法。有几次治疗中，治疗师还协助简的父母帮她确定了一系列适应性的应对行为，以此来帮助她管理自己的痛苦情绪。

当简和她的家庭进入治疗的第 3 阶段（也就是最后一个阶段）时，她已经不再暴食，也不再催吐了。接下来的治疗重点是与患者及其家庭一起回顾仍需处理的青春期发展任务。他们确定了简在不久的将来需要完成的发展任务，并探讨了其父母参与这些任务的适当程度。他们讨论的主要问题是帮助简与朋友、新的男友和父母建立适当的界限。治疗师还促进了家庭讨论有关吸烟、性与避孕、上大学的话题。

治疗的结果是积极的，治疗结束后简没有任何暴食和催吐症状，并对她正在萌芽的独立性持乐观态度。此外，简还指出，在治疗过程中，她的大部分抑郁和焦虑情绪已经消失。

进食障碍症状分析的结果

简的主观暴食在治疗早期就停止了，且据她自我报告在第 4 次治疗后便没有再发作。虽然催吐行为持续时间较长，但在第 14 次治疗后没有报告进一步的催吐行为。在 FBT 结束时，简停止暴食且不再催吐，并报告说她"开始像正常人一样吃东西了"。在治疗的最初阶段，她的体重增加了几磅，但很快稳定在一个健康的范围内，且在治疗的最后 6 个月里，她一直保持在健康范围内（结束治疗时的 BMI 为 22.9 kg/m^2）。

临床问题及小结

尽管神经性贪食症在青少年中很普遍，但在文献中受到的关注却相对较少。虽然对有效治疗方法的系统评估刚刚跨过第一道门槛，即两项大型随机试验现已完成，但我们对这一人群中神经性贪食症的临床表现的了解仍处于起步阶段。在本书中，我们认为手册化的 FBT 对青少年神经性厌食症有效，也可以使患有神经性贪食症的青少年获益。我们为神经性贪食症的 FBT 提供了理论依据，并描述了这一治疗方法的框架。虽然目前仍处于试验阶段，但与我们对神经性厌食症的 FBT 类似，我们发现神经性贪食症的手册化 FBT 可以在临床和研究环境中提供一致、集中和有针对性的干预。在编制本治疗手册的过程中，我们遵循了以下几个阶段：

- 回顾现有的家庭治疗神经性贪食症的描述。
- 回顾比较青少年神经性厌食症和神经性贪食症的文献。
- 根据前述步骤，回顾并调整我们的神经性厌食症手册。
- 在正式实施对照治疗研究之前，在几个案例中对修订版手册进行了试验研究。
- 在芝加哥大学已完成的一项随机临床试验中成功实施了该手册（Le Grange et al., 2006）。

在我们与青少年神经性贪食症患者家庭合作的相对早期阶段，很明显，父母在神经性贪食症中的参与应与神经性厌食症有所不同。神经性贪食症对青少年及其父母构成了独特的挑战，需要在解决进食障碍症状方面有更大的灵活性。除了神经性贪食症与神经性厌食症之间的其他显著差异（如神经性贪食症中的隐匿性和羞耻感，而神经性厌食症中则表现出韧性甚至是自豪感；以及大多数患有神经性贪食症的青少年在发育上正常，而大多数患有神经性厌食症的青少年则发育滞后）之外，这些差异都在本手册描述的手册化治疗中得到了体现。然而，很明显，这种新的治疗方法在减轻青少年贪食症状方面有着良好的前景，并且可以在治疗中成为父母的一个有用资源。

总　结

综上所述，青少年神经性贪食症的家庭治疗或许可以在无须长期门诊治疗或住院的情况下实现患者的康复。通过恢复健康的饮食习惯以及停止暴食和清除行为，青少年健康能否成功恢复，在很大程度上取决于父母是否有能力像患有神经性厌食症的青少年父母那样帮助他们的孩子。然而，还需要更多的对照治疗研究来进一步评估这种治疗的有效性，这可以使我们更明确地评价父母在神经性贪食症康复过程中的作用。

参 考 文 献

[1] Ackard, D. M., Neumark-Sztainer, D., Hannan, P. J., French, S., & Story, M. (2001). Binge and purge behavior among adolescents: Associations with sexual and physical abuse in a nationally representative sample: The Commonwealth Fund survey. *Child Abuse and Neglect, 25*(6), 771-785.

[2] Agras, W. S., & Kraemer, H. C. (1983). The treatment of anorexia nervosa: Do different treatments have different outcomes? *Psychiatric Annals, 13*, 928-935.

[3] American Psychiatric Association. (1994). *Diagnostic and statistical manual of mental disorders* (4th ed.). Washington, DC: Author.

[4] Attie, I., & Brooks-Gunn, J. (1989). Development of eating problems in adolescent girls: A longitudinal study. *Developmental Psychology, 25*, 70-79.

[5] Bachrach, L. K., Guido, I. R., & Katzman, D. K. (1990). Decreased bone density in adolescent girls with anorexia nervosa. *Pediatrics, 86*, 440-447.

[6] Baran, S. A., Weftzer, T. E., & Kaye, W. H. (1995). Low discharge weight and outcome in anorexia nervosa. *American Journal of Psychiatry, 152*(7), 1070-1072.

[7] Bliss, E. L., & Branch, C. H. (1960). *Anorexia nervosa: Its psychology and biology.* New York: Hoeber.

[8] Bossert, S. (1988). Modifications and problems of behavioral inpatient management of anorexia nervosa: A patient-suited approach. *Acta Psychiatrica Scandinavica, 77*(1), 105-110.

[9] Bruch, H. (1973). *Eating disorders, obesity, anorexia nervosa, and the person within.* New York: Basic Books.

[10] Bruch, H. (1995). *Conversations with anorexics.* New York: Basic Books.

[11] Bryant-Waugh, R. J., Cooper, P. J., Taylor, C. L., & Lask, B. D. (1996). The use of the eating

disorder examination with children: A pilot investigation. *International Journal of Eating Disorders, 19*, 391–397.

[12] Burck, C., & Daniel, G. (1990). Feminism and strategic therapy: Contradiction or complementarity? In R. J. Perelberg & A. C. Miller (Eds.), *Gender and power in families* (pp.82–103). London: Draper Campbell.

[13] Casper, R. C., Hedeker, D., & McClough, J. F. (1992). Personality dimensions in eating disorders and their relevance for subtyping. *Journal of the American Academy of Child and Adolescent Psychiatry, 31*(5), 830–840.

[14] Channon, S., De Silva, P., Hemsley, D., & Perkins, R. (1989). A controlled trial of cognitive-behavioral and behavioral treatment of anorexia nervosa. *Behaviour Research and Therapy, 27*(5), 529–535.

[15] Childress, A. C., Brewerton, T. D., Hodges, E. L., & Jarrell, M. P. (1993). The Kids' Eating Disorder Survey (KEDS): A study of middle school students. *Journal of the American Academy of Child and Adolescent Psychiatry, 32*, 843–850.

[16] Cloninger, C. R. (1986). A unified biosocial theory of personality and its role in the development of anxiety states. *Psychiatric Developments, 3*, 167–226.

[17] Cloninger, C. R. (1987). A systematic method for clinical description and classification of personality variants. *Archives of General Psychiatry, 44*, 573–588.

[18] Cloninger, C. R. (1988). A unified theory of personality and its role in the development of anxiety states: Reply to commentaries. *Psychiatric Developments, 6*, 83–120.

[19] Cooper, Z., & Fairburn, C. (1987). The Eating Disorder Examination: A semi-structured interview for the assessment of the specific psychopathology of eating disorders. *International Journal of Eating Disorders, 6*, 1–8.

[20] Crisp, A. H. (1985). Gastrointestinal disturbance in anorexia nervosa. *Postgraduate Medical Journal, 61*, 3–5.

[21] Crisp, A. H. (1997). Anorexia nervosa as a flight from growth: Assessment and treatment based on the model. In D. M. Garner & P. E. Garfinkel (Eds.), *Handbook of treatment for eating disorders* (2nd ed., pp.248–277). New York: Guilford Press.

[22] Crisp, A. H., Hsu, L. K. G., Harding, B., & Hartshorn, J. (1980). Clinical features of anorexia nervosa: A study of 102 cases. *Journal of Psychosomatic Research, 24*, 179–196.

[23] Crisp, A. H., Norton, K., Gowers, S., Hale, K. C., Boyer, C., Yeldham, D., et al. (1991). A controlled study of the effect of therapies aimed at adolescent and family psychopathology in anorexia nervosa. *British Journal of Psychiatry, 159*, 325–333.

[24] Crowther, J. H., & Chernyk, B. (1986). Bulimia and binge eating in adolescent females: A comparison. *Addictive Behaviors, 11*(4), 415−424.

[25] Crowther, J. H., Post, G., & Zaynor, L. (1985). The presence of bulimia in high schools. *Adolescence, 20*, 45−51.

[26] Dare, C. (1985). The family therapy of anorexia nervosa. *Journal of Psychiatric Research, 19*(2−3), 435−443.

[27] Dare, C., & Eisler, I. (1997). Family therapy for anorexia nervosa. In D. M. Garner & P. E. Garfinkel (Eds.), *Handbook of treatment for eating disorders* (2nd ed., pp.307−324). New York: Guilford Press.

[28] Dare, C., Eisler, I., Russell, G. F. M., & Szmukler, G. (1990). Family therapy for anorexia nervosa: Implications from the results of a controlled trail of family and individual therapy. *Journal of Marital and Family Therapy, 16*, 39−57.

[29] Dare, C., Le Grange, D., Eisler, I., & Rutherford, J. (1994). Redefining the psychosomatic family: Family process of 26 eating disorder families. *International Journal of Eating Disorders, 16*, 211−226.

[30] Dodge, E., Hodes, M., Eisler, I., & Dare, C. (1995). Family therapy for bulimia nervosa in adolescents: An exploratory study. *Special Issue: Eating Disorders, Journal of Family Therapy, 17*(1), 59−77.

[31] Dolan, R. J., & Mitchell, J. A. (1988). Structural brain changes in patients with anorexia nervosa. *Psychiatric Medicine, 18*, 349−353.

[32] Eckert, E. D., Halmi, K. A., Marichi, P., Grove, W., & Crosby, R. (1995). Ten-year follow up of anorexia nervosa: Clinical course and outcome. *Psychological Medicine, 25*(1), 143−156.

[33] Eisler, I., Dare, C., Hodes, M., Russell, G. F. M., Dodge, E., & Le Grange, D. (2000). Family therapy for adolescent anorexia nervosa: The results of a controlled comparison of two family interventions. *Journal of Child Psychology and Psychiatry, 41*(6), 727−736.

[34] Eisler, I., Dare, C., Russell, G. F. M., Szmukler, G., Le Grange, D., & Dodge, E. (1997). Family and individual therapy in anorexia nervosa: A 5-year follow-up. *Archives of General Psychiatry, 54*(11), 1025−1030.

[35] Fabian, L., & Thompson, J. K. (1989). Body image and eating disturbances in young females. *International Journal of Eating Disorders, 8*, 63−74.

[36] Fairburn, C. G., & Cooper, Z. (2003). Relapse in bulimia nervosa: Comment. *Archives of General Psychiatry, 60*(8), 850.

[37] Fairburn, C. G., Cooper, Z., Doll, H. A., Norman, P., & O'Connor, M. (2000). The natural

course of bulimia nervosa and binge eating disorder in young women. *Archives of General Psychiatry, 57*(7), 659−665.
[38] Fairburn, C. G., Shafran, R., & Cooper, Z. (1999). A cognitive behavioral theory of anorexia nervosa. *Behaviour Research and Therapy, 37*, 1−13.
[39] Fichter, M., & Quadflieg, N. (2004). Twelve-year course and outcome of bulimia nervosa. *Psychological Medicine, 34*(8), 1395−1406.
[40] Fisher, M., Golden, N. H., Katzman, D. K., Kreipe, R. E., Rees, J., Schebendach, J., et al. (1995). Eating disorders in adolescents: A background paper. *Journal of Adolescent Health, 16*, 420−437.
[41] Franko, D. L., Keel, P. K., Dorer, D. J., Blais, M. A., Delinsky, S. S., Eddy, K. T., et al. (2004). What predicts suicide attempts in women with eating disorders? *Psychological Medicine, 34*(5), 843−853.
[42] French, S. A., Story, M., Neumark-Sztainer, D., Downes, B., Resnick, M., & Blum, R. (1997). Ethnic differences in psychosocial and health behavior correlates of dieting, purging, and binge eating in a population-based sample of adolescent females. *International Journal of Eating Disorders, 22*(3), 315−322.
[43] Garfinkel, P. E., & Garner, D. M. (1982). *Anorexia nervosa: A multidimensional perspective.* New York: Brunner/Mazel.
[44] Garfinkel, P. E., & Garner, D. M. (Eds.). (1987). *The role of drug treatment for eating disorders.* New York: Brunner/Mazel.
[45] Garner, D. M. (1993). Pathogenesis of anorexia nervosa. *The Lancet, 341*, 1632−1634.
[46] Gillberg, I. C., Rastam, M., & Gillberg, L. (1994). Anorexia nervosa outcome: Six-years controlled longitudinal study of 51 cases including a population cohort. *Journal of the American Academy of Child and Adolescent Psychiatry, 33*(5), 729−739.
[47] Golden, N. H., & Shenker, I. R. (1992). Amenorrhea in anorexia nervosa: Etiology and implications. *Adolescent Medicine: State of the Art Reviews, 3*, 503−517.
[48] Golden, N. M., Kreitzer, P., & Jacobson, M. S., Chasalow, F. I., Schebendach, J., Freedman, S. M., et al. (1994). Disturbances in growth hormone secretion and action in adolescents with anorexia nervosa. *Journal of Pediatrics, 125*, 655−660.
[49] Gowers, S., Norton, K., Halek, C., & Crisp, A. H. (1994). Outcome of outpatient psychotherapy in a random allocation treatment study of anorexia nervosa. *International Journal of Eating Disorders, 15*(2), 165−177.
[50] Gull, W. W. (1874). Anorexia nervosa (apepsia hysterica, anorexia hysterica). *Transactions of*

the Clinical Society of London, 7, 222−228.
- [51] Gwirtzman, H. E., Guze, B. H., & Yager, J. (1990). Fluoxetine treatment of anorexia nervosa: An open clinical trial. *Journal of Clinical Psychiatry, 51*, 378−382.
- [52] Haley, J. (1973). *Uncommon therapy: The psychiatric techniques of Milton H. Erickson.* New York: Norton.
- [53] Hall, A., & Crisp, A. H. (1987). Brief psychotherapy in the treatment of anorexia nervosa: Outcome at one year. *British Journal of Psychiatry, 151*, 185−191.
- [54] Harper, G. (1983). Varieties of failure in anorexia nervosa: Protection and parentectomy revisited. *Journal of the American Academy of Child Psychiatry, 22*, 134−139.
- [55] Herpertz-Dalmann, B. M., Wewetzer, C., Schulz, E., & Remschmidt, H. (1996). Course and outcome in adolescent anorexia nervosa. *International Journal of Eating Disorders, 19*(4), 335−345.
- [56] Herzog, D. B., Dorer, D. J., Keel, P. K., Selwyn, S. E., Ekeblad, E. R., Flores, A. T., et al. (1999). Recovery and relapse in anorexia and bulimia nervosa: A 7.5-year follow-up study. *Journal of the American Academy of Child and Adolescent Psychiatry, 38*(7), 829−837.
- [57] Herzog, D. B., Field, A. E., Keller, M. B., West, J. C., Robbins, W. M., Staley, B. A., et al. (1996). Subtyping eating disorders: Is it justified? *Journal of the American Academy of Child and Adolescent Psychiatry, 37*(7), 928−936.
- [58] Herzog, D. B., Greenwood, D. N., Dorer, D. J., Flores, A. T., Ekeblad, E. R., Richards, A., et al. (2000). Mortality in eating disorders: A descriptive study. *International Journal of Eating Disorders, 28*(1), 20−26.
- [59] Herzog, D. B., Keller, M. B., & Lavori, P. W. (1992). The prevalence of personality disorders in 210 women with eating disorders. *Journal of Clinical Psychiatry, 53*, 147.
- [60] Herzog, D. B., Sacks, N., Keller, M., Lavori, P., von Ranson, K., & Gray, H. (1993). Patterns and predictors of recovery in anorexia nervosa and bulimia nervosa. *Journal of the American Academy of Child and Adolescent Psychiatry, 32*(4), 835−842.
- [61] Hill, A. J., Weaver, C., & Blundell, J. E. (1990). Dieting concerns of 10-year-old girls and their mothers. *British Journal of Clinical Psychology, 29*, 346−348.
- [62] Hoberman, H. M., & Garfinkel, B. D. (1990). Completed suicide in children and adolescents: Erratum. *Journal of the American Academy of Child and Adolescent Psychiatry, 29*(1), 156.
- [63] Hodes, M., & Le Grange, D. (1993). Expressed emotion in the investigation of eating disorders: A review. *International Journal of Eating Disorders, 13*, 279−288.
- [64] Hoste, R., & Le Grange, D. (2006, June). *Expressed emotion among Caucasian and minority*

families of bulimic adolescents. Paper presented at the International Conference of the Academy for Eating Disorders, Barcelona, Spain.

[65] Howard, W., Evans, K., Quintero-Howard, C., Bowers, W., & Anderson, A. (1999). Predictors of success or failure of transition to day hospital treatment for inpatients with anorexia nervosa. *American Journal of Psychiatry, 156*, 1697−1702.

[66] Hsu, L. K. G. (1986). The treatment of anorexia nervosa. *American Journal of Psychiatry, 143*, 573−581.

[67] Hsu, L. K. G. (1990). *Eating disorders*. New York: Guilford Press.

[68] Jager, B., Liedtke, R., Lamprecht, F., & Freyberger, H. (2004). Social and health adjustment of bulimic women 7−9 years following therapy. *Acta Psychiatrica Scandinavica, 110*(2), 138−145.

[69] Jenkins, M. E. (1987). An outcome study of anorexia nervosa in an adolescent unit. *Journal of Adolescence, 10*(1), 71−81.

[70] Jones, J., Bennett, S., Olmsted, M. P., Lawson, M. L., & Rodin, G. (2001). Disordered eating attitudes and behaviors in teenaged girls: A school-based study. *Canadian Medical Association Journal, 165*, 547− 552.

[71] Jones, L. M., Halford, W. K., & Dooley, R. T. (1993). Long-term outcome of anorexia nervosa. *Behavior Change, 10*(2), 93−102.

[72] Keel, P. K., Mitchell, J. E., Miller, K. B., Davis, T. L., & Crow, S. J. (2000). Social adjustment over 10 years following diagnosis with bulimia nervosa. *International Journal of Eating Disorders, 27*(1), 21−28.

[73] Kennedy, S. H., & Garfinkel, P. E. (1989). Patients admitted to hospital with anorexia nervosa and bulimia nervosa: Psychotherapy, weight gain, and attitudes toward treatment. *International Journal of Eating Disorders, 8*(2), 181−190.

[74] Kent, A., Lacey, H., & McClusky, S. E. (1992). Pre-menarchal bulimia nervosa. *Journal of Psychosomatic Research, 36*, 205−210.

[75] Killen, J. D., Hayward, C., & Litt, I., (1992). Is puberty a risk factor for eating disorders? *American Journal of Diseases of Children, 146*, 323−325.

[76] Killen, J. D., Taylor, C. B., Telch, M. J., Robinson, T. N., Maron, D. J., & Saylor, K. E. (1987). Depressive symptoms and substance use among adolescent binge eaters and purgers: A defined population study. *American Journal of Public Health, 77*, 1539−1541.

[77] Killen, J. D., Taylor, C. B., Telch, M. J., Saylor, K. E., Maron, D. J., & Robinson, T. N. (1987). Evidence for an alcohol stress link among normal weight adolescents reporting

purging behavior. *International Journal of Eating Disorders, 6*(3), 349-356.
[78] Kreipe, R. E. (1989). Short stature in females with anorexia nervosa. *Pediatric Resident, 25*, 7A.
[79] Kreipe, R. E., Churchill, B. H., & Strauss, J. (1989). Long-term outcome of adolescents with anorexia nervosa. *American Journal of Diseases of Children, 43*, 1322-1327.
[80] Kreipe, R. E., & Harris, J. P. (1993). Myocardial impairment resulting from eating disorders. *Pediatric Annals, 21*, 760-768.
[81] Kreipe, R. E., & Uphoff, M. (1992). Treatment and outcome of adolescents with anorexia nervosa. *Adolescent Medicine: State of the Art Review, 3*, 519-540.
[82] Lanzi, G., Balottin, U., & Borgatti, R. (1987). Follow-up study of thirty-three hospitalized anorectic patients. *International Journal of Psychosomatics, 34*(3), 3-6.
[83] Larson, B. J. (1991). Relationship of family communication patterns to eating disorder inventory scores in adolescent girls. *Journal of American Dietetic Association, 91*, 1065-1067.
[84] Lasègue, E. C. (1873). On hysterical anorexia. In M. R. Kaufman & M. Heiman (Eds.), *Evolution of psychosomatic concepts: Anorexia nervosa — A paradigm* (pp.298-319). New York: International Universities Press.
[85] Lask, B., & Bryant-Waugh, R. (1992). Early-onset anorexia nervosa and related eating disorders. *Journal of Child Psychology and Psychiatry and Allied Disciplines, 33*, 281-300.
[86] Le Grange, D. (1993). Family therapy outcome in adolescent anorexia nervosa. *South African Journal of Psychology, 23*(4), 174-179.
[87] Le Grange, D. (2005). Family assessment. In J. E. Mitchell & C. B. Peterson (Eds.), *Assessment of eating disorders* (pp.150-174). New York: Guilford Press.
[88] Le Grange, D., Binford, R., & Loeb, K. L. (2005). Manualized family-based treatment for anorexia nervosa: A case series. *Journal of the American Academy of Child and Adolescent Psychiatry, 44*(1), 41-46.
[89] Le Grange, D., Eisler, I., Dare, C., & Hodes, M. (1992). Family criticism and self-starvation: A study of expressed emotion. *Journal of Family Therapy, 14*, 177-192.
[90] Le Grange, D., Eisler, I., Dare, C., & Russell, G. F. M. (1992). Evaluation of family treatments in adolescent anorexia nervosa: A pilot study. *International Journal of Eating Disorders, 12*(4), 347-357.
[91] Le Grange, D., Lock, J., & Dymek, M. (2003). Family-based therapy for adolescents with bulimia nervosa. *American Journal of Psychotherapy, 67*, 237-251.

[92] Le Grange, D., Loeb, K., Van Orman, S., & Jellar, C. (2004). Adolescent bulimia nervosa: A disorder in evolution? *Archives of Pediatrics and Adolescent Medicine, 158,* 478–482.

[93] Le Grange, D., Crosby, R., Rathauz, P., & Leventhal, B. (2006). *A controlled comparison of family-based treatment and individual supportive psychotherapy for adolescents with bulimia.* Manuscript submitted for publication.

[94] Le Grange, D., & Schmidt, U. (2005). The treatment of adolescents with bulimia nervosa. *Journal of Mental Health, 14*(6), 587–597.

[95] Leon, G. R., Fulkerson, J. A., Perry, C. L., & Cudeck, R. (1992). Personality and behavioral vulnerabilities associated with risk status for eating disorders in adolescent girls. *Journal of Abnormal Psychology, 102*(3), 438–444.

[96] Liebman, R., Minuchin, S., & Baker, L. (1974). An integrated treatment program of anorexia nervosa. *American Journal of Psychiatry, 131,* 432–436.

[97] Liebman, R., Sargent, J., & Silver, M. (1983). A family systems approach to the treatment of anorexia nervosa. *Journal of the American Academy of Child Psychiatry, 22,* 128–133.

[98] Lock, J., Agras, W. S., Bryson, S., & Kraemer, H. C. (2005). A comparison of short- and long-term family therapy for adolescent anorexia nervosa. *Journal of the American Academy of Child and Adolescent Psychiatry, 44*(7), 632–639.

[99] Lock, J., & Le Grange, D. (2005). *Help your teenager beat an eating disorder.* New York: Guilford Press.

[100] Lock, J., Le Grange, D., Agras, W. S., & Dare, C. (2001). *Treatment manual for anorexia nervosa: A family-based approach.* New York: Guilford Press.

[101] Lucas, A. R., Beard, C. M., O'Fallon, W. M., & Kurland, L. T. (1991). 50-year trends in the incidence of anorexia nervosa in Rochester, Minnesota: A population-based study. *American Journal of Psychiatry, 148,* 917–922.

[102] Madanes, C. (1981). *Strategic family therapy.* San Francisco: Jossey-Bass.

[103] Maddocks, S. E., Kaplan, A. S., Woodside, D. B., Langdon, L., & Piran, N. (1992). Two year follow-up of bulimia nervosa: The importance of abstinence as the criterion of outcome. *International Journal of Eating Disorders, 12,* 133–141.

[104] Maloney, M., McGuire, J., & Daniels, S. (1988). Reliability testing of a children's version of the Eating Attitudes Test. *Journal of the American Academy of Child and Adolescent Psychiatry, 27,* 541–543.

[105] McKenzie, J. M. (1992). Hospitalization for anorexia nervosa. *International Journal of Eating Disorders, 11*(3), 235–241.

[106] Minuchin, S., Baker, L., Rosman, B. L., Liebman, R., Milman, L., & Todd, T. C. (1975). A conceptual model of psychosomatic illness in children. *Archives of General Psychiatry, 32,* 1031-1038.

[107] Minuchin, S., Rosman, B. L., & Baker, B. L. (1978). *Psychosomatic families: Anorexia nervosa in context.* Cambridge, MA: Harvard University Press.

[108] Mitchell, J. E., Hatsukami, D., Pyle, R. L., & Eckert, E. D. (1987). Late onset bulimia. *Comprehensive Psychiatry, 28*(4), 323-328.

[109] Morgan, H. G., & Hayward, A. E. (1988). Clinical assessment of anorexia nervosa: The Morgan-Russell Outcome Assessment Schedule. *British Journal of Psychiatry, 152,* 367-371.

[110] Morgan, H. G., & Russell, G. F. M. (1975). Value of family background and clinical features as predictors of long-term outcome in anorexia nervosa: A four year follow-up study of 41 patients. *Psychological Medicine, 5,* 355-371.

[111] Nozoe, S., Soejima, Y., Yoshioka, M., Naruo, T., Masuda, A., Nagai, N., et al. (1995). Clinical features of patients with anorexia nervosa: Assessment of factors influencing the duration of inpatient treatment. *Journal of Psychosomatic Research, 39*(3), 271-281.

[112] Palla, B., & Litt, I. F. (1988). Medical complications of eating disorders in adolescents. *Pediatrics, 81,* 613-623.

[113] Palmer, E. P., & Guay, A. T. (1985). Reversible myopathy secondary to abuse of ipecac in patients with major eating disorders. *New England Journal of Medicine, 313,* 1457-1459.

[114] Palmer, R., Oppenheimer, R., Dignon, A., Chalnor, D., & Howells, K. (1990). Childhood sexual experiences with adults reported by women with eating disorders: An extended series. *British Journal of Psychiatry, 156,* 699-703.

[115] Patton, G. (1988). Mortality in eating disorders. *Psychological Medicine, 18,* 947-961.

[116] Pomeroy, C., Mitchell, J. E., & Eckert, E. D. (1992). Risk of infection and immune function in anorexia nervosa. *International Journal of Eating Disorders, 12,* 47-55.

[117] Pumariega, A. (1986). Acculturation and eating attitudes in adolescent girls: A comparative and correlational study. *Journal of the American Academy of Child and Adolescent Psychiatry, 25*(2), 276-279.

[118] Radke-Sharpe, N., Whitney-Saltiel, D., & Rodin, J. (1990). Fat distribution as a risk factor for weight and eating concerns. *International Journal of Eating Disorders, 9*(1), 27-36.

[119] Rastam, M. (1992). AN in 51 Swedish adolescents: Premorbid problems and comorbidity. *Journal of the American Academy of Child and Adolescent Psychiatry, 31,* 819-828.

[120] Ratnasuriya, R. H., Eisler, I., & Szmukler, G. I. (1991). Anorexia nervosa: Outcome and prognostic factors after 20 years. *British Journal of Psychiatry, 158*, 495-502.

[121] Roberto, L. G. (1986). Bulimia: The transgenerational view. *Journal of Marital and Family Therapy, 12*, 231-240.

[122] Robin, A. L., Siegel, P. T., Koepke, T., Moye, A. W., & Tice, S. (1994). Family therapy versus individual therapy for adolescent females with anorexia nervosa. *Journal of Developmental and Behavioral Pediatrics, 15*(2), 111-116.

[123] Robin, A. L., Seigel, P. T., Moye, A. W., Gilroy, M., Dennis, A. B., & Sikand, A. (1999). A controlled comparison of family versus individual therapy for adolescents with anorexia nervosa. *Journal of the American Academy of Child and Adolescent Psychiatry, 38*(12), 1428-1489.

[124] Root, M. P. P., Fallon, P., & Friedrich, W. N. (1986). *Bulimia: A systems approach to treatment.* New York: Norton.

[125] Rorty, M., Yager, J., & Rossotto, E. (1994). Childhood sexual, physical, and psychological abuse in bulimia nervosa. *American Journal of Psychiatry, 151*, 1122-1126.

[126] Rosman, B. L., Minuchin, S., & Liebman, R. (1975). Family lunch session: An introduction to family therapy for anorexia nervosa. *American Journal of Orthopsychiatry, 45*, 846-853.

[127] Russell, G. F. M. (1979). Bulimia nervosa: An ominous variant of anorexia nervosa. *Psychological Medicine, 9*, 429-448.

[128] Russell, G. F. M. (1992). Anorexia nervosa of early onset and its impact on puberty. In P. F. Cooper & A. Stein (Eds.), *Monographs in clinical pediatrics: Vol. 5. Feeding problems and eating disorders in children and adolescents* (pp.85-113). Warsaw, Poland: Harwood Academic.

[129] Russell, G. F. M., Szmukler, G. I., Dare, C., & Eisler, I. (1987). An evaluation of family therapy in anorexia nervosa and bulimia nervosa. *Archives of General Psychiatry, 44*, 1047-1056.

[130] Rutherford, J., McGuffin, P., Kutz, R. J., & Murray, R. M. (1993). Genetic influences on eating attitudes in a normal female twin population. *Psychological Medicine, 23*, 425-436.

[131] Schebendach, J., & Nussbaum, M. P. (1992). Nutrition management in adolescents with eating disorders. *Adolescent Medicine State of the Art Reviews, 3*, 541-548.

[132] Schwartz, R. C., Barrett, M. J., & Saba, G. (1985). Family therapy for bulimia. In D. M. Garner & P. E. Garfinkel (Eds.), *Handbook of psychotherapy for anorexia nervosa and bulimia* (pp.280-307). New York: Guilford Press.

[133] Selvini Palazzoli, M. (1974). *Self-starvation: From the intrapsychic to the transpersonal approach*. London: Chaucer.

[134] Sharpe, T., Ryst, E., Hinshaw, S., & Steiner, H. (1998). Reports of stress: A comparison between eating disorders and normal adolescents. *Child Psychiatry and Child Development*, 28, 117–132.

[135] Shaw, E., Ryst, E., & Steiner, H. (1997). Temperament in juvenile eating disorders. *Psychosomatics, 38*, 126–131.

[136] Shore, R. A., & Porter, J. E. (1990). Normative and reliability data for 11 to 18 year olds on the Eating Disorder Inventory. *International Journal of Eating Disorders, 9*(2), 201–207.

[137] Silber, T. J., Delaney, D., & Samuels, J. (1989). Anorexia nervosa: Hospitalization in adolescent medicine units and third-party payments. *Journal of Adolescent Health Care, 10*, 122–125.

[138] Smith, C., Nasserbakht, A., Feldman, S., & Steiner, H. (1993). Psychological characteristics and DSM-Ⅲ-R diagnoses at six-year follow-up of adolescent anorexia nervosa. *Journal of American Academy of Child and Adolescent Psychiatry, 32*(6), 1237–1245.

[139] Society for Adolescent Medicine. (1995). Eating disorders in adolescents: A position paper of the Society for Adolescent Medicine. *Journal of Adolescent Health, 16*, 476–480.

[140] Steiger, H., Leung, F., & Houle, L. (1992). Relationships among borderline features, body dissatisfactions and bulimic symptoms in nonclinical families. *Addictive Behaviors, 17*(4), 397–406.

[141] Stein, S., Chalhoub, N., & Hodes, M. (1998). Very early onset bulimia nervosa: Report of two cases. *International Journal of Eating Disorders, 24*, 323–327.

[142] Steiner, H., & Lock, J. (1998). Eating disorders in children and adolescents: A review of the past ten years. *Journal of the American Academy of Child and Adolescent Psychiatry, 37*(4), 352–359.

[143] Steiner, H., Lock, J., & Reissel, B. (1999). Developmental approaches to diagnosis and treatment of eating disorders. *La Revue Prisme, 52*–67.

[144] Steiner, H., Mazer, C., & Litt, I. (1990). Compliance and outcome in AN. *Western Journal of Medicine, 153*, 133–139.

[145] Steiner, H., Sanders, M., & Ryst, E. (1995). Precursors and risk factors of juvenile eating disorders. In H. D. Steinhausen (Ed.), *Eating disorders in adolescence: Anorexia and bulimia nervosa* (pp.95–125). New York: de Gruyter.

[146] Steiner, H., Smith, C., Rosenkrantz, R., & Litt, I. F. (1991). The early care and feeding of

anorexics. *Child Psychiatry and Human Development, 21*(3), 163-167.

[147] Steinhausen, H. C. (Ed.). (1995). *Eating disorders in adolescence*. New York: de Gruyter.

[148] Steinhausen, H. C., Rauss-Mason, C., & Seidel, R. (1991). Follow-up studies of anorexia nervosa: A review of four decades of outcome research. *Psychological Medicine, 21*, 447-454.

[149] Steinhausen, H. C., Rauss-Mason, C., & Seidel, R. (1993). Short-term and intermediate term outcome in adolescent eating disorders. *Acta Psychiatrica Scandinavica, 88*, 169-173.

[150] Stevens, J., Story, M., Ring, K., Murray, D. M., Cornell, C. E., Juhaeri, J., & Gittelsohn, J. (2003). The impact of the Pathways intervention on psychosocial variables related to diet and physical activity in American Indian schoolchildren. *Preventive Medicine: An International Journal Devoted to Practice and Theory, 37*(6, Pt. 2), S70-S79.

[151] Stice, E., Agras, S., & Hammer, L. (1999). Risk factors for the emergence of childhood eating disturbances: A five-year prospective study. *International Journal of Eating Disorders, 25*, 375-387.

[152] Stice, E., Killen, J. D., Hayward, C., & Taylor, C. B. (1998). Age of onset for binge eating and purging during late adolescence: A 4-year survival analysis. *Journal of Abnormal Psychology, 107*(4), 671-675.

[153] Story, M., French, S. A., Resnick, M. D., & Blum, R. W. (1995). Ethnic/racial and socioeconomic differences in dieting behaviors and body image perceptions in adolescents. *International Journal of Eating Disorders, 18*(2), 173-179.

[154] Strober, H. (1990). Family-genetic studies of eating disorders. *Journal of Clinical Psychiatry, 52*(10), 9-12.

[155] Strober, M. (1991). Disorders of the self in anorexia nervosa: An organismic-developmental paradigm. In C. Johnson (Ed.), *Psychodynamic treatment of anorexia nervosa and bulimia* (pp.354-373). New York: Guilford Press.

[156] Szmukler, G., Eisler, I., Russell, G., & Dare, C. (1985). Anorexia nervosa: Parental "expressed emotion" and dropping out of treatment. *British Journal of Psychiatry, 147*, 265-271.

[157] Toner, D. D., Garfinkel, P. E., & Garner, D. M. (1986). Long-term follow-up of anorexia nervosa. *Psychosomatic Medicine, 48*, 320-329.

[158] Treasure, L., Todd, G., Brolly, M., Tiller, J., Nehmed, A., & Denman, F. (1995). A pilot study of a randomized trial of cognitive analytical therapy vs educational behavioral therapy for adult anorexia nervosa. *Behaviour Research and Therapy, 33*(4), 363-367.

[159] Van der-ham, T., van Strien, D. C., & van England, H. (1994). A four-year prospective

follow-up of 49 eating disorder adolescents: Differences in course of illness. *Acta Psychiatrica Scandinavica, 90*(3), 229−235.

[160] Vaughn, C., & Leff, J. (1976). The influence of family and social factors on the course of psychiatric illness: A comparison of schizophrenic and depressed neurotic patients. *British Journal of Psychiatry, 129,* 125−137.

[161] Walford, G., & McCune, W. (1991). Long-term outcome in early-onset anorexia nervosa. *British Journal of Psychiatry, 159,* 383−389.

[162] Waller, G. (1991). Sexual abuse as a factor in eating disorders. *British Journal of Psychiatry, 159,* 664−671.

[163] Walsh, B. T., & Wilson, G. T. (1997). *Supportive psychotherapy manual. Appendix II, bulimia nervosa treatment trial.* Unpublished manual, Columbia University, New York, NY, and Rutgers University, Piscataway, NJ.

[164] Webster, J. J., & Palmer, R. L. (2000). The childhood and family background of women with clinical eating disorders: A comparison with women with major depression and women without psychiatric disorder. *Psychological Medicine, 30,* 53−60.

[165] Whitaker, A., Johnson, J., Shaffer, D., Rapoport, J. L., Kalikow, K., Walsh, B. T., et al. (1990). Uncommon troubles in young people: Prevalence estimates of selected psychiatric disorders in a nonreferred adolescent population. *Archives of General Psychiatry, 47,* 487−496.

[166] Windauer, U., Lennerts, W., Talbot, P., Touyz, S. W., & Beumont, P. J. (1993). How will one "cure" anorexia nervosa patients? An investigation of 16 weight-recovered anorectic patients. *British Journal of Psychiatry, 163,* 195−200.

[167] Wynne, L. C. (1980). Paradoxical interventions: Leverage for therapeutic change in individual and family systems. In M. Strauss, T. Bowers, S. Downey, S. Fleck, & I. Levin (Eds.), *The psychotherapy of schizophrenia* (pp.191−202). New York: Plenum Press.

[168] Yager, J., Andersen, A., Devlin, M., Mitchell, J., Powers, P., & Yates, A. (1993). American Psychiatric Association practice guidelines for eating disorders. *American Journal of Psychiatry, 150,* 207−228.

[169] Yates, A. (1990). Current perspectives on the eating disorders: II. Treatment, outcome, and research directions. *Journal of the American Academy of Child and Adolescent Psychiatry, 29,* 1−9.

[170] Zipfel, S., Löwe, B., & Herzog, W. (2005). Medical complications. In J. Treasure, U. Schmidt, & E. van Furth (Eds.), *The essential handbook of eating disorders* (pp.53−74). Chichester, UK: Wiley.